教育部人文社会科学研究一般项目"网络草根组织运行机制研究"（10YJAZH083）的最终成果；

　　广西高校人文社会科学重点研究基地"区域社会治理创新研究中心"和广西高校高水平创新团队及卓越学者计划"新型城镇化与公共政策研究创新团队"建设经费资助出版。

JIANZHENG SHEHUI DE ZUZHIXING CHENGZHANG

WANGLUO SHEHUI ZUZHI YUNXING JIZHI YANJIU

见证社会的组织性成长

网络社会组织运行机制研究

王玉生 杨宇 罗丹 吕刚 著

人民出版社

目　　录

序

　　玉生等人的新著《见证社会的组织性成长——网络社会组织运行机制研究》即将公开出版,邀我为之作序。作为玉生的好友和同样关注社会组织发展的研究者,过去数年间我们经常分享交流彼此的研究;他亦多次参与我主持的"中国与东南亚 NGO 及学者对话会议"并发表演讲。新书付梓在即,我深深为他们高兴,欣然作序,以慰知己。

　　公益组织是我国社会主义现代化建设的重要力量,然而由于起步晚、发展慢,其能力和作用长期被限制和低估。但值得注目的是,近年来伴随着科技的快速进步,大量的网络公益组织如雨后春笋一般涌现出来。如何引导新型社会组织,尤其是网络公益组织进一步有序地发展,成为摆在政策制定者和理论研究者面前的新课题。新型社会组织的生存和发展之路必须依靠我们自己的智慧,在规则和创新、理想和现实之间寻求平衡之道。

　　该著刚好回应了这一问题。通过收集大量的一手资料,全书探讨和初步揭示了新型社会组织如何在制度、资源等多重困境中,不屈不挠地探索生存间隙,实现"规范化""科层制""道德契约化""信息化""伦理化""社会网络化"及"中心化"。纵观全书,我们可以清晰地感受到中国新型社会组织的活力和智慧;中国社会组织的生存发展虽任重道远,但仍大有可为,未来可期。

　　全书围绕新型社会组织的生发机理,环环相扣,是一本有一定学术高度和深度,又引人深思的著作。概括而言,全书特点有三:

　　首先,大量宝贵的一手资料,为揭示网络公益组织真实的生存环境和运行机制奠定了基础。玉生带领学生在过去数年进行了跟踪调研,从单个网络公益组织入手,逐步扎根,由点及面,扩展到组织的联合体,研究视野不断扩大,归纳了网络公益组织运行机制的核心特征、模式与机理。全书采访和调查的网络公益组织近百个，跨越东、中、西部多个省份，基本能够展现我国网络公益组织的全貌。同时，通过实习和实地观察所收集的一手资料，不仅使本书有理论深度，也让本书有了温度。

其次，在理论层面，通过深入挖掘网络公益组织如何在制度及资源约束下巧妙地实现合法化、克服志愿失灵、进行资源动员以及组织结盟等生存策略，既呼应了我国网络公益组织研究的前沿问题，也揭示了其运行机制的核心特征并追踪了其发展趋势，全面刻画了这一新型社会组织的自组织生长与治理机制，见证了我国社会的组织性成长智慧和自我治理的能力，对于发展本土化的非营利组织理论具有一定的推进作用。

最后，在实践层面，通过部分网络公益组织成长路径、运行机理、行为逻辑的揭示为其他民间组织的良性运行与管理提供了借鉴和思路。更重要的是，关于社会具有自组织性的一些社会组织理论及其现实印证，为地方政府落实与创新社会组织治理体制和机制提供了本土化的经验依据。

多年来，我也在不断探索社会组织在新形势下的治理和监管，追寻社会组织如何在新时代更好地发挥作用和价值。在防控新型冠状病毒肺炎的严峻斗争中，各类社会组织成为了联防联控、群防群治的重要力量，在便民服务、健康筛查、秩序维护、物资运输、心理疏导等多方面发挥着作用。然而面对突如其来的疫情，一些社会组织也暴露出了信息公开不及时，执行能力有限等不足。本书能从理论和实践层面引导社会组织反思自身发展，强化自身建设，为这类组织立足新时代、把握新形势、勇担新使命、谱写新篇章提供了思路。

愿玉生君等能百尺竿头，更进一步！

是为序。

湖南大学　陈晓春

于岳麓山下

2020年4月10日

前　言

网络公益组织是由民间自发组建,以公益或互益为旨归,依托于网络空间运行的社会组织。它们的蓬勃发展见证着公民组织性的成长,反映了社会领域的组织化程度乃至成熟度。由于生发于新的社会转型结构及依托网络技术,它们有着与传统民间社会组织不同的生长生态和运作机理、不同的组织特性与行为逻辑。那么,这类新型社会组织有着怎样的生发运行机制? 这是组织社会学和公共管理学等学科面临的新课题。

已有相关研究成果主要集中在两个方面:一是网络公益组织的生存状况、社会影响及如何监管与治理;二是网络公益组织的生发机制、组织形式、资源动员模式和规范性等组织运作过程研究。已有研究内容涉及网络公益组织运行机制的某个维度或层面,缺乏系统审视和整体把握;多是个案取样,缺少面上的研究取样;对组织形式和规范性的研究是从静态的维度审视,缺少动态的历时考察。

本书从动态与静态、历时与现时结合的视角审视网络公益组织的运行机制。动态与历时的视角体现在规范化、科层制、组织间关系的演化以及结盟过程分析等方面,可以更好地了解组织运行的历史与机理。本书还采用规范理论分析、个案研究和问卷调查相结合的研究方法,一定程度上弥补了个案取样的不足。

网络公益组织行为从本质上来说是一种创造公共物品的集体行动,对网络公益组织运行机制的研究就在于探寻在社会转型、网络普及的社会环境下,网络公益组织是如何产生与合法化,组织形式是保持扁平化还是科层制,如何动员成员参与并达成集体行动,采取怎样的与组织环境相适应的行动策略以使集体行动持续下去,以及如何生成新的组织形态即社会组织联盟(社会组织联盟的出现表明中国社会的新型组织发展进入了新纪元,因为社会组织联盟是新型"巨组织",联盟是组织发展的高级形态,结盟是网络公益组织间关系的中心化演变)。因而本书从网络公益组织的组织身份、组织形式、运行过程、志愿者管理、资源动员与组织间关系的变化六个方面审视网络公益组织是如何达成集体行动、使集体行动持续下去以实现组织目标,并归纳其运行机制的核心特征、模式与机理。

　　管理的本质是将知识和技术综合应用于实现组织目标,管理已成为除土地、资本、劳动力之外的第四生产要素。因此,中国故事的最强音必然有中国本土社会组织管理故事的协奏曲。因而原生态的中国社会组织的生长与运行的研究也就成为有中国特色的先进的公共管理学之必要构成部分。此外,对本土新兴网络公益组织的考察,必然遭遇公共组织理论的新问题和可能的新领域,相应地也会为公共组织理论的创新提供经验素材。

第一章　网络公益组织的规范化

——以 MT 计划为例

　　网络公益组织最初往往欠规范。但是,不合法的身份事实并没有使它们消亡或成为秘密组织。相反,它们大都在社会上"公开地""正常地"或"好好地"运转着,甚至有部分组织最终实现规范化。然而,没有合法身份的网络公益组织何以能在现行制度约束下存在、发展、壮大乃至成功"转型"呢?

　　本章以网络社会组织"MT 计划"(以下简称 MT)①为个案,运用高丙中的合法性分析框架,从合正当性与合法律性两个维度分析其从一个法律意义上的非法组织规范化过程。其中合正当性是指其社会合法性,合法律性是指其法律合法性。分析表明,MT 的合法化实践是一个先进行道德资源动员以获取社会支持,再通过策略性地利用政策走向规范化的过程。二者构成其合法化实践的两个必要条件。MT 的合法化模式对其他网络公益组织的运行具有借鉴作用。

　　本章资料源于:第一,笔者参与 MT 图片展和参加 MT 分社会议的现场记录;第二,对项目成员访问所得的访谈资料;第三,与 MT 地方团队负责人 QQ 聊天所得的文本;第四,MT 论坛、博客以及项目地方团队 QQ 群里的大量文本与音像资料。

---

　　①　MT 计划是一个网络助学组织,成立于 2005 年 6 月 16 日,于 2010 年 9 月在广东省民政厅注册成立"MT 教育基金会",成为一个拥有合法身份的正式组织。为了有效管理,MT 计划总社设立决策团队,负责把握 MT 方向、重大事务决策,组织下设:秘书处、助学部、文化部、项目部、财务部、技术部和客服中心等,负责 MT 日常事务及项目运作。之后,为更好地管理和运营教育基金会,增设了传播筹资部与 MT 中心,各部门负责人组成秘书处,统一向秘书长负责,秘书长向理事会负责。参见 MT 计划:《麦田简介》,见 https://www.mowo.cn/article-23.html。

一、道德资源动员与规范化过程

"社会合法性指社团由于符合文化伦理传统、社会习惯等组成的民间规范而具有合法性。"[1]"传统、惯例和公共利益一起构成了民间组织的社会合法性基础。"[2]而传统、惯例和公共利益又是以社会普遍认同的伦理道德——伦理合理性为根本。因此,组织领导者获取规范化的根本策略就在于进行道德资源动员,构建一个伦理意义框架,挖掘并展示组织使命所内蕴的伦理合理性,以获取内部和外部社会规范化。

(一) 道德资源动员与内部社会规范化

内部社会规范化是指组织成员对组织权威结构的承认、支持与服从,是一个组织得以存在的基础,其外在表现是组织使命的崇高对志愿者的感召力。由于志愿者参与 MT 的活动是没有物质报酬的,甚至有时还要自己支付诸如交通、住宿、餐饮等费用,因此,组织的领导者需要为组织行动建构某种超越物质利益的意义框架,以使志愿者愿意投身其中。而五年来,MT 在伦理意义框架建构方面存在以下几个显著特征:

1. 公益思维转变契合成员参与需求

MT 的公益思维可以用"表达爱""奉献爱""分享爱""感受爱""传播爱"几个词来概况。

一直以来,我国对于公益行动的动员方式大多采取道义上的规范或是激发志愿者同情心的策略。这种单向的公益思维易引起人们的审美疲劳。MT 改变了这种思维方式(并非摒弃),其组织文化精髓是强调公益行动对于志愿者自身的意义,这个意义就在于帮助别人的同时自己也收获快乐、成长与内心的安宁。这也正是 MT 吸引志愿者参与的主要原因。

---

[1]　高丙中:《社会团体的合法性问题》,《中国社会科学》2000 年第 2 期。
[2]　王诗宗:《行业组织的存在基础和权力来源——温州商会的社会合法性考察》,《中共浙江省委党校党报》2004 年第 2 期。

笔者在参加 MT 图片展的过程中,对约 20 名 MT 成员加入原因进行了访谈。这 20 名成员中有 7 名是已经工作的社会人士,另外 13 名则是在校大学生。7 名社会人士中有 3 名表示目前工作压力比较大,在网络上看见有这样一个组织,很单纯,氛围也好,于是就加入 QQ 群,参加 MT 的活动以缓解工作压力;3 名不满足于朝九晚五的工作束缚,没有时间和机会结识新朋友,人际圈子太狭窄,而 MT 知名度比较高,进入门槛低,里面的氛围非常友好,而且是结伴去从事助学这样一件有意义的事,正好可以满足其结识朋友的需求;另外 1 名是被 MT 图片上的贫困山区的小孩的境遇触动而加入 MT 的。13 名大学生则均表示参加社会实践活动能够锻炼自身能力,相对于许多校内组织而言,MT 开展的活动更加实际一些,有助于其锻炼能力。

2. 独特文化符号强化成员身份认同

MT 以改善贫困山区孩子的教育境遇为目标,采取的手段也相对温和。首先,强调认同的重要性,认为"参与者所追求的不是经济利益,而是新的文化模式,这需要新的主体性的代表形式。"①其次,强调如何建构集体信念和身份认同,正如 MT 创始人莫凡所说的,"成功的 NGO 应该把自己塑造成一种文化符号,迅速找到匹配这个符号的人群,并以此团结和组织这些人,进而推动自身的发展。文化的价值在于吸引那些与你意气相投、志同道合的人,也就是引起共鸣,让大家被这种品牌的文化深深吸引"。

在创始人 MF 眼中,MT 的目的是要做一些力所能及的事情,帮助贫困山区孩子改变命运,收割喜悦。组织还有一系列独特的文化标识,包括 logo、麦旗、T 恤、红手绳、徽章等一系列设计,甚至还有自己的"组织之歌"。这些文化符号演化成为具有象征意义的"暗号",强化了组织成员的身份认同,增强了组织的凝聚力和号召力。

3. 象征性荣誉增添激励效果

不能给予成员物质报酬的 MT,靠什么激励成员持续参与组织的活动,尤其是一些核心志愿者的持续参与呢? 笔者通过 MT 论坛了解到,每年年终,MT 都会向该年度对 MT 作出突出贡献的志愿者和团队颁发一些象征性的荣

---

① 朱健刚:《行动的力量》,商务印书馆 2008 年版,第 17—18 页。

誉,并在 MT 论坛内公布。此奖项包括 MT 致敬奖、MT 贡献奖、金色贡献奖、银色伴侣奖等。对于 MT 来说,这是对志愿者所作贡献的认同,而对志愿者来说,更多的是对自身能力与价值的认可。这种内在的激励方式往往可以起到更持久的激励效果。笔者通过 QQ 对一位获得金色麦田奖的麦友进行了访谈,他的另一个身份是一名管理学的在读博士生。同样对"MT 模式"感兴趣的他谈道:

> 组织是一个松散的网络虚拟组织,成员进出的门槛很低,流动性很强,设立这样一个奖项一方面是对核心志愿者所作贡献的认同,另一方面也有一定的娱乐性质在里面,这也是 MT 文化的一部分。能拿这个奖挺开心的,因为表明自己的工作得到了认同,有时间会继续参加 MT 的活动!

组织的控制系统是由奖惩制度和人事决策机制维系,但对于网络公益组织的核心资源志愿者来说,物质惩罚行不通、人事升迁意义不大,荣誉激励就尤为重要。

(二) 道德资源动员与外部社会规范化

组织外部社会规范化是指组织外部成员,主要是社会公众对组织权威结构的承认、支持和服从。表现为组织使命、组织规章制度、组织行为等与社会道德、文化传统、惯例(共识和规则)等所认可的伦理正当性的契合度。

1. 迎合社会心理传统:以图片激发情感

教育在我国的社会心理传统中具有不证自明的正当性。然而这种正当性如何触动各不相同的人们已存在于头脑中的认知框架,进而认同乃至支持组织呢?这得益于志愿者在走访过程中所拍摄的一系列反映山区儿童艰苦生活的图片。这些图片再配以相应的文字,触动着人们的心灵。

"期待的微笑"是志愿者在走访活动中拍到的大山里孩子的微笑,六个在破落的竹篱笆墙内上学的天真可爱的山村小孩,满含希望地凝望着窗外的世界……正是这样一张张作品将冰冷的统计数字转换成形象与故事,以唤起人们心中的慈善意识。

2.遵循理性规则:以行动换取信任

该组织所从事的事业是符合公众心理和社会传统的,然而要公众真正信任该组织,并参与到该组织行动中来提供某些实际支持的话,该组织还必须让公众相信:它是一个廉洁、高效、做实事的组织。因此,为了获得人们的信任,该组织在运作过程中,力求体现自己的"正规",在组织结构、活动模式与规范秩序方面都呈现出"科层制"趋势。

首先,在组织结构方面,作为一个松散的网络公益组织,MT 内部却有较为严格的职能分工与分层,体现出事事有人做、人人有其责的科层制管理架构。其次,在活动模式方面,MT 有稳定的活动项目与规范的活动流程。目前,MT 有八项成熟公益项目,并且每一项活动都有与之相匹配的规范活动流程①。最后,为了确保活动效率,规范志愿者行为,MT 还制定了一系列规章制度,诸如 MT 地方财务管理条例、MT 志愿社管理规范、MT 建校操作指南等。尽管在 MT 基金会没有成立之前,这或许只是一种伦理意义上的约束,但对于保障 MT 的廉洁与高效却是不可或缺的。

对于最为关键的财务问题,MT 采取了多重措施以保障其安全并用于实处。首先,MT 的财务公开,每天收到的汇款都在"MT 论坛—首页管理—最新汇款"公布,并按规定制定资产负债表与发生额及余额表,做到财务透明。其次,对于奖金的发放,是由志愿者亲自走访派发,派发时必须有校方、家长和孩子同时在场,由孩子签名并拍照存档,以确保奖金最终到达孩子手上。最后,为了坚定资助人信心,MF 还在 2005 年出资 2 万元成立"保证金",如发生 MT 资助款项被挪用或去向不明,将由这笔资金垫付或自偿,将责任和风险转移给自己。"可能因为没有国家监管,所以在财务和管理方面,要对自己更严格。"②MF 说。正是通过这一系列环环相扣的财务与管理措施,MT 以"行动"赢得了资助人与社会公众的信任。

---

① MT 成立基金后,其主要项目发生了一些变化。截至 2017 年 4 月,基金会核心项目有麦苗班、彩虹课程,常规项目有一对一资助、MT 图书角、MT 少年社、暖冬行动等。参见 MT 计划官网:https://www.mowo.cn/article-23.html。

② 曾言:《麦田基金会诞生记》,《南风窗》2010 年第 23 期。

3. 实现手段：多渠道展示走向规范化

"从理论上说，社会现象由于具有合法性而得到承认，可是，从社会学研究来看，社会现象由于得到了承认，才见证它具有合法性。"①多渠道展示其被"承认"，是 MT 获得规范化的重要手段。

据统计，截至 2015 年 9 月 30 日，MT 已开展全国山区走访 1979 次；全国城市联展 1037 站；MT 全国高校联展 934 站；全国赈灾活动 60 次。能够获准进入各大城市或高校，尤其是一些知名高校开展图片展，促进了 MT 的规范化。②

MT 还建立了自己的网页与博客，以及数量庞大的 QQ 群用于对自身的宣传。而一些核心志愿者更是身体力行，将自己的 QQ 头像换成 MT 的旗帜，QQ 名改成 MT××，QQ 签名改成 MT 的网址，以显示自己对于 MT 的忠诚，吸引更多人关注 MT。

MT 也积极与媒体合作。截至 2015 年 9 月 9 日，MT 已经累计被各大媒体报道千余次，包括电视台、报纸、杂志以及网络，其中不乏一些知名媒体。如中央电视台（2010 年 12 月 20 日，2011 年 1 月 3 日）、《南方日报》（2010 年 4 月 9 日）、《南风窗》（2010 年第 23 期）等。

MT 对于道德资源的动员，其伦理意义框架的阐释、抬显、被捕捉与认可，是其五年来生存、壮大的重要原因，是走向规范化获得的充要条件。但其成功转型，还得益于巧妙地运用政策。

二、政策利用与规范化过程

（一）潜在的政治机会结构

政治机会结构（Political Opportunity Structure）指那些"比较常规的、相对

---

① 高丙中：《社会团体的合法性问题》，《中国社会科学》2000 年第 2 期。
② 相关数据仍在不断更新之中。参见 MT 论坛：《MT 计划最新数据》（更新至 2020 年 6 月 1 日），https://bbs2.mowo.cn/thread-194919-1-1.html。

稳定的(但又不是永久的),能改变人们社会运动参与度的政治环境"①,包括政治制度、政策环境、精英话语等。

近年来,从党和政府的工作报告到各大报章媒体的特别报道,社会管理及其创新问题都被提高到事关国家发展路向的重要位置。作为社会管理重要主体之一的社会组织得到了前所未有的关注,"培育发展与监督管理并重"替代"以控制为导向"的发展思路成为各方共识。

与此同时,鉴于中国的"地方政策试验主义"传统,为充分发挥社会组织在社会管理创新中的作用,各省市也在积极地探索社会组织管理体制的创新工作。广东省站在了此次改革的前列。针对民间组织登记注册寻找挂靠单位难、准入门槛高、登记程序烦琐的问题,广东省于2009年12月22日正式出台了《广东省民政厅关于进一步促进公益服务类社会组织发展的若干规定》。《规定》将直接为慈善、劳动就业、教育培训、科学技术、文化、卫生、体育事业、环境保护等公益事业服务的基金会、公益性社会团体和公益性民办非企业单位,都纳入公益服务类社会组织的范围。并将原来的业务主管单位改为业务指导单位,取消筹备成立阶段和业务主管单位前置审查程序。公益服务类社会组织无须找主管单位或者部门挂靠,就可直接向登记管理机关申请成立登记。在准入门槛方面,将公益服务类社会团体的会员数量由原来的50个降至20个。

这一系列政策对以改善贫困山区小孩教育境遇为目标的MT来说,无疑是一个潜在的政治机会结构。然而如何把握这个"机会",还需要MT领导者对"形势"的正确判断及利用"机会"的行动能力。

(二)政策的运用

1.寻求话语对接

"求木之长者,必固其根本;欲流之远者,必浚其泉源。"我国历来有尊师重教的传统,礼仪之邦的核心就在于重视教化的作用。因此,教育事业在我国的政治传统中有天然的正当性。由于城乡二元结构的持续存在,我国义务教

---

① 赵鼎新:《社会与政治运动讲义》,社会科学文献出版社2006年版,第196页。

育发展极不均衡。2005 年的政府工作报告就明确指出,要加大对贫困地区农村义务教育的支持,继续实施农村中小学危房改造,为中西部地区农村义务教育阶段 2400 多万贫困家庭学生免费提供教科书。

MT 在对于活动意义阐发的过程中,积极寻求与国家的相关话语进行对接。MT 在 2005 年成立之初,开展第一个项目——麦浪行动时,就以"给贫困孩子一个机会,给自己一份快乐"为宗旨,以"改善贫困山区小孩教育境遇"为目标,向社会征集课外读物,成立"图书室"。这不仅符合我国长期以来的政治规范,也契合了政府的教育方针和号召,"图书室"还被赋予了"充分利用社会闲散资源,同时也响应国家'建设资源节约型社会'的号召"的意义。

在接下来的项目设计中,从为贫困地区孩子募集文具、体育用品的爱心行动,资助贫困山区小孩上学的行动,资助坚守在贫困地区教育战线上的低收入代课老师的行动,到为贫困山区学童修建学校的行动,组织都紧扣"改善贫困山区小孩教育境遇"的使命,致力于解决乡村教育领域的实际问题。组织是政府提供公共物品的有益补充。

2. 与官方社团合作

"政体外成员在政治上处于弱势并且缺乏关键的政治资源,因此他们在发起社会运动或革命前往往需要与一些政体内成员建立联盟。政治内的一些成员之间因为种种政治需要有时也需要与政体外成员建立联盟……这种联盟关系就为政体外成员发起集体行动提供了政治机会。"①

MT 在高校开展图片展,一般都会与该高校的青年志愿者协会或爱心协会等学生社团的负责人取得联系,向其介绍 MT 的理念、文化以及事迹等,取得其对 MT 的认同。而学生社团负责人也希望为自己的社团开展一些有意义的活动,因而乐意与学校团委或相关部门沟通。由于 MT 本身是一个公益组织,向来具有较好的声誉,所以一般情况下都能顺利进入高校。

而在组织城市联展与山区走访活动时,MT 一般会与当地共青团领导联系,以组织作为主办单位,共青团作为协办单位开展活动,以获取开展活动的权力与保障。鉴于 MT 较高的知名度与美誉度,当地共青团一般会支持 MT

---

① 赵鼎新:《社会与政治运动讲义》,社会科学文献出版社 2006 年版,第 190 页。

组织的活动,尤其是一些贫困山区的共青团部门。

3. 规范的确立

随着 MT 规模的不断壮大,影响力的日益提升,主观方面寻求法律保护与客观方面将其纳入体制监管之下的需求都体现出来。适逢广东省社会组织登记管理体制改革之机,2010 年 9 月 21 日,MT 在广东省民政厅注册成立"MT 教育基金会"。

"'MT 注册成功,首先归功于广东省政府的超前意识。'莫凡感慨。'准备材料,提交申请,两个多月就批下来了。'莫凡强调:'完全按程序走,没有任何奥妙。''但也可能跟 MT 作出了成绩,具有一定社会影响力有关,同时也得到一些非政府专业人士的指导。'"[①]

对 MT 合法化实践的分析表明,MT 从一个法律意义上的"非法组织"发展成具备充分规范性的民间组织,其赖以存在的规范性基础乃是组织中内蕴的伦理合理性。无论是"改善贫困山区小孩教育境遇"为根本,以"给贫困孩子一个机会,给自己一份快乐"为宗旨的组织使命,还是其开展活动所遵循的理性规则,都紧密契合当代伦理道德规范,具有显著的伦理合理性。

事实上,伦理合理性并不能保证一个组织最终获得规范化。其间还需要有一个道德资源动员,即挖掘与展示其伦理合理性,让社会公众知晓并触动其认知框架的过程,既"框架建构"的过程[②]。这就涉及组织领导者的生存智慧了,诸如运用何种语言来阐释表达其组织使命,运用何种手段与策略让更多公众知晓与认同组织,如何与政府及媒体沟通等问题。在此过程中,组织领导者创造性运用了转换公益思维、创造文化符号、使用象征性荣誉、以图片激发情感、多渠道展示等手段,从而为组织建构了坚固的社会合法性。而要进一步规范化,还需要政策支持。对此,MT 领导者在对"政策"进行理性判断后,通过"寻求话语对接""与官方社团合作"等策略,最终获得了法律合法性。道德资

---

① 曾言:《MT 基金会诞生记》,《南风窗》2010 年第 23 期。

② David A. Snow, E. Burke Rochford, Jr. , Steven K. Worden, Robert D. Benford. Frame Alignment Processes, Micromobilization, and Movement Participation[J]. *American Sociological Review*, 1986(51) 4:464-481.

源动员与政治机会结构利用构成了麦田合法化实践的两个必要条件。

在组织的规范化模式中,建立在伦理合理性之上的社会合理性是规范化的关键变量和环节,舍此,组织运行趋向呆滞或肢解,组织使命的实现无从谈起。

伦理合理性是所有组织的合理性基础,网络公益组织更是如此。近年来,为加强社会组织建设,激发社会组织活力,我国一直在探索公益慈善类社会组织登记管理体制改革,《慈善法》(2016年3月)、《关于改革社会组织管理制度促进社会组织健康有序发展的意见》(2016年8月)等法律法规相继颁布实施,为社会组织的监督管理指明了方向,这对于消解既存制度与"秩序"之间的张力具有重要的意义。但如何保持控制与发展、监督与扶持之间的平衡,仍是理论与实践部门需仔细研究的议题。

MT的规范化实践是一个行动者利用创新的手段与策略,化解现存社团管理体制与既存伦理秩序不协调的范例。更可以看成是行动者在既存社会结构制约下,积极发挥主观能动性,利用现有规则与资源,建构新的微观社会结构的过程。MT的成功必将带来强烈的示范效应。"具有认知能力的社会行动者在互动中权宜性地展现出自己的技能和成就,而社会系统又通过时间和空间不断地被再生产出来。"[1]这是否是证实吉登斯的社会结构二重性理论的个案呢? 还未为可知。至少,它印证了德鲁克所说的,"正是因为没有盈利的硬约束,非营利组织比商业组织更需要管理"[2]的道理。

MT模式对于其他尚不具有法律合法性的网络公益组织或者一般公益组织的合法化是否具有普遍性? 从本研究考察的其他以不同方式转型的典型网络公益组织的合法化实践来比照,按本文的理论视角来看,可以安全地说,MT合法化模式的核心环节、过程和手段是带有普遍性的,能够提供借鉴作用。

---

① 杨善华、谢立中:《西方社会学理论》,北京大学出版社2009年版,第99页。
② Peter Drucker:《现代管理宗师德鲁克文选(英文版)》,机械工业出版社2005年版,第260页。

第二章 网络公益组织的科层制

信息时代的到来,网络技术在公益组织中的创造性运用,组织形式理应趋于"有机"。然而通过对网络公益组织——"MT 计划"(以下简称 MT)运行实践的参与式观察,发现其在创立初期呈现出"有机结构"形态①,随着规模的壮大,却出现种种"科层制"②的迹象。本章采用汉南和弗里曼的组织形式定义,

---

① 有机结构是伯恩斯提出的一种有别于机械结构,即理想科层制组织的组织形式,它适用于不稳定的条件,其组织形式特征主要有:1. 对企业共同任务的专门知识和经验的有用性;2. 个人任务的现实性,它被看作是在企业总的情境下确定的;3. 通过和它的相互作用调整并不断重新规定个人义务;4. 在一个有限的权利、义务和方法的范围内职责的扩散(问题不上交、下推或放在一旁);5. 对企业承担的义务范围超出任何技术性规定;6. 控制、职权和沟通的网状结构;7. 不再认为企业领导是无所不知的,知识可以在网状系统的任何一个位置上,这个位置成为职权的中心;8. 沟通内容由信息和建议构成而不是由指令与决策构成;10. 比起对企业的忠诚来说,更为重视对企业任务和对物质进步与发展的"技术性质"承担义务;11. 重视和推崇外在于公司的工业、技术和商业环境中行之有效的交往关系的专长。参见 T.伯恩斯:《机械结构与有机结构》,D. S.皮尤:《组织理论精粹》,中国人民大学出版社 1990 年版,第 34—35 页。

② 对"科层制"概念的清晰界定,离不开对"科层制"与"理想类型"的透彻理解。对于科层制(Bureaucracy)的研究肇始于马克斯·韦伯,他将其看作是一种理性的行政和生产管理的组织形式,而这只是他论述理性在西方世界发展的一个有限部分。他从未对科层制概念作过严格的定义,只是描述了科层制中他认为最富有理性形式的那些要素,以便于把这种更理性的体系与早先的组织形式区分开来,这些要素有:参与者间的固定劳动分工;职员的等级制;指导行为的一系列规章;公私财产和权力的分离;技术资格基础上的人员选择;对参与者而言的职位雇佣。通过与其他组织形式(基于传统权威与卡里斯玛权威的组织形式)的比较,韦伯认为,"从纯技术的观点来看,纯粹科层制形式的行政组织能够实现最高效率,在这个意义上说,它是对人实行强制控制的最合理的已知手段,它在精确性、稳定性、纪律的严格性和可靠性方面都优于其他任何形式"。韦伯把每个科层制要素都视作解决早期行政体系问题或缺陷的办法。而且每个要素不是单独运作,而是作为整体的一员,通过要素的结合,产生更为有效且高效的行政体系。为了把握住这些独特的要素及其相互关系的内涵,韦伯采用了"理想类型"构架来概化组织的科层制类

从组织结构、规范秩序与活动模式三个维度审视 MT 组织形式所发生的变迁，挖掘其背后的"机制"，剖析其对 MT 存续产生的实质影响，并进而探讨"网络公益组织科层制"对已有组织理论与我国现有社会管理格局的意义。

一、MT 组织形式的科层制变迁

组织形式是指组织将输入转换成产出所采取的行动蓝图，或者说是组织为了将输入转换成产出，将组织中各项要素组合起来的原则和方式，主要包括组织结构、规范秩序与活动模式三个方面①。而科层制是指组织或群体中科层制要素的增加或程度的加深。因而，组织形式科层制可以理解为组织结构、规范秩序与活动模式等方面的科层制要素增加与科层制程度的加深。

（一）组织结构科层制

组织结构指将工作拆分成若干不同的任务，再协调整合起来以实现工作目标的各种方法的总和②。因而组织结构科层制则是指组织横向上的功能日

型。科层制并不代表现存科层组织（或其他社会结构）的一般情况，"只代表一种从已知组织的最主要科层特征中抽象出来的纯粹类型"。因而，完美无缺的科层制在现实中并不存在，没有一种实际的组织能完全对应这种"理想类型"。换言之，确定"理想类型"的理论意义就在于通过指明纯粹形态下科层制的特征，来指导研究者把握那些为确定组织的科层制程度而必须考察的方面。因此，本迪克斯认为，"从历史角度来看，科层制可以被理解为功能的日益细分，而在早期的企业中，这些功能都是由其拥有者——管理者在日常生活中亲自执行的"。实际上这只是指组织中"参与者间的固定劳动分工"这个科层制要素的增加，因此本迪克斯对于科层制的理解略显片面。而布劳认为，科层制是一个历史趋势，这样的趋势反映了两个过程，用更科层制的组织代替较少科层制的组织、在组织的发展中增加其科层制程度。布劳明确了科层制的不同维度，但并没有指明究竟什么是科层制。本文主要研究的是布劳所指称的后一类科层制，即在组织发展中的科层制。结合韦伯对"理想类型"的分析，本文将科层制理解为：组织或群体中科层制要素的增加与程度的加深。表现在，组织或群体中出现固定的职能分工，并且分工日益细化，构型层级化，规章制度化，活动流程标准化等。

① Hannan, Michael T, John Freeman. The Population Ecology of Organizations [J]. *American Journal of Sociology*, 1977.82(5):929–964.

② ［加］亨利·明茨伯格：《卓有成效的组织》，中国人民大学出版社 2007 年版，第 3 页。

益细分(角色专业化)与相应的用来协调部门之间差异的纵向上的等级制度的形成(构型层级化)。而随着组织中纵、横结构的形成,组织与外界的边界也逐渐清晰,因而组织边界清晰化亦是组织结构科层制的一个重要表征。

1. 角色专业化

角色专业化是指组织将工作分解为各种专业化的任务,然后再将这些专业化任务组成不同部门的过程,它是组织在横向上的功能细分,有时也叫劳动分工。角色专业化是科层制的一个基础要素,也是组织形式科层制的一个重要表征。本迪克斯甚至认为科层制可以被解释为功能的日益细分,而在早期的企业中,这些功能都是由其拥有者—管理者在日常生活中亲自执行的。①

在 2005 年初 MT 创立伊始,它还只是 MF 的私人论坛。MF 独自进行网站的设计,独自走访,然后独自在论坛发帖、回帖,反映贫困地区生活及教育状况。没有任何的分工,角色专业化程度几乎为零。而当 MF 的帖子《走在大山里》引起一个叫"种子"的网友注意时,MT 的第二个志愿者出现了。MF 让她做"灌水区"与"小城故事"两个版块的版主职务,并负责到其他论坛发帖宣传 MT,而他就可以腾出一部分时间走访,寻找项目,研究 MT 的发展战略。这样,MT 完成了第一次角色分化。

2005 年 6 月,一位叫"水瓶"的驴友在网易上发现 MT 募集课外读物建立小图书室的帖子,并联系网易义工联盟的版主将其推荐置顶,而她也成为 MT 的又一名志愿者,负责 MT 的宣传推广工作。网友们的热烈支持(三天点击量超过两万)使 MT 的第一个项目"麦浪行动—小图书室"诞生了。而一部分网友更是想要通过 MT 直接资助孩子,考虑再三,MF 决定开展资助孩子的项目,这就是后来的"麦苗行动—我要上学"项目;更大的转折来自 2005 年 10 月,莫凡和"水瓶"在湖南古丈断龙乡考察后,在论坛上发了一个名为《篱笆墙内的孩子》的帖子向全球征集 200 位爱心人士,每人 200 元人民币,希望筹建一所小学。帖子被推荐到网易并置顶,资金很快筹集完成,2006 年 2 月 16 日,"麦想行动—MT 第一小学"落成。它成长为 MT 的第三个项目"学校"……

---

① [美]W. 理查德·斯科特:《组织理论》,华夏出版社 2002 年版,第 41 页。

随着 MT 各项项目的陆续开发,知名度的持续提升,MT 的志愿者也不断增加。为了有效地开展项目、管理志愿者,MT 内部的组织结构已由最初的一名志愿者,逐步发展成为下设秘书处、助学部、走访部、推广部、人力部、物资部、项目组、财务部、技术部等多个职能部门的复杂"组织"。2007 年 1 月,MT 成立改革小组,对 MT 的制度、志愿者管理、工作流程进行梳理,形成文字。2007 年 7 月,MT 决策团要求每个分社在 8 月以前成立五人决策组①。此时,MT 已完成了由简单的角色分化向部门化的转变。

2010 年 9 月,MT 完成其身份蜕变,在广东省民政厅登记注册成为"广东教育基金会"②,由一个网络公益组织转型成为一个实体的非公募基金会,组织内部的各项关系更加复杂。根据对 MT 八大项目管理的需要,整合之前的职能团队,设立了助学、物资、推广、财务、人力、技术六大职能部门。至此,MT 的角色专业化基本成型。

2. 构型层级化

构型层级化是指组织内的职权、职责和各种责任的分派按等级链给以垂直划分的过程。角色专业化在一定程度提高了组织的效率,明确了责任与义务,却不可避免地滋生了部门之间的差异与冲突。最突出的表现就是各部门致力于完成本部门的目标,各自为政,只关心自己的专业领域,扩张各自的势力范围,而不是聚焦建立整个组织的事业。有分就有合,因此,还需要以等级原则将各部门整合起来以完成组织总目标。等级制存在的根本目的不仅仅是上级对下级的监督与控制,而是承担超出任一组成单位能力范围之外的那些协调工作。构型层级化是组织结构科层制的一个重要指标,可以通过等级链的长短来衡量其层级化程度。

MT 创立之初,创始人 MF 独自开展助学活动,建立论坛、走访、发贴,他一人包揽所有这些工作,不存在协作的问题。当"种子"加入后,两人进行了一定的角色分工,这就要求对工作进行协调,不过,一些简单随意的交流就能解决。因此,这时也不存在层级。但随着 MT 各项项目的开发,MT 由简单的角

① MT 教育基金会主页:https://www.mowo.cn/article-24.html。
② MT 教育基金会主页:https://www.mowo.cn/article-24.html。

色分工向部门化转变,为了有效协调各部门之间的工作,以及应对一些突发情况,MT 延长了其等级链,成立了位于部门之上的决策团队。而随着各地志愿者的不断加入,MT 又成立了各地方分社。各分社为了有效协调其内部事务,又基本上形成了"召集人—五人管理小组—职能部门"的管理架构。至今,MT 的分社仍在不断增加,然而整个 MT 的管理架构至少在 2007 年年底已基本成型。

2010 年 9 月,成立 MT 教育基金会后,如何处理教育基金会与原 MT 之间、总社与分社之间的关系是两个最突出的问题。为此,MT 内部的构型进一步层级化。首先,成立了以 MF 为理事长、秘书长,朱健刚等为理事的理事会,作为 MT 教育基金会的最高决策与权力机构,指导 MT 的运作;其次,成立了以万明为监事长的监事会,监督理事会的运作;再次,成立了 MT 决策团,接受 MT 教育基金会的领导,并负责 MT 的日常运作,MT 智库与秘书处协助其进行日常管理;最后,明确了 MT 总社与分社之间的关系——各分社召集人的产生,以及活动的开展必须经过总社决策团队的审核。至此,MT 的构型已明显趋于层级化[①]。

3. 边界清晰化

任何组织都需要一个将投入与产出进行过滤的、可渗透的界线。可以从行动者主体与行动时空两个维度来确立组织边界。从前者来看,对于组织成员任职资格的认定以及组织文化在其成员身上的"印记"等是区分组织与"环境"的一个重要指标;从后者来看,组织开展活动是在一定的时空环境下进行的。因此界定组织边界有三个"简单"指标:一是组织的空间屏障及其护卫者,如围墙、大门、门卫等;二是为了包含行动者主体而建立的时控系统,如工作时间、活动安排等;三是组织(主体)活动时的特有标识,如工作服及其附有的组织 LOGO 等。

事实上,韦伯所提出的"理想型"科层制的几个特征就是确立组织与社会

---

① 值得一提的是,2011 年 7 月,MT 创始人 MF 发表《设想未来》一文,提出"大分社,小MT"发展概念,改变了 MT 多年的自上而下的管理模式,推动民主参与决策的序幕,在一定意义上是对组织不断"层级化"的一种纠偏。MT 论坛:https://bbs2.mowo.cn/forum.php? mod = viewthread&tid = 60974。

边界的手段。例如,强调任职者通过技术资格获得职位,并用合同的形式进行约束,以保证选择标准与组织相关,不受其他社会相关团体的影响;强调任职者一旦被雇佣,就将其职务看成是唯一的工作或至少是主要的工作,是为了削弱任职者其他"社会身份"对本职工作的消极影响。另外,在理性的规范下,组织也试图封锁其核心技术,以免其受环境的影响。因此,"理想型"科层制组织往往具有较清晰的组织边界。

行动者任职资格的认定是 MT 组织边界清晰化的一个主要标志。MT作为一个网络公益组织,组织边界模糊是其初期的主要特征。成立初期,其成员几乎全部为兼职人员,他们带着其他组织的"深刻印迹"部分地参与到MT 的活动中来。事实上 MT 恰恰需要借助成员的其他"身份"为其开展活动提供便利。例如在高校开展图片展,如果 MT 成员中恰好有该校的学生或教师,联系场地将会容易许多。因此,MT 对于成员任职资格没有进行硬性规定,成员进出 MT 都比较自由。有意向的志愿者通过注册 MT 论坛或加入 MT 各地区的 QQ 群,了解并参与 MT 的活动。一般情况下,只要成员提出加入申请,管理员都会通过申请。进入 QQ 群后,只要不发表不当言论、商业广告或是一些不健康言论,长时间不"发言"或不参加活动的群友并不会被清理出群。

然而,大致从 2007 年 7 月份开始,随着 MT 知名度的提升,慕名加入 MT的成员越来越多,为了充分发挥 QQ 群的管理优势,各分社纷纷开始制定 QQ群管理规范。如上海分社"明文"规定超过半年未发言的群友将移出群;对于加入新人群却在两个月中未参加过任何活动或是发言的将直接移除出群,不再一一通知。尽管对于成员加入,MT 仍然没有准入限制,通过"清理出群"的方式寻找与 MT 匹配的参与者。而 MT 登记注册成为教育基金会之后,更是在章程中明确规定了志愿者认证方案,通过此种方式强调其成员的任职资格,以划定组织与"环境"的边界。另外,成立基金会后 MT 全职人员也在不断增加,组织与环境之间的界线逐渐清晰。从活动层面来看,登记注册成为基金会之后,MT 完成了其身份蜕变,从"虚拟"走向"现实",并在广州市白云区拥有了自己的办公室。这是 MT 与环境之间的"空间屏障",也是其组织界线清晰化的重要标志。

（二）规范秩序科层制

规范秩序指被组织定义为"正确的"和"适当的"行为方式的成文规定。规范秩序在韦伯的科层制理论中居于核心地位,它是法理型权威权力的来源,是等级制度赖以存在的基础。在科层制结构中,服从是基于依"法"制定的非人格化的规章而非习惯或者是对占据职位的人的个人魅力的崇拜。从它对效率的影响来看,规范秩序有助于限制个人理性的分散性,用一套统一的符合组织目标的行为规则来协调成员的行为,以确保组织工作的一致性、持续性、可重复性与可预测性,从而提高工作效率。而对于科层制组织批判的矛头也大多源于其对于规范秩序的顶礼膜拜。诸如墨守成规,规章制度下人的创造力与活力的丧失等。对于规范秩序正反两方面的强调,正反映出其作为科层制核心要素的地位。而规范秩序科层制的程度则可以通过规范秩序的"正规化"与"常规化"程度来衡量。"正规化"与"常规化"是一个相伴而生、相互促进的过程。

1.规范秩序正规化

规范秩序"正规化"指组织中规章制度的正规程度,包括实质的正规程度与形式的正规程度。前者可以通过规章制度是否具有法律效力来衡量;后者可以通过制度文本本身的正规程度来衡量,如文本语词所体现出来的正式程度。追求文本本身的"正规"可能在制度本身不具有法律效力的情况下,以期通过对具有法律效力的文本用词的模仿来获取一定的约束力。一般情况下,具有法律效力且制度文本正规程度高说明其规范秩序"正规化"程度高。

任何人类活动的顺利实施都需要制度作为行动准则与参考指南,甚至游戏也概莫能外,但制度的遵守须以强制力量与相应的激励机制作为后盾。在成立基金会之前,MT既没有法律保障,也没有金钱激励作为后盾,就如同MF 2006年5月时所说:

"一没有工资,二没有真正有效率的惩罚措施。不能像企业一样用'工资'去规范一个员工的行为,也不能像学校一样,用'前途'和'毕业证书'来左右一个学生的规范。不能也没权力像一个企业负责人或校长去训斥一个'员工'或'学生',他们凭什么全听我的?!他或她不高兴拍拍屁股就可以走人,甚至可以为我和MT留下一大堆麻烦,我一点奈何都没有……但一定会制度化,只是会更人性,更有趣,还有就是制度与人的关系可以更灵活。"①

因此,在 MT 成立初期,开展活动所需的一些"规章制度"更多的只是靠道义规范的行动原则与指南,没有法律效力,也没有形成严谨的文字。它们大多以"指南""注意事项"或"建议"等较为中性的词语作为名称后缀,或者直接没有规范的名称,内容简单明了,没有程式化语言,正规化程度非常低。如"MT 计划贫困学生资助指南""MT 计划图片展注意事项""走访注意事项""地方团队建设心得""关于发布 MT 计划活动帖的建议""如何建立资助点""MT 计划物品联络站成立条件"等。②

大致以 2007 年为分界线,随着 MT 分社的增加,为了规范地方分社的财务行为,2008 年 3 月 21 日,MT 财务部在 MT 论坛的"MT 公告"版块公布了《中国·MT 计划各地财务管理(试行)条例》。第一次以"条例"形式对 MT 财务人员基本要求(包括资金收入、支出管理,内部控制制度,特殊项目资金管理等)作了详细严谨的规定。尽管仍不具法律效力,但条例中的"为了规范……特制定本制度……每个地区涉及钱款事务时……由财务部审批……MT 计划专用财务章由总社财务部统一管理……任何人和分社不得在 MT 发布私人账号募集资金……"等字样无一不体现出其文本语词的严肃与正规化倾向。

此后,MT 制定的各项规章制度在文本的规范程度方面显著提高。其名称大多变更为以"条例""细则""规定""公告"等为后缀的具有公文意味的语词,制度文本的内容也更为严谨规范。如"MT 计划佛山分社管理条例""大化 MT 财务管理细则""MT 计划装备及宣传品管理规定""MT 计划广西地区管理团队成立公告",等等。2011 年 2 月 21 日,MT 在论坛公告版公布了作为其章程的《MT 计划管理细则》,这是 MT 成立教育基金会之后制定的第一份章程,也是 MT 第一份具有法律效力的、"实质正规性"的制度文本,标志着 MT 的规范秩序正规化程度由"形式正规"走向了"实质正规"。

---

① 莫凡:《关于〈制度化〉》,麦田论坛,见 http://bbs2. mowo. cn/viewthread. php? tid = 3776&highlight = %D6%C6%B6%C8。

② 种子:《麦田计划新手指南》,见 http://bbs2.mowo.cn/viewthread.php? tid = 16818。

2. 规范秩序"常规化"

规范秩序"常规化"指规章制度渗透到组织工作中的程度,可以通过组织中各种规章制度的数量与规章制度内容的覆盖范围来衡量。组织中规章制度数量增多且覆盖范围扩大,说明规范秩序日益渗透到组织的工作当中,规范秩序趋于"常规化"。

从 MT 规章制度的数量来看,2011 年 3 月 1 日,笔者分别以"细则""规定""条例"……"注意事项"等涵盖规章制度的检索词在 MT 论坛中进行搜索,剔除掉灌水区中的无效帖,以及一些以上述语词为后缀但实质内容不属于规章制度的帖子,以及各分社发布的重复帖,各类有效规章制度帖数量汇总如下:

表 2-1 MT 规章制度帖数量统计表

	2005	2006	2007	2008	2009	2010	2011
细则	0	1	2	1	2	4	2
条例	0	0	1	2	3	0	0
规定	0	1	8	0	3	2	4
制度	0	8	17	0	3	2	4
规范	0	2	11	1	1	1	0
规则	0	3	1	0	2	1	0
原则	0	1	3	0	0	0	0
办法	0	2	10	1	3	3	0
指南	0	5	4	3	1	4	0
建议	0	7	7	1	0	0	0
注意事项	0	9	5	1	0	0	0
合计	0	39	69	10	18	17	10
累计	0	39	108	118	136	153	163

结合表 2-1 与图 2-1 可以看出,2005 年至 2007 年,MT 每年新创制的规章制度数量(合计)与各年累计数量都迅速上升。以 2007 年为拐点,规章制

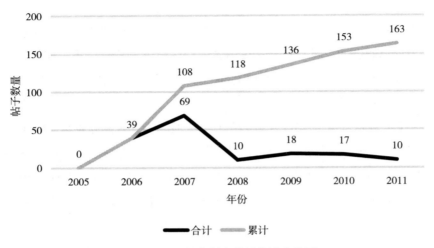

图 2-1　MT 规章制度数量统计曲线图

度累计数量呈缓慢上升趋势,而每年新创制的规章数量却急速下降。究其原因,2005 年为 MT 草创期,志愿者人数较少,各项目正处于开发之中且当时还没有今天的 MT 论坛,各项沟通交流活动是在 MF 的私人论坛中进行,因而在 MT 论坛中检索不到 2005 年发布的制度帖。而至 2007 年年底,MT 的八个主要公益项目已完全成型,此后 MT 主要是巩固已有项目,没有开发大的新项目。因此,自 2007 年后,MT 各项规章制度累计数量缓慢上升,新生数量迅速下降。但总的来看,MT 总的规章制度数量呈缓慢上升趋势。

　　从 MT 规章制度的覆盖范围来看,MT 成立初期,其规章制度主要涉及助学与物资管理两大模块,如"走访注意事项"(2006 年 4 月 30 日),"MT 计划物品捐赠标准"(2006 年 4 月 7 日),"如何建立资助点"(2006 年 5 月 22 日),"MT 计划物品联络站成立条件"(2006 年 7 月 19 日)等。随着麦青行动(MT 的推广活动,主要包括城市与高校的图片展活动)与麦言行动(为山区无法就医和患病学童进行医疗求助)的引入,MT 的规章制度又增加了推广与财务管理方面的内容,如"MT 计划图片展注意事项"(2007 年 12 月 3 日),"MT 计划旗帜管理规范"(2007 年 1 月 28 日),"中国·MT 计划各地财务管理(试行)条例"(2008 年 3 月 21 日)。而当 MT 成立教育基金会后,进一步完善其规章制度,先后制定了《MT 教育基金会章程》《MT 计划分社/团队财务管理细则》

《MT 计划地方团队(分社)微信小店、淘宝店筹款操作流程及规范》《MT 计划地方分社成立规则》《新资助点审核流程》《活动申报报告及备案内容要求》《MT 计划管理细则公示》①等制度文件,逐步形成涵盖助学、物资、推广、财务、志愿者管理与总则六种类型的较为完善的制度体系。

(三) 活动模式科层制

活动模式也是衡量一个组织科层制程度的重要指标。明茨伯格甚至认为,要判断一个组织是否为科层结构,可以根据三点来判断:组织的行为是否事先决定,是否可以预测,是否标准化。前两者可以通过组织内活动项目的稳定化程度来衡量,后者可以通过活动流程的标准化程度来衡量。

1. 活动项目稳定化

在角色专业化一节中,已经简述了 MT 前三个项目"麦浪行动—小图书室""麦苗行动—我要上学""麦想行动—MT 学校"的来历,下面简要介绍一下 MT 其他活动项目的来历。

MT 成立之初,在举办活动的过程中,就有意识地对自身进行推广宣传。为了更好地推广 MT,2006 年 4 月 6 日,MT 在 MT 公告版发布帖子,将 MT 在全国的推广活动列为 MT 的固定项目,更名为"麦青行动—感动之旅"。

"麦风行动—一个麦客"为 MF 的一个个人行为,自 2005 年诺邓小学开始,他计划每年坚持实施至少一次以上的"麦风行动"。基本内容:一是自资购买学生学习用品和教学教具、文体用品,并亲自送到贫困山区学生和学校手里;二是奖励优秀学生;三是为学生上课外课,丰富学生课外生活。

"春暖行动—世界祝福"是为海外的爱心人士提供的一个奉献爱心、参与MT 的平台,让国外朋友通过国内的朋友亲戚实现帮助中国贫困孩子、贫困学校的愿望。该行动持续约 3 年,于 2008 年取消。

2006 年 4 月 6 日,MT 将为山区小朋友捐赠衣物定位为一个长期行动,并以此为契机,全面接收社会大众的新旧衣物,给山区孩子送去温暖。这就是"麦麸行动—优衣送暖"。

---

① MT 教育基金会主页:https://www.mowo.cn/list-15-1.html。

2006 年 12 月 12 日,经过 MT 努力争取,获得陈生与陈太基金的支持,在全国贫困山区寻找 200 位收入微薄代课老师,每月补助其人民币 100 元,一年 1200 元,一年一审。这就是"麦香行动—大山脊梁"。

2008 年春天,在莫凡一位香港好朋友的支持下,MT 成立了一个以 100 万元人民币为基础的基金,为山区因为贫困而无法就医的患病(含意外伤害)学童提供医疗救助。这成为"麦言行动—关爱生命"。

2010 年 2 月 19 日,MT 结合小朋友的实际需求,并整合之前的麦麸行动,实行"麦爱行动—爱的礼物",长期募集各种文具、体育用品等适合小学生学习使用的物品,为贫困地区的孩子送去帮助和关怀。根据上述内容可绘制出 MT 各年份项目分布图:

表 2-2　MT 各年份项目分布图

年份＼项目	麦浪行动	麦苗行动	麦想行动	麦青行动	麦风行动	春暖行动	麦麸行动	麦香行动	麦言行动	麦爱行动
2005 年	√	√	√	√	√	√				
2006 年	√	√	√	√	√	√	√	√		
2007 年	√	√	√	√	√	√	√	√		
2008 年	√	√	√	√	√		√	√	√	
2009 年	√	√	√	√	√			√	√	
2010 年	√	√	√	√				√	√	√
2011 年	√	√	√	√				√	√	√

结合图形可见,2005 至 2011(截至 3 月 1 日)年间,麦浪行动、麦苗行动、麦青行动、麦想行动作为 MT 的主打项目,从未发生过变更,麦香行动自实施以来也从未间断过。只有麦风行动的内容由"一个麦客"转变为"第二课堂","春暖行动"与"麦麸行动"被整合为"麦爱行动",另新增了"麦言行动"。此后,MT 根据其发展战略,聚集于项目的专业化提升和规模化发展,2013 年 7 月,在麦浪书舍的基础上,开发了 MT 少年社项目。2014 年 5 月 26 日,启动"一人一本"项目①。2014 年发起在山区开展美育活动和课程的

① MT 教育基金会主页:https://www.mowo.cn/article-24.html。

"彩虹口袋"项目①,2015 年发起以提供个人生活卫生用品及儿童性教育教材为基础,搭配相关卫生课堂、安全课堂以及儿童性教育课堂为核心的"健康课堂"项目②。截至 2019 年 12 月,MT 主要开展了一对一资助中小学生(麦苗行动)、一人一本、彩虹口袋、健康课堂、乡土课程、MT 图书+少年社(麦浪行动)以及麦苗班等七大项目,尽管项目的名称大多已改变,但其以捐资助学为核心内容的项目目标并没有发生实质性改变。因此,总的来看,MT 自 2005 年创立伊始,其活动项目的稳定性程度非常高。项目的高稳定性有利于对组织的行为进行事先计划与预测,因而有利于组织的制度化。因此,活动项目稳定化是科层制组织的一个重要特征。MT 活动项目的高稳定性是其组织形式科层制的一个重要表征。

2. 活动流程标准化

活动流程指组织开展活动所遵循的原则与采取的方式,具体包括对组织开展活动的原则与方式进行规定的正式文本与组织成员对于达成组织活动的某些非正式共识。在科层制程度低的组织中,活动开展主要依赖于非正式共识与正式化程度较低的操作指南,而高度科层制的组织中,强调行动机器般的一致性,以提高生产效率,因而其活动依赖高度正规的制度文本,活动流程标准化程度非常高。

MT 开展活动的流程经历了依赖非正式共识——操作指南——正规制度文本的标准化过程。成立初期,其各项项目的开展无先例可循,主要依赖志愿者的信念伦理,即一种非正式共识来确保活动顺利达成。相应的操作指南都是在项目开展了一段时间之后才逐步形成。如"小图书室""我要上学""MT 学校""感动之旅"兴起于 2005 年,但相应的操作指南形成于 2007 年 5 月 17 日(建立 MT 图书室注意事项),2006 年 6 月 1 日(资助学生指南),2008 年 4 月 23 日(中国·MT 计划捐款建校操作指南),2007 年 12 月 3 日(MT 开展图片展活动注意事项)。"大山脊梁"兴起于 2006 年 12 月,相应的操作指南形

---

① MT 论坛:https://bbs2.mowo.cn/thread-158482-1-1.html。

② MT 论坛: https://bbs2. mowo. cn/forum. php? mod = viewthread&tid = 232324&page = 1&extra=#pid1930806。

成于 2007 年 11 月 29 日(MT 代课老师资助指南);"关爱生命"兴起于 2008 年,相应的操作指南形成于 2009 年 11 月 6 日(MT 行动操作手册)……

　　成立教育基金会之后,MT 进行了组织的制度建设,于 2011 年 2 月 21 日在 MT 论坛发布了《计划管理细则》,其中明确规定了分社及专项项目活动申报流程。细则将分社开展的活动分为需申报与报备两种类型,并对每种类型活动的开展流程与活动结束之后的总结都有严格规定。至此,MT 的活动流程达到较高的标准化程度,也意味着其科层制程度进一步加深。

二、MT 组织形式科层制的机制

(一) 效率机制

　　决定组织形式的根本要素是商品或服务之间的交易成本。人们究竟选择市场还是选择组织来完成目标,随交易成本而变化。追逐交易成本最小化的效率规律决定了对经济活动的不同组织形式和行为的选择。威廉姆森认为,组织内部或组织间的种种差异都可以从交易成本的高低、形式、特点来加以解释。那么,降低交易成本的意图是否是驱使 MT 采用"科层制"组织形式的动力呢? 在 MT 的成长期,答案是肯定的。

　　1. 降低内部交易成本

　　组织内部交易成本主要体现为组织内各部门、各层级之间的协调成本。MT 创立伊始,它只是 MF 的私人论坛,他独自完成走访、推广任务,这是他个人的偏好,因此不存在协调成本问题。随着种子、水瓶等早期志愿者的不断加入,为了达成群体目标,各志愿者之间就存在一个协调成本的问题。而在志愿者规模尚不大的情况下,志愿者之间通过 QQ、MSN 或是论坛进行简单的非正式沟通就能够有效地协调。较低的交易成本使组织没有动力采用科层制的组织形式,因为科层制本身又会增加组织的管理成本。因此,在 MT 成立初期,其组织形式是松散与有机的。

　　随着 MT 各项项目的开发以及志愿者的不断增加,志愿者之间以及组织内各部门之间的沟通协调如若仍采用初期的"相互调节"模式,将会产生极大的协调成本。就拿组织运行最为关键的信息传递为例，根据贝弗拉丝的实验，分散的循环式和全通道式网络系统相较于集中的链式与轮式（有一个信息中心）网络系统传递效率更低。"相互调节"模式即类似于全通道式网络系统。因此，随着志愿者规模的增大，为了提高其信息传递效率，组织亟须采用类似于"链式"或"轮式"网络系统的沟通协调模式。而 MT 以总社决策团为信息中心，以总社—分社—志愿者的科层制构型正是"轮式"与"链式"网络系统的结合体，有利于提高组织内部信息传递效率，从而在一定程度上降低组织内部的协调成本。

另一方面，科层制组织形式对于规章制度的强调从理论上说也有利于降低组织内的协调成本。当"纪律"渗透到组织的工作程序中时，亦即工作流程实现标准化时，组织中各层级、各部门的成员按照组织为其制定的标准而不是本层级、本部门或是本人的"标准"进行生产或服务，这样可以降低各层级、各部门之间的协调成本，同时也降低上司的监督与指导成本。MT 的发展历程正是规章制度不断渗透到其组织运行中的进程。无论是规章制度本身的正规化程度，还是规章制度的数量与覆盖范围，都见证了 MT 对于"制度"的强调。对于"制度"的贯彻执行，有效地降低了组织内的"交易"成本。

2. 降低"外部交易成本"

"外部交易成本"即狭义上的"交易"成本，主要指组织与外界环境交换商品或服务的成本。这些成本包括获取信息（关于质量、替换物等的信息）的费用、议定协议的费用、控制协约的费用以及解决纠纷的费用。[①] 节约交易成本的动力驱使组织在市场与等级制度两种组织形式之间转换。

MT 在运作过程中所涉及的环境主体主要有：资助人（包括资助企业）、受益人、政府机构、高校、媒体以及其他 NGO。MT 与各环境主体之间的关系如图 2-2 所示。MT 面临的环境主体的多维性，决定了其采取科层制的组织形式有利于降低交易成本。首先，从获取信息的费用来看，MT 必须获取受益人和资助人与助学相关的真实信息，了解政府的社团管理体制以及教育方面的政策。如若在高校开展图片展，前期还需要了解高校团委、相关社团的信

---

① ［美］W.理查德·斯科特：《组织理论》，华夏出版社 2002 年版，第 145 页。

息……如果 MT 内部没有明确的职能分工,如助学部负责获取受益人与资助人信息,决策团负责了解政府相关政策,推广部负责学校与媒体信息的获取,那么志愿者对于该由谁去获取哪方面的信息将会感到无所适从,或者出现信息获取重复或残缺的局面,最终导致信息获取的费用高昂。其次,从议定协议的费用来看,当 MT 以一个严谨规范的"事事有人做,人人有其责"的"科层制"结构与各环境主体接洽时,可以增加各环境主体对其的信任感,从而降低议定协议的费用。如 MT 在与资助人接洽时,严谨规范的办事流程,廉洁透明的财务制度将会增加资助人对 MT 的信任度,从而降低其间的沟通成本,即议定协议的费用。最后,从控制协约的费用以及解决纠纷的费用来看,科层制组织形式也具有较高的优势。因为其通过"制度"上的保障降低了"问题"与"纠纷"发生的概率,从而降低了控制协约与解决纠纷的费用。

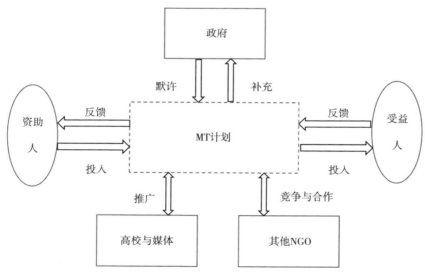

图 2-2　MT 计划与各环境主体的关系

(二)合法性机制

"效率机制"从科层制组织形式降低 MT 计划内外"交易成本"的角度解释了其科层制的原因。但组织分析的新制度主义理论认为,组织不仅仅是技术需要的产物,也是制度环境的产物,它不断受到外在的法律制度、价值观念等"共享思维"的影响,这迫使或诱使组织不断接受或采纳外界公认或赞许的形式、做法或"社会事实"。如果组织的行为有悖于这些在制度环境下"广为接受"的组织形式或做法(不管这些组织形式或做法对组织内部运作是否有效率),将会遭到政府的惩戒,引发社会公众的质疑或不满,从而对组织今后的生存与发展产生极大困难,即出现"合法性危机"。

那些诱使或迫使组织采纳具有合法性的组织结构和行为的观念力量即"合法性机制",或称之为合乎情理的逻辑,社会承认的逻辑。① 其对组织形式的影响可以从强意义与弱意义两个层次来讨论。

1. 强合法性机制:塑造共享思维

强合法性机制指制度环境通过塑造身处其中的人们的共享思维方式,来塑造符合其需求的组织形式与行为,而组织或个人均没有自主选择性。这里的共享思维指一种不以人为凿刻的形式出现的,被神化的文化观念。迈耶将其称之为"理性的神话",而迪玛奇奥和鲍威尔的"社会规范机制"事实上也属于这一范畴。例如要新办一所大学,创办人在组织设计时会不自觉地首先想到一个科层制结构:书记、校长、人事处、财务处、教务处、各二级学院等,而不会或是很难想到古代私塾的组织形式(排除极端情况)。从这个意义上说,科层制度成为人们思考组织建构的一个基本框架,成为一个理性神话,一个人们自然接受的社会事实。② 而制度环境通常是通过教育、激励、惩戒等一系列社会化手段,将"科层制"塑造为人们头脑中关于组织运作的合理化形式,而使其成为人们组织设计时的无意识选择。

但 MT 作为一个网络公益组织,其创立初期的初衷恰恰是以"快乐公益"的理念,"自由、平等、民主、灵活"的运作方式来刻意区别于某些"科层制"程度过高的正式 NGO,以吸引志愿者的加入。因而,组织内部的角色分化并不明显,成员之间的协调主要是借助 QQ、论坛等网络平台进行"相互调节",沟通内容也主要是以信息和建议而不是决定和指令为主。这颇有些类似于伯恩斯笔下的"有机"组织。然而随着 MT 规模迅速壮大,发展进

---

① 周雪光:《组织社会学十讲》,社会科学文献出版社 2003 年版,第 75—78 页。

② 周雪光:《组织社会学十讲》,社会科学文献出版社 2003 年版,第 76 页。

入瓶颈期时,"潜伏"在 MT 领导者与成员头脑中的关于"组织应该如何有效运作"的科层制模型渐渐战胜了"有机"组织模型,并成为支配领导者与成员的"共享思维"和设计组织模型的依据。这可以从 2006—2007 年,MT 处于改革期时,领导者与成员所发布的有关"MT 的运作与管理"的帖子中窥见端倪。

2006 年 12 月 11 日,MT 改革小组组长"破衣"(网名)在 MT 论坛发布的"MT 改革事务通报(第一期)"中提出了 MT 决策团成员建立"科层制"组织结构的设想,并具体将 MT 总社的管理团队划分为助学部、走访部、推广部、人力部、物资部、项目组、财务部、技术部八个职能部门,初步明确了各部门的职责,绘制了 MT 的组织结构图:

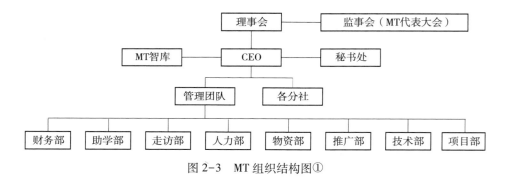

图 2-3　MT 组织结构图①

对此,MT 成员也大多认为,MT 要想可持续发展,科层制似乎是一个不可避免的趋势。

志愿者"丰子"(网名)认为:"因为我是学经济的,现在正接触管理学的内容,所以提一下自己的拙见。看了组织改革事务通报最主要是涉及组织结构问题,而面对组织结构问题,我们第一件要做的事便是组织设计:1. 职务的设计,工作的专门化;2. 部门划分,工作的归类;3. 组织结构的形成……"(2006 年 12 月 12 日)

① MT 论坛:https://bbs2. mowo. cn/forum. php? mod = viewthread&tid = 12219&highlight = %E9%BA%A6%E7%94%B0%E6%94%B9%E9%9D%A9%E4%BA%8B%E5%8A%A1%E9%80%9A%E6%8A%A5%EF%BC%88%E7%AC%AC%E4%B8%80%E6%9C%9F。

　　而在 2007 年 9 月,MT"陈生事件"①之后,在"麦飞"(MT 决策团成员之一)发布的关于 MT 可持续发展的讨论帖中,大部分麦友也流露出对科层制的青睐。

　　"MT 是随意随心的爱心助学,还是有组织、有规范、有管理体系的助学,这就必须进一步定位。如果要发展,就必然进行科学系统的甚至借鉴企业化的规范管理;如果要规范管理发展,就必然要适当改变那种过于感情、过于纯粹、过于理想的原则和理念……"(萧彡,2007 年 9 月 24 日)

　　"关于 MT 的改革,个人感觉大家一直在做,但一直没个进展,MT 需要改革,只有通过改革,让 MT 正规化,MT 才能更好更快地发展,MT 哪些方面需要改革? 个人觉得各项制度要完善要执行! 各个部门要继续明确出来! 处理各种问题的机制方法要明确……只有正规化,MT 才能走得更久,才能走得更好!"(扬州傻蛋,2007 年 9 月 25 日)②

　　从以上 MT 领导者所采取的改革措施与成员所发表的言语来看,"规范""制度""分工"这几个词语出现的频率特别高,透射出科层制在他们潜意识里"根深蒂固"的地位。这是因为,当 MT 还只是从事随意的小规模爱心助学活动时,"松散、有机"的组织形式即能够满足其需要,但当 MT 规模壮大,且领导者与部分成员想将其创办成为一项可持续发展的事业时,便出现了种种管理的难题,如资助人与 MT,MT 总社与分社,分社与志愿者之间的关系问题。如何解决这一问题,科层制似乎是他们唯一能想到的解决措施。这就是强合法性机制通过塑造共享思维的结果。因为,无论是 MT 领导者还是成员,其从小所受的教育,工作经历以及日常所见所闻,都在经意或不经意间向其传达和强化着"一个正规组织应该是这样的——'部门化分工、等级制度、规范化的运作流程'"的信息。尽管他们深知这样的科层制组织形式有一定的弊端(就像最初他们所竭力避免的一样),但如果组织要"长存",似乎这又是他们唯一能

---

　　① 陈生是 MT 的一位大额资助人,但是因为与 MT 的一些操作理念不合,于 2007 年 9 月离开了 MT,并撤销了其在 MT 建立的"麦香基金"。

　　② 以上麦友的观点来自 MT 计划论坛:麦飞:《平衡—离开? 莫凡—陈生? ——探讨麦田的可持续性发展》,http://bbs2.mowo.cn/viewthread.php? tid=23641&extra=&highlight=%2B%C2%F3%B7%C9&page=4。

想到的选择。因为,科层制已然是我们这个时代的,不可置疑的关于组织运作的"共享思维"。

2. 弱合法性机制:影响资源分配

弱合法性机制是指制度通过影响资源分配或激励方式来影响组织或个人的行为选择,而非从一开始就塑造了人们的思维方式和行为。例如,一家具有合法性的企业更容易和其他企业相交往,更容易获得资源,更能得到政府的支持和承认,这就诱使组织采纳那些具有合法性的行为(如重视环保、增加公益支出、聘请专家、财务透明、流程规范等)。这不是由组织固有的思维方式所决定的,而是因为组织意识到如果这样做,对组织本身有好处而做出的选择。因此,制度环境中的合法性机制产生一种激励,迫使组织去接受和采纳社会上认可的做法和形式。①

尽管从"投入—产出"的角度来看,采取这些做法和形式并不一定能提高和增进组织的绩效(在短时间内甚至和组织的效率追求相冲突),但从长远来看,却有助于提高组织生存的概率。迪玛奇奥和鲍威尔正是从弱意义上来讨论合法性机制的。他们认为组织形式科层制或理性化源于以下三种驱动力:第一源于政治影响和合法性问题的强制性同形(强制机制);第二源于对不确定性进行合乎公认的反应的模仿性同形(模仿机制);第三与专业化相关的规范性同形(社会规范机制)。② 笔者认为,社会规范机制实际上是通过塑造专业内的"共享思维"而驱使组织制度形式同形,因而属于强合法性机制,前面章节已论述,此节不再作讨论。

(1)强制机制——法令的压力

不管组织处于何种场域,都必须遵守政府所制定的相应法律法规。一方面,不遵守规定会受到处罚(如被取缔),另一方面,遵守规定将会有利可图(如公益组织获得公益捐赠税前扣除资格)。在 MT(教育类)所身处的组织场域中,对其生存产生影响的政府政策主要包括两大类:

第一,社会组织(基金会)相关管理政策。如《社会团体登记管理条例》

---

① 周雪光:《组织社会学十讲》,社会科学文献出版社 2003 年版,第 85 页。
② [美]沃尔特·W.鲍威尔,保罗·J.迪马吉奥:《组织分析的新制度主义》,上海人民出版社 2008 年版,第 72 页。

（2016 年）、《中华人民共和国公益事业捐赠法》（1999 年）、《取缔非法民间组织暂行办法》（2000 年）、《基金会管理条例》（2016 年）、《民间非营利组织会计制度》、《基金会信息公布办法》（2006 年）、《基金会年度检查办法》（2006 年）、《社会组织评估管理办法》（2010 年）、《公益事业捐赠票据使用管理暂行办法》（2010 年），等等。

第二，教育事业（义务教育）相关管理政策。如《国务院关于深化农村义务教育经费保障机制改革的通知》（2005 年）、《中华人民共和国义务教育法》（2006 年）、《国务院办公厅关于开展国家教育体制改革试点的通知》（2010 年），等等。

后者为 MT 进入教育类（乡村义务教育）公益场域提供了契机，而前者则设置了门槛。根据《取缔非法民间组织暂行办法》（2000 年）第二条规定，凡未经批准、登记或撤销登记后以社会团体或民办非企业名义开展活动的民间组织皆为非法民间组织，应予以取缔。另一方面，根据《中华人民共和国公益事业捐赠法》（1999 年）第十条、第十一条，《公益事业捐赠票据使用管理暂行办法》（2010 年）第七条的规定，只有依法成立的公益性社会团体和公益性非营利的事业单位，县级以上人民政府（发生自然灾害时或境外捐赠人要求捐赠时）才可以接受捐赠与开具捐赠发票。另外，公益团体要想获得公益性捐赠税前扣除资格，还必须符合《财政部 国家税务总局 民政部关于公益性捐赠税前扣除有关问题的通知》中规定的相关条件①。这意味着网络公益组

---

① 公益团体想要获得公益捐赠税前扣除资格，必须符合以下条件：

（一）符合《中华人民共和国企业所得税法实施条例》第五十二条第（一）项到第（八）项规定的条件；

（二）申请前 3 年内未受行政处罚；

（三）基金会在民政部门依法登记 3 年以上（含 3 年）的，应当在申请前连续 2 年年度检查合格，或最近 1 年年度检查合格且社会组织评估等级在 3A 以上（含 3A），登记 3 年以下 1 年以上（含 1 年）的，应当在申请前 1 年年度检查合格或社会组织评估等级在 3A 以上（含 3A），登记 1 年以下的基金会具备本款第（一）项、第（二）项规定的条件；

（四）公益性社会团体（不含基金会）在民政部门依法登记 3 年以上，净资产不低于登记的活动资金数额，申请前连续 2 年年度检查合格，或最近 1 年年度检查合格且社会组织评估等级在 3A 以上（含 3A），申请前连续 3 年每年用于公益活动的支出不低于上年总收入的 70%（含 70%），同时需达到当年总支出的 50% 以上（含 50%）。

织如果不依法登记注册,取得合法地位,不仅无法接受捐赠,开具捐赠发票、获得捐赠税前扣除资格,更随时面临被取缔或解散的风险。更有甚者,当投机分子冒用"MT"名义非法牟利时,MT 无法诉诸法律,因为其本身就是"非法"的。而根据《社团管理登记管理条例》(2006 年)与《基金会管理条例》(2016 年)的相关规定,社会组织要想登记注册,获得合法地位,必须具有一定的原始基金,规范的名称、章程、组织机构,与开展活动相适应的专职工作人员以及固定的住所。也即是,网络公益组织必须由"虚拟"走向"实体"并采用科层制的组织形式,才有登记注册的可能性,进而才能"合理"地发展壮大。显然,MT 组织形式的科层制变迁是在此一系列"推""拉"政策驱动下的理性选择。

(2)模仿机制——不确定性下的风险规避

模仿机制指组织模仿同领域中成功组织的行为和做法。[1] 组织模仿的根本原因在于环境的不确定性。当环境不确定,组织不知道何种做法才是最佳方案时,模仿同领域成功组织的行为,可以在很大程度上规避风险,减少不确定性。

在乡村助学领域,1989 年由中国青基会发起的"希望工程"可以说是一座丰碑。MT 与"希望工程"的发起模式有较大差别,但笔者发现二者在资源动员、项目运作与治理结构方面却有着显见的相似性。在资源动员方面,"希望工程"一个显著的特征就是善于宣传(权威媒体报道,推出全国性大型活动、打动人心的劝募照片——大眼睛女孩苏明娟)。而 MT 也有"异曲同工"之妙,其创始人莫凡是一个青年设计师,擅长形象推广,不仅为 MT 设计了一系列文化标志,还拍摄了大量震撼人心的"劝募图片"(其中主页上也是一位渴望读书的大眼睛女孩),并在全国各高校与城市巡回展出。在项目运作方面,"希望工程"主要有"学生资助""希望小学建设""希望工程图书室"等助学项

前款所称年度检查合格是指民政部门对基金会、公益性社会团体(不含基金会)进行年度检查,作出年度检查合格的结论;社会组织评估等级在 3A 以上(含 3A)是指社会组织在民政部门主导的社会组织评估中被评为 3A、4A、5A 级别,且评估结果在有效期内。

来自国家税务总局:http://www.chinatax.gov.cn/n810341/n810765/n812166/n812657/c1190134/content.html。

[1] 周雪光:《组织社会学十讲》,社会科学文献出版社 2003 年版,第 87 页。

目,并在学生资助方面创造性地采取"一对一"结对资助及"以本金换信任"的方式来获取公众信任。无独有偶,MT 的核心项目也是"小图书室""我要上学""MT 学校",助学模式也主要是结对资助,而为了保证助学资金的安全也设立了"组织保证金"。再来看看治理结构,"希望工程"属于中国青基会发起的一个项目,而中国青基会通过授权省级青基会在本地使用希望工程服务商标,以及整合共青团组织资源,形成了足以覆盖各省、市、县的运行工作网络,能够及时、顺畅地开展全国或地区性的公益项目①。作为一个活动范围遍布全国的网络社会组织,MT 也存在一个"MT 教育基金会"与"MT 计划",MT 总社与各执行分社的关系问题。笔者认为二者在这两对关系上非常相似。

隶属于中国青基会的"希望工程"是采用理事会治理结构,即严格的科层制组织形式运作的。而在对关乎"希望工程"与 MT 运行的核心方面进行比对后,有一定的理由做出这样的判断:MT 组织形式的科层制变迁,从某种意义上说,存在着对"希望工程"的模仿。当然,这不是简单的复制,是一种模仿基础上的创新,其动力源于对环境不确定性的风险规避。

(三) 权力机制

效率机制与合法性机制在论述组织环境对于组织形式的影响时,都潜在地将组织视作为一个结构性的整体,其内部保持着一致性。这忽略了大多数情况下普遍存在的一些显见的组织特征:组织中还存在着一定数量的行动者,他们在一定的情境中与环境问题相遇,并且依据各自的判断试图来对环境问题进行回应。他们之间存在着普遍的协商、谈判和权力"游戏",正是通过这些过程,局部秩序得以创造,行动环境得以建构。②

因此,组织内部的行动过程是一个不可能被忽略的过程,这个过程包含着行动者之间的策略性互动与权力游戏。从某种程度上说,组织内部的这个行动过程就是一个微观的政治过程。组织内部的行动者追求他们各自不同的利

---

① 《中国青基会第六届理事会工作报告》,见 http://www.cydf.org.cn/shiyong/html/lm_138/2009-12-24/111252.htm。

② [法]埃哈尔·费埃德伯格:《权力与规则——组织行动的动力》,上海人民出版社 2005 年版,第 115 页。

益,并根据他们所拥有的功能,所控制的权力来源,以不同的姿态理解环境并对环境作出解读,然后力争将这种解读的印象施加于他人——当然同样的行动也由他们的对立面所做出。于是,我们看到,环境对组织的影响由于被人为地重新"建构"而显得"碎片化"了①。所以,权力机制的核心思想可以概括为:组织的结构变迁受到组织内部权力政治进程的影响,这个过程充满着行动者的策略,显现出很强的建构性特征。②

因为作为集体行动发生领域的组织,无论其理性化程度多么高,总会存在某些规制无法消除的不确定性领域。组织成员在组织中的权力最终取决于他对影响组织目标实现的不确定性来源的控制能力,尤其取决于他能控制的这个不确定性来源的重要程度。他所能控制的不确定性来源对于他所属组织的生存越是关键性的,他在组织中获得权力的可能性就越大。对组织内不确定性领域的争夺与保卫构成了组织内部的权力政治,也形塑了组织的形式结构。

本章在吸纳上述法国组织社会学决策分析学派"权力机制"基本思想的基础上,认为在强调组织形式变迁受到组织内部权力政治进程影响的同时,还应更确切地强调组织内关键行动者的地位。因为,通常关键行动者控制了组织内的关键"不确定性领域"。关键行动者为了维护自身在组织中的"权力",往往竭力将有利于自身的组织格局制度化,这是"科层现象"的深层根源。

这表现在,MT 的发展进入稳定期后(大致在 2007 年以后),某些科层制要素已经出现阻碍组织效率的倾向,如繁杂严格的审批程序,活动项目过于稳定,长期缺乏创新,对志愿者的任职资格过于严苛(相对于一个网络公益组织来说),然而组织内的科层制进程仍然没有停止。原因在于,MT 的组织格局表明,控制其生存所需的"不确定性领域"的行动者集团主要包括以下三个(如图 2-4):第一,MT 总社(创始人集团兼决策集团),他们是"MT 计划"品牌的创立者与拥有者,其他集团只有在得到他们"授权"的情况下,才可以使用"MT 计划"的标志(当然这建立在"商标"本身得到法律保护的基础上);第二,资助人。他们控制了 MT 生存所需的各种资源。但他们主要是分散的个

---

① 埃哈尔·费埃德伯格/[法]克罗齐耶:《行动者与系统——集体行动的政治学》,上海人民出版社 2007 年版第 51—72 页。
② 汪丹:《形式组织的权变性建构》,上海大学博士论文,2008 年。

体,一般无意形成对创始人集团权力构成威胁的联盟,因而和创始人集团不构成正面权力关系;第三,MT 地方分社。他们被"授权"使用"MT 计划"标志,实地执行 MT 的各项活动,如走访获取学生资料、发放资助款、举办图片展等。他们需要使用"MT 计划"的商标,而 MT 需要依赖他们开展实地活动,但如果地方分社利用"MT"的品牌直接和资助人取得联系,然后虚置 MT 总社(创始人集团),将对 MT 总社的权力甚至生存构成威胁,所以这二者构成了一对权力关系。创始人集团为了维护巩固其在组织中的权力,科层制是其理性选择。

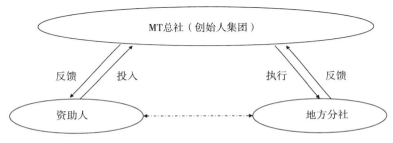

图 2-4　MT 内部各行动者集团所控制的不确定性来源

　　因为,作为 MT 关键行动者的,为 MT 的"生存"而斗争的创始人集团在 MT 的"王牌"就是他们所拥有的领导人在组织内部的卡里斯玛权威(个人魅力)以及"商标"所有权及其所衍生出来的规则制定权。为了维护巩固其在组织中的权力(很大程度上是因为,为了维护 MT 的声誉,为了 MT 能朝自己希望的方向发展,必须拥有一个强有力的领导权),他们就必须将这张"王牌""合法化"。一方面,只有"商标"本身"合法",才能"合法"地授予符合其需求的代理人(地方分社)使用"商标",禁止违背意愿的代理人使用或继续使用"商标",并进而拥有将此授予规则制度化的权力;另一方面,卡里斯玛权威本身具有不稳定性,如若不能将其常规化,权威消逝之时即是组织解体之时。这就是 MT(创始人集团)竭力注册为基金会,将 MT 的各项文化标志纳入法律保护,使领导人权威正规化的一个不容忽略的原因。

　　但是,除非是极端情况,创始人集团一般不会轻易使用"商标"这张王牌。因为,不可能"随意"取消一个地方分社使用"MT 计划"标志的权利,那么创始人集团在平时又采用什么样的策略来监控地方分社的行为呢?

笔者通过多次参与 MT 图片展、走访等活动以及大量查阅 MT 论坛的文本资料,发现无论是基金会成立之前的各项非正式工作指南还是基金会成立之后的正式管理细则,都渗透出一个潜在的意图:严格将资助人与地方分社隔离,自身充当资助人与地方分社的中介(当然也是为了保证资金的安全,维护 MT 的声誉)。《MT 计划贫困学生资助指南》(2008 年)明确规定:"MT 所有的汇款(包括资助款、物资款、捐款等等)都汇到总社账号上……下面各分社都设有分社专用的账号,但是,分社账号不会让大家汇款进去,分社账号只用于跟总社之间的转账以及平常活动费用的储存。"①《MT 计划管理细则》(2011年)不仅对经费作了明确规定:"捐赠的一切钱款均由 MT 教育基金会账户收取和支出,任何分社和任何志愿者都没有接受现金捐赠的权力,所有钱款均需由捐赠者自行汇入 MT 计划总账户。"还对分社活动开展进行了授权说明:"各类型分社开设新的图书室时必须向总社申报;2、所有走访都必须申报……"②也即是说,创始人集团通过制定规则来监控地方分社的行为,只要地方分社遵守规定,二者便相安无事,而在"规则"本身没有"合法化"之前,MT 是依靠创始人集团的卡里斯玛权威来推动"规则"的运行的。

而一旦创始人集团发现资助人与地方分社直接联系,虚置 MT 总社的情况,且情节较为严重的,便会毫不留情地动用"商标"这张"王牌"——取消其对"MT 计划"标志的使用权。

可见,MT 创始人集团为了维护 MT 的声誉及巩固自身的决策控制权,必须要将资助人与地方分社隔离,这决定了其必须采用科层制的组织形式:①构型层级化,分社志愿者—地方分社—总社—资助人;②规章制度化,用规章制度控制分社的行为,如活动申报权限的规定,不得自行收取资助款等;③合法化,即将领导者在组织内的卡里斯玛权威与所拥有的 MT 文化标志——"商标"合法化,而要达到这个目标,相关法律规定必须采用科层制的治理结构。

总之,MT 组织形式的科层制变迁是一个创始人集团在外界环境的迫使

① 来自 MT 论坛,见 http://bbs2.mowo.cn/viewthread.php? tid=31055。
② 来自 MT 论坛,见 http://bbs2.mowo.cn/viewthread.php? tid=54869&extra=page%3D1。

或诱使下主动推动的卡里斯玛权威常规化过程,即组织的理性化过程。这个过程不单单受到"效率机制"的支配,更受到"合法性机制"与"权力机制"的支配。但是,在 MT 的成长期,"效率机制"起支配作用,而进入稳定期后,"权力机制"的支配作用日益凸显,而"合法性机制"则是贯穿始终的决定组织选择何种组织形式的制约因素。

三、网络公益组织"科层制"的理论及其现实启示

(一)理论启示:"机械组织"(科层组织)与"有机组织"理论的再探讨

几乎所有的社会科学家都深信,科层组织的发展与理性在现代西方世界的出现相符合,然而对于其是否与效率等同却存在不一致的看法。如团结在默顿周围的美国社会学家们,从经验资料出发,对科层组织"理想类型"的完美提出了质疑。克罗齐耶通过对巴黎会计师事务所与法国联合工业垄断企业两个案例的分析,令人信服地指出科层制的平衡建筑在一系列相对稳定的恶性循环上,而这种恶性循环在非人格化和集权化的氛围中得到发展①。

因此,伯恩斯认为,有必要假定两种"理想类型"的工作组织,一种是"机械组织"(科层组织),适用于稳定的条件;另一种是"有机组织",适用于变化的条件。而自 20 世纪 80 年代以来,伴随信息技术的普及,脱胎于"有机组织"理念,依托于互联网建立起来的"网络组织"(包括组织间的网络结构与组织内的网络结构,这里指后者)成为了新的研究热点,如"蛛网结构""蛛状吊兰"等组织形式。

总的来看,已有的组织形式研究存在以下三个趋势:

第一,过于强调"科层组织"的功能失调与"有机组织"的合理性。

第二,将"科层组织"与"有机组织"置于一种非此即彼的对立之中,并认为"科层组织"应该且即将被"有机组织"所取代。

---

① [法]米歇尔·克罗齐埃:《科层现象》,上海人民出版社 2002 年版,第 135 页。

第三,对于"有机组织"的研究带有较强的"技术决定论"倾向。

本章通过对 MT 组织形式科层制的考察,认为这三个趋势都有待进一步商榷。首先,已有研究过于强调"科层组织"的非理性一面,而忽视其合理性一面。纵观我国诸多网络公益组织,其根本问题恰恰在于科层制的不足,而非过度。如部分网络公益组织组织成员的行为规范性差[①]与核心团队难以建立。前者容易导致组织公信力丧失,遭受政府与民间的双重质疑,而后者则不利于组织的可持续发展。因此,适度强化组织的制度化与规范化建设,有利于网络公益组织合法性的获得与可持续发展。

其次,已有研究大多将"科层组织"与"有机组织"置于一种非此即彼的对立之中,似乎组织要么被贴上"科层组织",要么被贴上"有机组织"的标签。然而,笔者认为任何组织都应是这两者的有机结合。在一个组织内部,可能同时存在科层制程度与有机化程度较高的部门。例如与环境接近的部门(组织的决策层、公共关系部门,研发部门)有可能比其他部门具有更高的有机化程度。而组织可根据效率、合法性抑或是权力的需要,相机选择科层制与有机化的具体匹配程度。如网络公益组织随着规模的壮大,初期为了效率的需要,增加其科层制比例,后期出于"权力"的考虑,增加其"科层制"比例。

最后,已有的对于"有机组织"的研究,带有较强的"技术决定论"倾向,认为信息技术在组织内的全面应用,改变了组织内信息传递与沟通的方式,有利于消减组织内的层级结构,使组织结构呈现出"去层级化""去中心化"的"网络结构"。按照此推论,组织形式的"有机化"程度定当与组织内的信息技术运用程度呈正比。然而依托于互联网运行的网络公益组织 MT,却发生了从"有机"到"科层"的转变。说明此观点忽视了对组织外部制度环境与组织内部微观运作动态的考察,较为片面。这似乎在一定意义上为韦伯关于科层制不可逆转的"铁笼"预言[②]提供了一个经验证据。

---

① 表现为一是成员的流动性大,身份复杂,难以通过有效的机制发现其违规行为;二是缺乏"合法"的手段去惩罚违规者。

② [美]沃尔特·W.鲍威尔,保罗·J.迪马吉奥:《组织分析的新制度主义》,上海人民出版社 2008 年版,第 68 页。

（二）现实启示：公共领域建构与社会管理的新课题

网络公益组织的松散性、虚拟性导致其很难在现实生活中取得合法正规的身份，这就意味着目前绝大部分网络公益组织没有纳入政府的监管视野，极易成为一些以"公益"之名，行"自利"之实的投机分子进行欺诈的手段和工具。MT 作为一个典型的、没有"合法"身份的网络公益组织，主动推动自身的"规范化"建设，接受政府的年度检查，极大地便利了政府对其的监管。这为网络公益组织的转型提供了一个极好的范本，为政府应如何将网络公益组织纳入监管视野提供了一种可行的思路。

但网络公益组织的科层制进程必定会摒弃某些"有机组织"的合理内核。如 MT 内部规范成员行为的各种规章制度日益增多，活动审批程序日趋复杂，活动项目日趋稳定，专职人员岗位职责日趋明晰。于是，一些成员便觉得现在参加 MT 的活动不再像从前那么自由了，受到许多制度的"约束"，而且成员之间的关系似乎也不再像从前那样"平等"了，有一些"领导"与"被领导"的感觉了；地方分社的管理者觉得现在举办活动不再像从前那么高效了，因为许多活动必须要向总社申请，得到批准之后才可以实施；甚至总社的领导者自己也在感慨，活动项目难以创新，"MT 的机制老化了"。实际上，这是 MT"科层制"进程中，其赖以存在的，诸如"平等、民主、灵活、务实"等"有机组织"的特性日益丧失的表现①。

如何在规范化的同时保持活力，是社会组织需要深入思索的问题。

---

① 值得一提的是，MT 在 2011 年 7 月以后，开始逐步改变自上而下的管理模式，推动民主参与决策的序幕。2014 年 9 月开始，又推动 MT 分社注册，正式开启 MT 共同体时代，其组织形式开始不再完全朝科层制方向发展，而更类似于一种混合制的组织形式，这值得进一步深入研究。

第三章 民间公益组织道德契约约束论

　　一般认为,相对于政府与企业来说,民间公益组织在提供公共物品与服务方面,能够有效降低生产与服务的成本①并提高生产与服务的质量②。然而,相关研究也表明,由于独立性不足、运作不规范、服务资源不足等原因③,民间公益组织同样存在"志愿失灵"④的问题。萨拉蒙把志愿失灵归为四种类型:一是慈善不足,即公益组织缺乏充足的资源去满足社会亟须的各种服务,如资金不足;二是慈善的特殊主义,即公益组织和捐助人都集中关注社会中的特殊群体,如固定地救助孤寡老人;三是慈善的家长作风,即为公益组织捐款或提供资源的人掌握了界定特殊群体的需求权力,如公益组织的捐款人的幕后指示;四是慈善的业余主义,即志愿服务的无偿性难以吸引到高素质、专业强的志愿者,慈善仅仅是小范围的狂欢。⑤

　　如何克服志愿失灵,让民间公益组织得以发挥其能够和应该发挥的功能,是所有民间公益组织亟须解决的发展瓶颈。目前,关于志愿失灵应对之

---

　　①　Terrell P,Kramer RM.Contracting with nonprofits[J].Public Welfare,1984(42)1:31-37.

　　②　Ruth Hoogland DeHoog.Evaluating Human Services Contracting:Managers,Professionals,and Politicos[J].State & Local Government Review,1986(18)1:37-44.

　　③　孙婷:《志愿失灵及其校正中的政府责任》,《中国行政管理》2010年第7期。

　　④　Kristin O'Donovan.Service Delivery:Toward a Theory of Simultaneous Government and Voluntary Sector Failures[J].Administration & Society,2015(12):1-20;Dong Wenqi.Voluntary Failure in Village Culture-Building:The Case of the Qu Yuan Village Library[J].The China Nonprofit Review ,2011(3):261-274.

　　⑤　[美]莱斯特·M.萨拉蒙:《公共服务中的伙伴——现代国家与非营利部门视野》,贾西津等译,商务印书馆2008年版。

策的研究主要是从政府①、公益组织本身②、志愿者③、社会④四个角度分别提出,其缺陷一是未能形成体系,显得较为松散;二是四个角度之间缺乏核心纽带,导致四者关系不够明确,且单一维度的处方始终都未能成功解决志愿失灵问题。事实上,相对于基于利益交换为核心的企业组织而言,政府、民间公益组织本身、志愿者与社会四个主体的共同点是其核心目标都不是经济利益的最大化,而是社会公益的最大化。政府与民间公益组织之间、民间公益组织内部、志愿者与民间公益组织之间,以及社会与民间公益组织之间存在着一定的社会道德契约约束,这种道德契约约束的存在是主体间道德关系的体现。而从本质上来说,志愿失灵问题其实就是主体间道德关系的错位与失衡。那么,是否有一种类似企业利润硬约束的机制来克服志愿失灵呢? 本章的核心假设既是:道德契约约束机制通过在政府、志愿组织、志愿者与社会四大主体间建立道德纽带的方式,能够克服志愿组织的志愿失灵问题。它就像企业的利润硬约束一样,不断鞭策着志愿组织追求卓越。从完善道德契约约束机制的角度出发,来研究志愿组织的志愿失灵问题有助于在理论上统合之前单一维度的解释,从而更加全面深入地认识其治理机制问题。

---

① 孙婷突出了志愿失灵校正中政府的责任,要重新定位政府与志愿组织关系、转变政府管理方式、健全相关法律法规以及建立志愿服务统一的指导协调机构。参见孙婷:《志愿失灵及其校正中的政府责任》,《中国行政管理》2010 年第 7 期。

② 胡德平认为再造志愿组织将是志愿失灵的有效治理之道,从组织文化、组织流程、组织结构和组织适应性等多方面进行彻底改善与重新设计。参见胡德平:《志愿失灵——组织理论视角的分析与治理》,《理论与现代化》2007 年第 2 期。

③ 任金秋、刘伟从克服公众志愿捐赠不足、克服志愿行为不足与克服志愿参与不足三个角度阐释了如何从志愿者的角度克服民间公益组织志愿失灵。参见任金秋、刘伟:《我国非政府组织志愿失灵问题探讨》,《内蒙古大学学报(哲学社会科学版)》2008 年第 2 期。

④ 林淞、周恩毅从社会权利的角度寻求一个实现社会治理权利从政府逐渐向 NPO 转移的过渡的"域",作者将其命名为"第四域",以充分维护 NPO 独立性为前提,合理利用政府权力的溢出效应,在与政府权力的若即若离中实现其对社会的有效治理。参见林淞、周恩毅:《我国NPO 志愿失灵的有效治理——兼论与"第四域"的融合》,《华中科技大学学报(社会科学版)》2009 年第 3 期。

一、民间公益组织道德契约约束论的理论模型

"道德是调节人与人之间关系的规则,它规定何种互动是允许的,何种互动是不允许的。如果要在应用上实现道德的普遍性,这必然要求道德能够保证人们合作行为中的互惠与同意。因此对道德的证明,就在于阐明人们是出于何种理由接受协议中的条款。这一理论构想意味着,道德原则构成理性的人们之间事先自愿达成的协议的内容。"①那么,在既没有权力强制也缺乏利益激励的民间公益组织中,人们是出于何种理由来履行道德使命、遵循道德规则呢?

前面章节已经指出,志愿者参与公益活动,主要是被一种超越物质利益的意义框架所感召,这来自领导者的道德感召力、公益使命的吸引以及志愿者本身所获得的成就与归属感。志愿者一旦选择成为一名志愿者,一旦选择成立一个志愿组织,他们就进入一个"公益场域"中,在这里志愿者及其组织的行为受到组织本身、政府以及赠与人等群体的道德期待与评判,受到社会问责与赠与合约的约束。道德感召力、公益使命及志愿者的成就与归属感构成道德规则得以履行的"内约",依托内化的道德形成"心灵承诺",使志愿者主动约束自身行为。社会问责与赠与合约则构成道德规则得以履行的"外约",以道德期待、道德价值判断、舆论评价、法律规制等形式进行约制。二者共同构成了道德契约的约束机制。因此,笔者在这里将道德契约定义为:迫使志愿组织及其志愿者履行公益使命、遵循道德规则的道德约束机制,它是一种志愿者与组织之间,以及组织与组织、政府、社会之间基于如何更好地实现公益目标所达成的长期隐性协议。它是一种无形的契约,是一种诺成契约,能够成为普遍的、具有较强约束力的规范人和组织行为的一种力量。通过道德规范结成的契约有助于民间公益组织自我完善和发展。

图3-1建构的道德契约约束模型是以道德为核心,借助组织内约和外约

① David Gauthier, *Morals by Agreement*[M].Oxford:Clarendon Press,1986:9,转引自李风华:《基于协议的道德:高西尔的契约论述评》,《哲学动态》2006年第2期。

的合力,由领导者感召力、公益使命、社会问责、赠与合约以及志愿者的成就感与归属感五个因素组成,并通过理论推演与问卷调查①相结合进行论证。

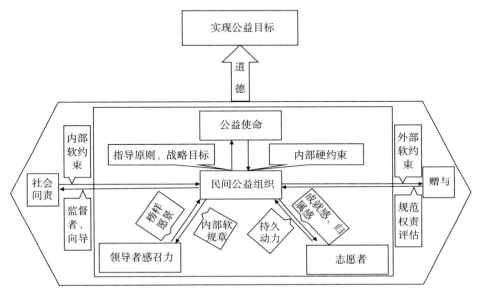

图 3-1 "道德契约"的理论模型

二、民间公益组织道德契约约束论的实证检验

任何组织中,最关键和核心的问题都在于"人"的作用,不同于其他类型

① 问卷名为《民间公益组织的"道德契约"约束研究问卷》,是根据民间公益组织在道德契约约束下的特性进行增删变量得出的。问卷采用五级量表,分为五个维度(道德感召力、道德使命、道德问责、合约责任、志愿者成就感与归属感),每个维度下设5个问题,分别从不同角度让志愿者对"道德契约"的组成约束条件进行调查。问卷填写者在"非常不同意""不同意""不确定""同意""非常同意"五个选项中做出判断,分数从1到5排列。根据答题者对每个选项的不同态度,然后将这些结果汇总,综合评判"道德契约"对公益组织的影响程度。2014年9月1日至2014年12月30日期间,笔者对志愿者进行了问卷调查,采取分层抽样方式,以访问问卷为主,同时以自填问卷(网络发放和邮寄)为辅,由省到市再到民间公益组织逐级抽取。共发放问卷200份,其中面谈问卷160份,网络发放30份,邮寄10份;最后回收到195份,有效问卷总共192份,有效率96%。

的组织,民间公益组织的民间性、非营利性、公益性、自主性等特征决定了克服志愿失灵的因素应该是自律与他律的结合。因此,道德契约的理论前提建立在管理学中的"超 Y 理论",行为主义的"复杂人"与"自我实现人"的人性假设之上的。而与公益组织的公益活动有关的"人"是:领导者、志愿者、社会公众。领导者的管理方式与工作人员的需求相结合,而志愿者的公益动机则是源自奉献精神,即基于自我实现的需要;同时,就志愿者个体来说,他们的需求会随着年龄、阅历、地位的不同而各不相同,最重要的需求是满足现实的人生意义感和奉献感。

1. 领导者感召力是民间公益组织的内部软约束

感召力指"一个人凭借其自身的内在人格魅力、品性、声望、礼仪修炼等表现于外在的内在综合素质的影响力,在一定条件下,对某个人或某些群体产生的有感化和召唤的人格品行能力;或者说是一种以物质为刺激点,凭借自身人格魅力去感染、领导和鼓舞他人的能力"①。

领导感召力是被领导者发自内心的服从与遵守,民间公益组织具有自发性,民间、草根的特点强烈,领导者必然具备很强的感召力。一是道德素质,以榜样的力量影响组织成员。领导者的道德素质是通过其作为组织榜样的形式为组织所熟知的。"榜样对于他人、对于社会具有较强的人格感召力,亦即具有团结他人和社会,使社会分散的力量凝聚起来加以调控的支配力。"②领导者的先进、典型的感人事迹和高尚的道德品质成为组织的榜样,会得到整个组织的共鸣,对该组织成员产生的现实教育意义与引导功能要远比一般的规章制度约束作用更大,更加有感染力和说服力,甚至可以起到一定的号召作用。二是愿景激励,以真实的愿景激励组织成员。追求愿景是领导者的欲望特质。组织在管理过程中,领导者往往并不满意已经取得的成功,他们追求的是组织对于未来的憧憬和成就。因此,卓越的领导者更加重视自我形象,有理想、有效率,对于组织愿景有着更高的追求和期待,甚至把成功当成生命不可缺少的部分。一个具有良好道德感召力的领导者懂得如何利用组织愿景去激励组织

① 刘文江:《非权力领导艺术》,中国时代经济出版社 2002 年版,第 30 页。
② 成云雷:《榜样力量与人格优化》,《山东社会科学》2006 年第 7 期。

成员。三是以人为本,以个性化的关怀凝聚组织成员。民间公益组织是成员以其自身的公益素养为基础成立的,组织的领导者能否以人为本关系到组织的人心向背、凝聚力和战斗力。四是领导魅力,以独特的风格带动组织发展。"领导魅力是指领导者在进行组织活动中对被领导者产生的吸引力、凝聚力和感召力,以及由此而产生的来自被领导者自愿的愉悦的心理支持和积极的组织行为回应,从而达到领导的工作目标。"[1]李超平与时勘曾经用统计数据进行回归分析证实,"领导魅力会对领导的满意度和领导者有效性产生正面的影响"。[2] 可以说,因为领导者的非凡风格与特点所带来的领导魅力能激发组织成员的工作积极性和对组织的归属感,能够凝聚组织成员向心力,能够激发组织成员对领导者的认同感,为领导者更好地施政创造良好的条件,提供良好的软环境。

通过对 192 份调查问卷的数据进行整理和统计,本章将调查问卷中同意程度的量表进行数据整理得出以下数据(见表 3-1)。运用 stata 统计软件对数据进行分析,根据分析结果绘制出志愿者对"道德契约"约束下道德感召力(组织领导者和骨干成员道德人格魅力与品质)的认知情况饼状图(见图 3-2)。

表 3-1　道德感召力(组织领导者和骨干成员
道德人格魅力与品质)数据统计

1=完全不同意,2=不同意,3=不确定,4=同意,5=完全同意							
序号	问题	选 1 的份数	选 2 的份数	选 3 的份数	选 4 的份数	选 5 的份数	合计
Q311	领导者的奉献品质能够聚合志同道合者	1	4	11	72	104	192
Q312	领导者的道德感召能够激励组织成员提高工作绩效	1	3	20	86	82	192
Q313	组织成员服从是因为领导者道德人格魅力而非职务权力	2	19	39	65	67	192

①　孙宏:《领导魅力——从幼稚走向成熟》,《行政论坛》2006 年第 2 期。
②　李超平、时勘:《变革型领导与领导有效性之间关系的研究》,《心理科学》2003 年第 1 期。

1=完全不同意,2=不同意,3=不确定,4=同意,5=完全同意							
序号	问题	选1的份数	选2的份数	选3的份数	选4的份数	选5的份数	合计
Q314	领导者的个人道德魅力能够化解团队矛盾、促进团队和谐	1	6	30	95	60	192
Q315	领导者的道德感召有助于形成奉献进取的组织文化	2	1	10	90	89	192

从图 3-2 中能够直观地看出,"完全同意"的占到了 41.9%,而"同意"的占到了 42.5%,支持者总计为 84.4%,说明志愿者们觉得道德感召力(领导者和骨干成员人格魅力与品质)能够在影响团队发挥、提高志愿者工作绩效、促进团队和谐及形成奉献的组织文化方面起到积极作用。

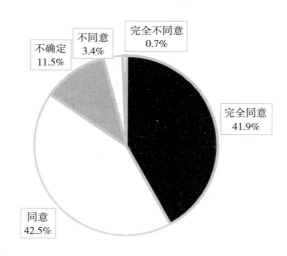

图 3-2　道德感召力(组织领导者和
骨干成员道德人格魅力与品质)

2.公益使命:民间公益组织克服志愿失灵的内部硬约束

公益使命是组织前行的方向舵,是组织的行动承诺,公益行动的指南,约束公益组织的行为朝着正确的方向迈进。民间公益组织的组织使命是组织生存的根本、运行的向导、组织的愿景,反映了组织的理想和追求,外化为公益服务中的价值观念和奉献精神。

公益使命影响着它与其他组织的关系。首先,公益使命影响着民间公益组织与政府合作关系。公益组织的活动开展、项目运行和监管都与政府紧密联系,公益组织与政府合作的可能性越大,获得政府资金、政策,以及人力的支持就更多,公益使命的行使及完成就更容易,发展空间就更广阔。其次,公益使命影响着民间公益组织与社会组织的合作方式。公益组织能否实现社会所期望的目标,就是看公益组织能否在与社会互动的社会关系中建立起广泛"支持团体"[①],包括赠与者、服务对象、社区成员、企业人员、志愿者、媒体等。当民间公益组织具备了广泛动员社会组织间联系与合作的能力时,它获得的支持群体就会越大,社会资源就越丰富,公益组织的生命力就会更强。最后,公益使命决定着民间公益组织获取资源的范围。公益组织所能获得的社会资源,取决于它的公益使命的目标及使命的完成情况。公益组织的公益使命决定了与其有着相同或相近意愿的捐赠者的合作前景,通过合作,捐赠者更加深入了解组织的公益使命,民间公益组织也会获得更多的社会资源。

公益使命是民间公益组织的宗旨和最高目标,决定了组织存在的意义,是组织管理绩效的最终标杆。首先,公益使命提高了民间公益组织成员的忠诚度。公益使命的作用正是让人、财、物等资源能够得以实现真正的价值。组织的各层级、部门之间有共同的公益使命作为共同价值取向,公益使命也是组织人力资源管理的参照,使得组织成员协同推动组织的良好运行,[②]让组织成员心甘情愿地奉献时间、智慧和心力,提高组织成员对组织的忠诚度。其次,公益使命是民间公益组织创新的主要动力。在急剧变化的社会环境之中,公益组织为了实现被赋予的使命,必须根据社会需求、社

---

①　辛甜:《社会网络与慈善筹资——上海市慈善基金会个案研究》,《华东理工大学学报(社会科学版)》2002 年第 4 期。

②　张冉、[美]玛瑞迪斯·纽曼:《情绪劳动管理:非营利组织人力资源管理的新视角》,《浙江大学学报(人文社会科学版)》2012 年第 2 期。

会环境和组织本身的变化,不断地调整策略,适应内外部的变化。民间公益组织自我创新和调整能力的高低决定着自身的发展前景。再次,公益使命是民间公益组织实现社会价值的根本要求。公益组织在社会中建构了一个公共领域,人们在这一公共领域内形成一种对人和社会关怀的价值共同体,从而对整个社会成员的道德意识、价值取向、伦理秩序的追求有重要的价值。最后,公益使命的完成程度是对民间公益组织评价的基本依据。公益使命在民间公益组织的行动中处处得以体现,公益使命是否完成就是公益活动中项目执行是否顺利、预期效果是否能够及时完成的表现。一般通过公开财务、项目规划、考核披露等措施,来考核民间公益组织公益使命的完成情况。

通过对 192 份调查问卷的数据进行整理和统计,将调查问卷中同意程度的量表进行数据整理得出以下数据(见表 3-2)。运行 stata 软件,绘制出志愿者对"道德契约"约束下道德使命(公益组织的使命与宗旨)的认知情况的饼状图(见图 3-3)。

表 3-2   道德使命(公益组织的使命与宗旨)数据统计

1=完全不同意,2=不同意,3=不确定,4=同意,5=完全同意							
序号	问题	选 1 的份数	选 2 的份数	选 3 的份数	选 4 的份数	选 5 的份数	合计
Q321	道德使命影响着它与政府、企业、其他社会组织的关系	3	8	19	59	103	192
Q322	道德使命影响公益组织的资源获取、使用以及分配	2	5	23	80	82	192
Q323	道德使命能够凝聚全体成员形成共同愿景	1	1	19	99	73	192
Q324	道德使命能够吸引志同道合的社会潜在参与者	1	1	19	91	80	192
Q325	道德使命的完成与否是社会进行问责和评价的基础	1	6	27	74	84	192

从图 3-3 中能够直观地看出,"完全同意"的占到了 44%,而"同意"的占到了 41.9%,支持者总计为 85.9%。从数据分析的角度而言,支持率超过了 0.7,基本能够认定志愿者们认可道德使命能够在处理民间公益组织与其他组织间关系、获取资源、构建共同愿景并吸引志愿者参与及以社会问责进行评价方面发挥其重要作用。

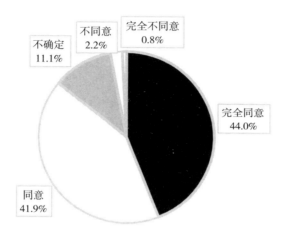

图 3-3　道德使命(公益组织的使命与宗旨)的认同程度

3. 社会问责:民间公益组织克服志愿失灵的外部软约束

社会问责是公民个人、媒体、其他组织等主体对民间公益组织的资金流向、发展规划、志愿服务等进行的监督。①

与组织内部自律不同,社会问责是外部监督,其监督的主体更广泛、内容更充实,手段更丰富,对于提高组织的透明度、资金的有效利用率有重要意义,让民间公益组织的运行目标更明确,防止偏离正确轨道。社会问责是民间公益组织的外部"监督者"。首先,社会问责提高了民间公益组织运行的透明度。来自政府、公民、社会舆论、企业、捐赠人等主体的监督要求民间公益组织对"公益服务状况、筹资情况、财务报告与投资分析、组织机构、项

---

① 　[美]丽莎·乔丹、[荷]彼得·范·图埃尔:《非政府组织问责:政治、原则与创新》,康晓光等译,中国人民大学出版社 2008 年版,第 28 页。

目运转、年度重大事项等信息或账目,真实、准确、有效、及时、完整地向赠与人、政府、受益人、监督者及其他利益相关者进行公开"。① 其次,提高了公益资金的有效利用率。能否提高捐赠物的有效利用率,关键在于能否接受社会监督,使捐赠物在阳光下使用。这里的利用率不仅指的是捐赠物在某个项目上的有效利用,也包括捐赠物是否用到了实处,而不是投到了不该投的地方。再次,社会问责促使民间公益组织明确其运行目标。民间公益组织的运行目标是一种价值导向式的,它决定着组织发展阶段的合理性,明确发展目标的可期性,指导着民间公益组织的发展。② 社会问责是民间公益组织的外部"向导"。第一,社会问责促使民间公益组织问责体系的建立。一个完善的问责体系能够准确回答民间公益组织向谁负责、负怎样的责、怎样负责,为什么要负责等问题。这样的问责体系以法律法规为指导,包括捐赠者、受益者、社会媒体等在内的多元化主体构成的监督评估反馈机制,也包括组织本身的自律体系。第二,社会问责提高了民间公益组织服务公共利益的能力。社会监督问责有助于加强组织内部的体制机制建设的完善,增强组织成员的服务意识,将服务的重点放在实处,为社会最需要的地方提供服务,明确组织发展运行的方向和目标,更加有针对性地提升了其服务公共利益的能力。最后,社会问责促使民间公益组织不断完善并扩大其生存空间。民间公益组织的顺利发展建立在其良好的社会公信力基础上,良好社会公信力的取得是自律和他律的合力作用,完全依赖自律并不能保障组织持续发展,因此,社会监督问责对于组织的发展和扩大生存空间起到了重要的监督引导作用。

通过对 192 份调查问卷的数据进行整理和统计,将调查问卷中同意程度的量表进行数据整理得出以下数据(见表 3-3)。运行 stata 软件,绘制出志愿者对"道德契约"约束下道德问责(对公益组织的社会问责与公信力评估)的认知情况的饼状图(见图 3-4)。

---

① 李水金、侯静:《中国非营利组织问责中存在的问题及对策》,《国家行政学院学报》2009年第 6 期。

表 3-3　道德问责数据统计

1=完全不同意,2=不同意,3=不确定,4=同意,5=完全同意						
序号	问题	选 1 的份数	选 2 的份数	选 3 的份数	选 4 的份数	选 5 的份数	合计
Q331	道德问责有助于提高公益组织运作的透明程度	1	7	17	70	97	192
Q332	道德问责有助于提高人员工作和资源利用效率	2	5	22	85	78	192
Q333	道德问责有助于强化公益组织的公益使命感和责任感	2	3	16	92	79	192
Q334	道德问责构建问责体制促使公益界的"良币驱逐劣币"	3	5	35	87	62	192
Q335	道德问责鞭策公益组织履行好捐赠合约	2	6	20	89	75	192

从图 3-4 中能够直观地看出,"完全同意"的占到了 40.7%,而"同意"的占到了 44.1%,支持者总计为 84.8%,超过了 0.7,基本能够认定志愿者们认可道德问责能够在提高组织运作的透明程度、提高资源使用效率、强化公益使命感与责任感、促使公益组织良性发展、履行好捐赠合约方面发挥重要作用。

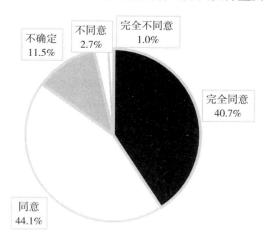

图 3-4　道德问责(对公益组织的社会问责与公信力评估)的认同程度

4. 赠与合约:民间公益组织克服志愿失灵的外部硬约束

社会捐赠,也就是相关的社会主体为了社会公益事业的发展,通过赠与的方式对特定或不特定的成员,无偿地给予一定的财物,进行社会救助的公益行为。也就是说,这种捐赠不仅是利益的交换关系,更是一种道义行为,也是一种法律上的关系,是法律予以认可的。赠与合约作为一种法律权威下的缔约形式,能够对民间公益组织公益活动的开展起到积极有效的作用。

赠与合约的存在是民间公益组织的权责规范。一方面,赠与合约有利于规范受赠人和受益人的权利义务。赠与合约的出现,以法律合约或者心理合约的形式规定了利益相关者的各方权利和义务,一旦任何一方违反了合约所规定的内容,就能够以法律的形式来进行追责。另一方面,赠与合约有利于增强信任感,激励更多的捐赠。公益捐赠是附有义务的赠与行为,赠与合约具有诺成性,关于赠与,捐赠者也有权撤回,维护捐赠者的合法权益。对捐赠者和受赠者双方都是公平的。在赠与合约中,因为可以规定受赠人必须履行的相应义务,所以赠与合约的出现,能够让赠与行为得到有效保障,也能够让捐赠人能够放心大胆地去进行捐款而不至于担心自己所捐钱物被挪用。

赠与合约的评估反馈是对民间公益组织服务能力的考核。首先,合约执行中的信息、财务公开提高了组织运行的透明度。由于赠与合约明确规定了赠与人与被赠与人的权利义务,捐赠人有权利在合约执行过程中了解其捐赠财产的使用情况,受捐赠人有义务满足捐赠人的知情权,对捐赠财产的使用情况进行说明。因此,赠与合约中的规定在某种程度上正是有了对接收捐赠财物的数量、使用去向、工作人员的日常生活待遇等的硬性约束,才确保相关利益者可以了解财物的运作。而要取得社会的支持和信任,就应该及时公开地披露组织的信息。其次,赠与合约执行后的专项评估有利于提高组织的服务绩效。评估是为了民间公益组织自身发展和公益项目的全面开展。因此,赠与合约执行后的公益项目专项评估,会协助被评估方找到项目运作中存在的问题,提出改进意见,提高民间公益组织的绩效。最后,赠与合约执行后的评估反馈关系到组织预期目标的实现。通过评估和反馈发现民间公益组织在使用捐赠物过程中的问题,并及时传达给组织成员,进而修正、更新、完善组织的运营与管理,促使组织不再偏离公益使命,确保实现组织的公益。

通过对192份调查问卷的数据进行整理和统计,将调查问卷中同意程度的量表进行数据整理得出以下数据(见表3-4)。运行stata软件,绘制出志愿者对"道德契约"约束下合约责任(包括公益组织获得任何捐赠的纸质合约或者无纸质合约的心灵契约的约束)的认知情况饼状图(见图3-5)。

表3-4 合约责任的数据统计

1=完全不同意,2=不同意,3=不确定,4=同意,5=完全同意						
序号	问题	选1的份数	选2的份数	选3的份数	选4的份数	选5的份数	合计
Q341	合约责任有助于公益组织高效准时地完成公益活动	1	3	18	63	107	192
Q342	合约责任能够明确公益组织使用赠与物的权利与义务	1	2	13	76	100	192
Q343	合约责任的签订与履行能够吸引到更多的社会公益捐赠	1	3	35	86	67	192
Q344	合约责任执行有利于提高相关领导与成员的道德感召力	2	8	25	93	64	192
Q345	合约责任执行后的反馈增强组织的公信力	1	0	11	85	95	192

从图3-5中能够直观地看出,"完全同意"的占到了45.1%,而"同意"的占到了42%,支持者总计为87.1%,超过了0.7,基本能够认定志愿者们认可合约责任能够在促使组织运作高效、明确赠与物的归属及其相应的权利与义务、吸引社会捐助、提高民间公益组织的道德感召力和公信力等方面发挥其重要作用。

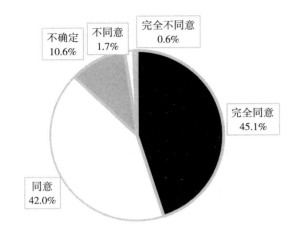

图 3-5　合约责任的认同程度

5. 志愿者成就感与归属感：民间公益组织克服志愿失灵的持久动力

民间公益组织中志愿者们主要以精神需要为主导，具有强烈的社会责任感、坚定的信念和社会理想。志愿者们加入民间公益组织是被公益事业所具有的道德光环吸引，成就感也增进了公益从业者的荣誉感、自我认同、社会认同和归属感，让他们能够留在组织里不断从事公益活动，从而把个人价值与社会理想相结合，在为社会理想、社会事业奉献的过程中完善自我、实现自我。

归属感是民间公益组织中志愿者们的黏合剂。一方面，归属感能够增加公益组织中志愿者的忠诚度。志愿者带着公益理想被民间公益组织所倡导的奉献精神和公益使命感吸引，当他们以民间公益组织这一载体进行公益活动时，他们就成为了代表着民间公益组织的个体存在。通过持续不断的公益活动，志愿者会不断加强对组织公益使命的认同，慢慢形成对公益组织的认同，归属感的不断加强会使得其对组织的忠诚度不断加强，这种忠诚是建立在对组织充分信赖与支持的基础上，是对组织的愿景认同，对组织全身心的追随。另一方面，归属感能够减少组织中志愿者们的内部摩擦。民间公益组织以公益使命吸引的是志同道合的热爱公益的人们，所以组织建立的开始就是在平等、互助和友爱的氛围中，成员互相尊重、信任与帮助，当志愿者之间发生矛盾与冲突之时,由于组织归属感的影响,成员依然会以公益目的为最重要的目标,互相理解和支持,减少可能出现的内部摩擦,即便有摩擦,也可快速协商解决,从而让彼此关系变得更加紧密。

成就感是民间公益组织中不断向前的助推力。一方面,成就感是志愿者们在公益活动中不断追求卓越的原动力。志愿者在志愿服务的过程中会与服务对象建立良好的关系,志愿服务对象对志愿者的志愿服务给予高度评价,志愿者因此得到满足感和成就感,会更加努力地工作以实现自身的价值和组织的目标。这种亲密关系的建立,取决于志愿者认为志愿服务可以带来更高的回报,而这种回报更多的是价值的实现、自身的满足和目标的实现,这种成就感的获得是志愿者愿意为之付出的重要动力。另一方面,成就感促使民间公益组织追求更好成绩。民间公益组织在不断实现公益目标的过程中,便会让每个组织成员获得成就感,而这种成就感就会激励民间公益组织不断超越自身初期设立的目标,向更高的目标进发。特别是成就感带来组织成员士气的上升和吸引力的增强,会在组织内部形成一种积极向上的组织文化,让组织形成较强的公益氛围和使命精神,在今后的公益活动中追求更高的目标和成就。

通过对 192 份调查问卷的数据进行整理和统计,将调查问卷中同意程度的量表进行数据整理得出以下数据(见表3-5)。运行 stata 软件,绘制出志愿者对"道德契约"约束下成就感与归属感(包括公益过程的快乐,对公益成就的高峰体验,人生的意义感,公益组织单纯平等成员关系的吸引力,团队合作的良好关系等)的认知情况饼状图(见图3-6)。

表3-5 成就感与归属感的数据统计

1=完全不同意,2=不同意,3=不确定,4=同意,5=完全同意						
序号	问题	选1的份数	选2的份数	选3的份数	选4的份数	选5的份数	合计
Q351	成就感与归属感成为留住组织骨干成员的重要因素	1	2	51	59	79	192
Q352	归属感能够增加志愿者忠诚度	1	1	18	108	64	192

续表

1=完全不同意，2=不同意，3=不确定，4=同意，5=完全同意							
序号	问题	选1的份数	选2的份数	选3的份数	选4的份数	选5的份数	合计
Q353	归属感能减少组织内部摩擦	2	1	29	99	61	192
Q354	成就感是公益人追求卓越的原动力	2	7	23	89	71	192
Q355	成就感与归属感促使组织追求更大的成绩	2	2	12	79	97	192

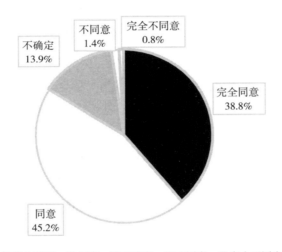

图 3-6　成就感与归属感的认同程度

从图 3-6 中能够直观地看出，"完全同意"的占到了 38.8%，而"同意"的占到了 45.2%，支持者总计为 84%，超过了 0.7，基本能够认定志愿者们认可成就感与归属感能够在留住组织需要的骨干人才、增加志愿者忠诚程度、减少内部摩擦、组织追求卓越等方面发挥其重要作用。

领导者的伦理精神感召力、组织的公益使命、社会的道德问责、赠与合约、志愿者的成就感与归属感的意义感召和现实付出，这五个维度和变量，共同构成了一个有形或无形的"道德契约"。它是民间公益组织在内部和外部之间相互结合的心理上的纽带，是一种双向的承诺。按理，经过组织文化的构建、砥砺和沉淀，道德契约对领导者号召力大小、公益使命的实现程度、社会评价的高低、捐赠物资的多少以及志愿者的忠诚度有着非常重要的影响。

通过实证检验，证实了道德契约在组织成长与运行中形成了类似于企业"利润硬约束"的约束力，不断鞭策着民间公益组织追求卓越。在这其中，领导者感召力是民间公益组织的内部软约束，它通过领导的魅力来带动组织发展，依靠领导者的道德素质、愿景激励和个人关怀来凝聚组织成员；而公益使命是民间公益组织的内部硬约束，它作为组织的指导原则，在组织间合作、资源获取与服务对象方面起重要作用，而作为战略目标，与成员忠诚度、创新动力、自我价值实现和社会评价直接关联；社会问责作为民间公益组织的外部软约束，是民间公益组织的监督者和向导，它进一步明确公益组织的目标，起到监督组织运作透明和资金合理使用的作用，并以问责体系的建立，来提高民间公益组织服务公共利益的能力，扩大其生存空间；赠与合约是民间公益组织的外部硬约束，对捐赠人和受益人而言，赠与合约确保了权责义务，激励了更多的捐赠。同时，赠与合约的评估反馈也是民间公益组织的考核，在考察组织运行的透明度、服务绩效与组织目标实现与否方面起到重要作用。志愿者的成就感与归属感作为民间公益组织发展的持久动力，它能够增强成员的忠诚度，减少组织摩擦，并激励组织成员不断服务公益。

"道德契约"解释了民间公益组织克服"志愿失灵"何以可能，从而为进一步提出民间公益组织的内外部治理模式提供了参考。"道德契约"对于完善民间公益组织内部治理模式以及解释志愿者们不断发挥公益奉献精神和实现组织目标、追求卓越有一定的解释力。

第四章　网络公益组织运行过程的信息化

——以 GSH 为例

　　信息技术的普及在给人们的生产生活带来极大便利的同时,也极大地改变了组织的运作方式。德鲁克曾认为,信息技术最大的革命性影响是我们都未曾预期到的。[①] 信息化既是一个技术的进程,又是一个社会的进程。它要求在产品或者服务的生产过程中实现管理流程、组织结构、生产技能以及生产工具的信息变革。因此,深入研究信息化究竟是如何作用于组织的运作并进而改变组织的目标、结构与流程,对于丰富已有组织理论具有重要的意义。[②] 目前,我国关于组织信息化的研究主要是集中于政府组织和企业组织,对第三部门的相关研究还比较滞后,仅涉及信息技术利用的一些细节问题。本章以GSH 为例,从网络公益组织信息化的动因、内容、存在问题方面考察网络公益组织运行的信息化状况,旨在探究本土新型社会组织运行的信息化规律。

一、网络公益组织信息化的动因

（一）技术动因

　　现代信息技术发展以及网络普及是网络公益组织运行信息化的前提条件。信息化是当今世界经济和社会发展的大趋势,关系到我国经济社会发展、

---

① ［美］彼得·德鲁克:《21 世纪的挑战》,刘毓玲译,机械工业出版社 2000 年版。
② 周宏仁:《信息化论》,人民出版社 2008 年版,第 96 页。

人民生活水平的提高及综合国力和竞争力的提升。信息化是社会生产力发展的结果,社会生产关系尤其是与科学技术进步密切联系并促进其发展的各种制度条件,为信息化的萌芽提供了催化和生长的条件。

现代信息技术是指基于计算机和微电子技术的,与信息的生产、处理、储存、通信、交换、传播和利用相关的各种技术,主要包括:微电子技术、计算机技术、电子通信技术以及软件技术。[①] 由于信息技术的飞速发展和无处不在的应用,引发了信息革命的浪潮,使得人类社会生产体系的组织结构和经济结构发生了新的飞跃,导致了重大的经济变革。无论是有形的光缆线路还是无形的卫星信号,信息技术为我们打造了一个覆盖全球的网络球体,使我们在技术结合以及多媒体应用上更加具有全局性。信息技术对组织管理领域的影响和渗透集中体现于管理信息系统的广泛运用。

通过网络平台发起的公益网络助学组织 GSH 广泛运用了各种信息技术。2008 年 3 月 14 日 GSH QQ 在线客服开通;4 月 16 日 GSH 实现账户切换;2009 年 1 月 22 日 GSH 启用支付宝捐助通道;2 月 19 日启用新版官方网站 v2,启用项目捐助系统 v1。2010 年 7 月份起开通银联汇款,8 月 15 日捐助系统启用批量续捐通知功能,10 月 20 日论坛改版。从流程管理角度来看,其还先后开发了结对助学系统、实物捐助反馈系统、义工管理系统、财务公开系统等管理信息系统,它们可及时、准确、高效率地将学生、捐助人及学校信息和资助情况录入系统,初步实现了信息化运作。

可见,互联网及各种管理信息系统的普及与应用为网络公益组织的信息化提供了有力的技术支撑。GSH 利用网络技术的发展为其信息化建设提供技术平台,最终服务于组织目标的实现。

(二) 成本效率动因

从 GSH 目前的发展来看,它是以信息为基础的组织,自身的发展对信息的依赖和需求非常巨大,为了能够更好地发展组织必须提高运作效率,降低运作成本,组织有必要实现信息化。

---

① 周宏仁主编:《中国信息化进程》,人民出版社 2009 年版,第 4 页。

一直以来,组织的构建更多的是一种科层制的进程,很多组织都在追求一种权利的分层,希望可以更好地对组织成员进行管理,对组织的各项活动可以更好地把握。通过对网络公益组织 GSH 的观察可以发现,其并没有过多的层级,也没有过多权利分配,组织的结构相当松散。由于地域的缘故,组织成员并不能经常聚在一起,有的同事甚至一起工作很多年都没有见过对方,GSH 的志愿者和义工与管理层也很少有机会见面,但是这个组织的人际关系却非常融洽,组织成员之间通过网络平台进行交流和沟通,除了完成组织的活动之外,其他时间还可以互相讨论彼此感兴趣的话题。相对于其他等级森严的组织来说,GSH 可以说是一个亲密型组织,这个现象我们可以通过交易成本理论进行解释,这也是 GSH 以及网络公益组织为何要坚持信息化之路的一个重要内因。

交易成本的基本思想最早是由科斯提出来的,但是这一思想在很长一段时间内并没有被社会熟悉,也没有得到经济学领域专家的认可。直到后来奥利弗·伊顿·威廉姆森(Oliver Eaton Williamson)在科斯的基础上提出了他的"交易成本学派"的基本理论框架,他认为追逐交易成本最小化的效率规律决定了对经济活动的不同组织形式和行为的选择,如组织间的关系、组织内部的结构过程、经济活动的形式的选择等。总而言之,组织内部或组织间的种种差异都可以从交易成本的高低、形式、特点来加以解释。威廉姆森认为,只要交易的界区是清晰的,资源配置就有效,也就是说任何组织对于自身组织规章制度的完善、新技术的开发与应用、政策的推行等都是以降低成本为目标的。由于组织自身存在内部环境和外部环境,所以组织活动成本又可分为内部交易成本和外部交易成本。GSH 起初并没有办公经费,活动的开支都是由义工们自己垫付,而通过信息化,可以降低组织活动的很多开支,从而降低义工们的压力。换个角度来说,恰恰是信息化推动了 GSH 交易成本的降低。

以信息为基础的组织实际上并不需要先进的"信息技术",它要求的只是愿意去问:谁,在什么时候,在什么地点,需要得到什么样的信息。① GSH 内部交易成本主要体现为组织内各部门、各层级之间的沟通成本、协作成本,通过

---

① [美]彼得·德鲁克:《管理前沿》,闫佳译,机械工业出版社 2006 年版,第 150 页。

减少传统组织中的一些中间环节,节省管理成本,更好地实现服务。在成立的初期,GSH 的义工们大多都是通过手机进行联络,义工分布在全国多个省市,沟通的成本很高,而且没有完善的平台和信息系统,组织结构也比较松散、无法规范化运作。网友通过网络平台,为某一区域问题出谋划策,然后由相应区域的人去落实。信息的上传下达、层层传递,容易出现信息传递的失误。这就要求组织必须提高效率,以保证信息的准确性和可靠性。2006 年 8 月,GSH 第一次通过网络平台对贫困大学生进行捐助。另外,对 GSH 已有的文字、图片、视频资料进行了重新整理,包括文字介绍的修订,宣传册、宣传片的改版和制作等,还建立了 GSH 相册,将 GSH 实地调查等图片分类归档,实行专人管理,GSH 的各类信息数据库得到进一步完善。

组织结构简单化的一个重要手段在于尽量减少组织结构的中间层次,使指令下达、信息传递速度加快,使组织变得灵活敏捷,从而保证决策与管理的有效执行。至 2005 年年底,GSH 义工人数达到 62 人,组织进行了明确的分工,包括西部实地组、调查组、宣传组、认捐后续跟进组等,组织架构逐步形成,各部门之间的沟通压力也增大,沟通成本继续攀升。在 2011 年,GSH 的组织结构做出了相应调整,整合了相关部门。截至 2012 年 2 月,GSH 论坛注册会员 92060 人,GSH 义工人数达到 110 人(各个地区的志愿者小组不包含在内)。面对分散在全国各地的义工和志愿者,GSH 的管理压力随之而来:如何有效地协调义工们和志愿者们进行相互合作? GSH 只有通过信息化,使组织结构趋于扁平化,以减少管理层次,降低管理费用,充分发挥组织员工的创造性和积极性,从而更好地激发组织活力。组织形式扁平化的变革,为组织成员的工作提供了最大限度的自由,激励了士气,并提高了效率。这种组织形式还有助于节约管理费,降低成本,使信息沟通更为通畅,从而更好地为学生和捐助人服务。GSH 通过建立义工管理系统有效地掌握志愿者资源,对每一个义工的个人能力以及支持构成进行分析,这样可以做到具有针对性进行工作分配和安排。

组织在信息化进程中,往往通过流程再造以实现组织结构全面整合的目标。从建立至今,GSH 一直在探索着符合自身发展的路径,不断摸索适合自己的组织运作模式。以往组织的各项活动大家集中在一个地方进行面谈,这样不但很费时间,同时也需要巨大的经济投入,通过网络组织成员利用丰富便捷的网络资源,在网络平台上,组织成员只需发帖来共享自己的建议或者意见,其他人就可以很方便地了解到相关信息,这从一定程度上降低了组织筹建的成本。另外,GSH 先后开发和建立了完备的各类信息系统,使各个环节的运作能够在一个完整的系统内进行。组织内部的各个部门各个成员按照组织事先预定好的程序进行操作,这样可以有效避免因为个人做事方法方式的差异造成不必要的失误和损失。无论是组织内部成员还是组织外部,希望对组织的各类信息进行了解的话,除了通过企业 QQ 进行沟通之外,更多的时候可以自己进行操作,了解组织通过网络平台公布的信息,从而降低对组织运作的监督管理成本。

"外部交易成本"即狭义上的"交易"成本,主要指组织与外界环境交换商品或服务的成本,这些成本包括获取信息的费用、追求合法性的费用、组织推广的费用。首先,从获取信息的费用来看,GSH 作为教育救助组织,就必须有相关的教育救助对象。GSH 的发起人洪波是在青海旅游时遇见辍学儿童进而产生对西部地区儿童进行救助的想法的,她通过网络论坛发起号召,得到了全国各地网友的支持和响应。起初小规模的捐助,都是由各地网友自发地到青海寻找救助对象,这种模式下随着捐助次数的增加以及捐助人数的增加,网友往返青海的费用也在增加。GSH 通过与当地政府、教育主管部门、学校、爱心人士等各方面的联系,展开分工协作,建立捐助点、联系人制度,逐步建立受益人信息系统,不但确保了信息的可靠性,也降低了信息获取的成本以及捐助活动的成本。其次,在组织追求正规性地位方面,很多网络公益组织并未获得正规性身份,随时都有可能被取缔和查封。GSH 建立初期,为了获得正规性,首先追求的是获得社会的认可,其次需熟悉国家的相关的法律法规,最后组织运作按照法律规定进行。GSH 建立了自己的官方网站和官方论坛,对自己的各方面信息进行了披露,及时地公布组织所进行的活动,包括严谨规范的办事流程、廉洁透明的财务制度等,这样可以使相关部门和社会对组织进行有效的监督,并及时地对组织运作提出意见和建议。最后,在组织推广费用方面。GSH 的资金主要来自爱心企业和爱心人士的捐赠,要想获得更多的资金来源,就必须提高组织的知名度和社会影响力,组织的社会影响力除了靠组织自身规范的运作还要靠组织有计划地进行推广。GSH 主要通过网络进行推广,首先跟各大门户网站进行合作,及时更新报道 GSH 的工作进展;其次通过官方网站和论坛分享 GSH 的助学经历;最后是通过网络指导各地高校里面的社团在高校进行各类宣传活动。高校具有最大志愿者群体,通过高校推广不仅可以吸引更多的志愿者用自己的专业知识为 GSH 服务,还可以提高 GSH 在高学历人才中的知名度,为以后 GSH 的发展打下群众基础。①

(三) 获取信息和资源的动因

信息是组织的基本要素。在当今社会,面对加速的全球竞争和消费者不断增长的对速度、质量、价值的需求,各个行业的公司都借助于信息技术以改善组织并保持自身竞争优势。管理人员常常花费大量的时间用来积极地交换信息,他们需要这些信息来维持组织的运行。正如现代货币在不到一个世纪就渗透到了世界各地并彻底改变人们的生活和理想一样,我们完全可以说信息现在已经渗透到了每一个角落,影响到了每一个角落。对于企业而言,如果围绕信息构建其组织,其管理层级将迅速减少。组织必须建立新的沟通体系,使信息能够自下而上传递,而不只是自上而下,只有当接收者能够理解和接受时信息才能成为沟通要素。假如信息只是单方面向下传递,沟通是不可能发生的。组织结构必须基于自下而上的信息沟通,这样才能使最高管理者了解最底层的情况。

信息是网络公益组织的命脉,网络公益组织主要围绕捐助信息资源运作,确保有效的信息资源成为组织捐赠者与受助群体的连接桥梁。网络公益组织发展之初是因为网友们所关注的某一个帖子、某一偶然事件在网络平台上聚集在一起,通过长期的沟通交流合作,逐渐形成有组织有规模的运作,并在网民的集思广益下利用现代组织理论合理地设计出适合自身发展环境的组织运行模式,从而向组织的管理者、参与者提供具有适当数量的、丰富的和有效的信息。对网络公益组织通过自身渠道所获取的信息资源,其价值在于能够给组织的运作提供目标。比如,调查后得到的需要救助的孩子的数量数据是可

① GSH 西部助学网:http://www.gesanghua.org。

感知的,包括孩子的家庭条件、学习成绩、学校地址等。有了这些信息,GSH可以制定出切实可行的救助计划,帮助需要救助的孩子。

在我国目前的社会组织管理体制下,网络公益组织处在一个比较复杂的社会环境当中,一方面不少网络公益组织没有合法性的身份,另一方面相关法律法规发展比较滞后,让网络公益组织的管理者在信息的获得方面存在困难,组织的公益活动也很难展开,而网络公益组织通过网络构架形成的组织结构,克服了信息获取的不确定性和模糊性。不确定性是指信息的缺乏,通过传统渠道,借助传统媒介获得信息资源比较少。当组织获取信息不确定性很高时,组织的成员、管理者就必须尽最大努力收集、处理大量的信息。网络公益组织通过网络技术平台,组织参与者可以通过线上和线下活动,收集并解释组织活动的信息。在高度不确定性的环境中,网络公益组织的管理者能够基于计算机技术的信息系统所提供的平台,收集并处理有助于回答问题和降低不确定性的各类信息。信息的模糊性意味着问题不能被客观地分析和理解,管理者无法收集更多的有助于解决问题的数据。遇到模糊的环境意味着管理者要处理更加丰富的信息,并对情况进行相互讨论以寻找解决方法,这是因为组织外部的直接信息不能为组织解决问题提供现成的答案。

网络公益组织运行信息化的另外一个内在的动因是,资源动员的需要。在非营利性组织的研究方面,国内外学者大多是探讨组织的筹款能力,研究NGO组织如何获得更多的物资,以便更好地进行社会公益活动。网络公益组织作为一种虚拟组织在网络中存在,又作为一个真实的实体存在于现实社会的环境之中。受到自身薄弱的经济实力的制约,组织要想更好地实现组织目标,完成组织使命,就必须有效地动员各种社会资源。网络公益组织需要与政府部门、企业组织、新闻媒体、社会公众以及其他非营利性组织等社会团体进行互动,并通过这些互动进行资源的再次分配、交换和整合,以获得自身发展需要的各种资源。总体来说,现实中的各类主体,在一定条件下都可以成为社会公益组织所需资源的提供者。相关政府部门有责任和义务扶持社会公益组织;企业方面,参与社会公益活动有利于提升企业的社会形象以及企业文化的塑造;新闻媒体及时有效地跟踪挖掘感动社会的公益活动,有助于提高公民的社会责任感,传播公益文化,促进社会主义文化建设的发展;社会公众方面,根据马斯洛需求理论,社会大众在逐步满足物质生活需要之后,会自觉关注精神需求,参加公益活动是实现个人价值的一种有效途径。网络为公益组织的形成与持续提供了优越的平台,通过与这些社会主体的互动,构筑起了组织内外部的参与体系,从而有效地动员各类资源。

网络公益组织通过网络平台及时对所需援助的小孩和所在学校的相关信息进行发布,并号召广大网友积极参与捐助。通过网络支付平台,如支付宝之类的信息技术工具,网络公益组织能够把关注组织运作项目的人凝聚起来,共同筹集资金物资进行资助;在人力资源方面,网络公益组织的组织成员遍布全国各省市,如果通过电话进行沟通,需要很高的沟通成本,而通过网上聊天软件等信息技术则可以使各地的工作站工作人员及各地的志愿者及时地了解到组织的最新动态;在社会关系方面,网络公益组织可以跟自己的监管单位进行有效的沟通,跟相关的非营利性组织进行沟通,在各方面进行协作。同时在组织的形象传播、公益理念的推广等方面,网络公益组织都需要通过信息化来实现,以提高组织的调动各方资源的能力。

(四) 适应外部环境的动因

事物的发展变化总是在内外因共同作用下的结果,网络公益组织信息化的外因主要包括两个,一个是正规性所带来的压力,另一个是公众对信息公开的诉求。

规范性压力是网络公益组织运行信息化的外在动因之一。社会组织的行为受到合法性机制的约束,在制度主义理论里面强调的"合法性机制"的基本思想是:社会的法律制度、文化习俗、观念制度成为人们广为接受的社会事实,具有很强的约束力量,规范人们的行为。① 网络公益组织成立初期,基本不具备合法性资格,随时都面临被当成非法组织取缔的风险。网络公益组织只有通过网络信息技术,在尽可能短的时间内获得更多的社会支持,得到社会的认可才能逐步实现正规化,避免组织被取缔。

自从 2005 年 GSH 成立以来,组织的名称、身份和组织结构一直在变化,

---

① 周雪光著:《组织社会学十讲》,社会科学文献出版社 2003 年版,第 74 页。

其首要原因就是为了获得规范性。2007 年在青海省玉树州杂多县注册"杂多县 GSH 助学协会",后来因为县级单位无法开设专门账户,才逐步在玉树州、青海省注册。2009 年 7 月 15 日,"青海 GSH 教育救助会"获得青海省民政厅的批准,在西宁正式成立,业务主管单位为青海省教育厅,登记管理机关为青海省民政厅。在艰难的努力下,GSH 终于逐步从网络走向现实。在申请注册过程中,GSH 的志愿者们查阅了国家民政局、青海省民政厅以及相关部门的官方网站,下载了社会组织申请注册的相关材料,以及社会组织应该遵守的相关法律法规章,包括《社会团体登记管理条例》《社会组织评估管理办法》《民办非企业单位登记管理条例》《基金会管理条例》等。这些材料都是通过网络取得的,材料的报送也是通过网上进行,通过网络平台使分处各地的 GSH 成员们能够游刃有余地做好申请注册工作。

信息的公开透明是网络公益组织运行信息化的外在动因之一。网络公益组织通过利用信息技术,使用财务管理系统,在官方网站及时更新正在运作的项目的进展,账目使用明细,披露各个项目捐赠款项的使用情况等,使得财务情况比较透明。对于捐赠者而言,如具有捐赠意向,可以通过网站了解该组织的前期运作情况,资金使用是否透明,社会影响力如何等。捐赠者可以根据各个项目资金的紧缺度,选择性地对项目进行捐赠。捐赠者在捐款后可以通过网络查询捐赠明细,确定自己所捐款项是否已进行记录,还可以随时关注项目资金动向以及余额的处理。从而避免舞弊行为的发生,也为社会对组织进行监督提供了便利。这不仅可以消除社会大众对组织营运的疑虑,反过来也促进了网络公益组织公益资源的动员,使其能够更快更多地获得资源。在现行的非营利性组织准入门槛比较高的情况下,网络公益组织通过信息化运行,提高了组织的公信力,为组织获得合法性地位做好了准备。

GSH 在很长一段时间内,工作的核心内容主要是放在"一对一结对助学项目"上,随着组织规模的扩大,社会影响力的提升,吸收善款的能力也有所提高,GSH 的项目也得到了扩展。目前已形成了以一对一助学项目为主导,GSH 教室项目、GSH 图书室专项基金、朵朵脚印——GSH 儿童拓展营等项目为辅助的多元项目体系,通过这些项目的有效实施,特别是其及时地对外公布项目运作情况,公众可以通过网络低成本高效率地参加公益、监督公益组织,形成一种良性发展的状态。

二、网络公益组织信息化的内容

　　网络公益组织作为一种新型的社会组织形式,其运行的信息化有自身独特之处,可从科学决策、生产工具、管理流程以及组织结构四个方面来观察。

　　第一,科学决策的信息化。网络公益组织通过信息技术的应用,使组织能变得柔性化,使组织在传递内外信息的时候更方便、快捷,反应更加灵敏。网络公益组织凭借信息网络的支持,可以很方便地实现快速的信息传递,这种信息传递相对于传统组织中向上级汇报的形式而言,更准确、更便捷、更高效。其所有沟通联络,都因为有了网络这一便捷的信息通道而变得自由顺畅。组织的成员可以在任何时间和任何地点,就手中所掌握的信息,以数据、文字、语言、声音、图画和影像等任何方式,与任何有需要的个人或者组织机构进行沟通。

　　2010 年 4 月 14 日,青海省玉树地区发生 7.1 级强烈地震,人民群众生命财产遭受严重损失。GSH 秘书处在地震后三十分钟内就举行了紧急会议,成立 GSH 救灾工作小组,明确分工,并且将相关人员的联系方式及分工内容在GSH 官方网站上公示,委派义工赶往玉树进行现场调查,第一时间了解灾情、调查需求,反馈给总部。震后不到两小时 GSH 总部发出了募集善款的决定,通过各地义工的同心协力,GSH 成功成为第一批将民间捐助物资运抵救灾现场的社会公益组织。最终 GSH 通过快速的反应,调动社会各界力量,共募集到了 1000 多万元专项捐款,并快速地将物资运往灾区,使灾区人们得到及时的救助。在现场救援结束后,GSH 的工作进入了第二个阶段,启动玉树灾后助学项目——“新校园计划”,为灾区恢复教学提供必要的支持,救助灾区困难学生。对这次灾难所表现出来的快速反应,都得益于 GSH 身在祖国各地的成员能够高效地利用网络、利用信息技术及时地进行沟通和协作。①

――――――――――

　　①　GSH 西部助学网:http://www.gesanghua.org。

信息网络的普及,能够让公众更方便地参与到组织的问题讨论当中,公众参与度也就不断提高,对决策透明度的要求也越来越高。在公众参与决策的过程中,由于参与者们出于自身利益和主张的考虑,不同的人对每个问题都有自己的看法,并不能保证所有的决策都能让所有人满意,但是,决策过程的公开化、透明化能够让决策程序在一个公平公正的环境下进行,志愿者的意见得到充分表达,在意见分歧双方的冲突、对抗、协商、对话中,逐步达到意见的一致,从而保证组织所做出的决策具有号召力,最终得到顺利贯彻执行。以往组织的决策主要依靠少数的决策者自身的思维能力和掌握的有限信息进行,主观性较强,现在组织决策运用互联网增强了全局控制力和科学性,对内对外也都增加了透明度。

GSH 利用信息网络平台,将组织的动态及时地以公告等形式向网友们公布,遇到什么问题的时候,会就相关问题在 QQ 群、论坛里以各种形式进行讨论,通过这种公开透明的形式使更多的组织成员能够参与到组织的建设中,组织的管理层也会根据组织成员的建议和意见适当地做出调整,最后进行决策,并及时将最终的决策结果发布到网站上,这样使组织的成员可以根据组织的最新决策做出自己的调整和安排。这种决策的流程,从问题的产生与提出、问题的讨论到最后问题的解决,组织各级成员都能够充分参与其中,增加了组织决策的透明度,也增强了组织的凝聚力。决策透明度的提高不仅有利于形成有效监督,防范腐败滋生,还有利于公平正义的实现。

第二,生产工具的信息化。GSH 日常工作包括两部分,一部分是实地活动,另一部分是网络活动。其中网络活动是主要的活动部分。通过网络实时聊天软件发布信息、进行组织成员的沟通管理、建立在网络平台上的一对一捐助系统、义工管理系统等,都是 GSH 主要运用的"生产工具",也是它信息化的重要组成部分。

网络公益组织跟传统意义上的社会组织差距很大。传统意义上的社会组织都是实体组织,在现实生活中有完善的组织机构,而网络公益组织更多的是一个虚拟的组织架构。网络公益组织是基于网友们在网络上的沟通和交流逐步形成的,他们广泛使用了 QQ、MSN、飞信、网络会议系统等聊天工具或者使用电子邮件。在办公的过程中使用微软、金山等办公软件;在项目管理上使用新中大软件、开源免费的项目管理软件。网络公益组织的成员分散全国各地，参加公益事业加入网络公益组织是一种兼职行为。全国各地的网友不可能为了每一个现实问题每次都到一个地方进行集体会议，利用网上媒介进行沟通和交流就成为他们的最佳选择方案。通过使用手机、电脑联网，使各地的网友能够跨越地域的距离，将声音、文字、图片、影像等各类信息组合起来，进行实时、高效、快速的信息传播，及时把各地的情况进行汇总。这样网络公益组织的管理层可以充分地掌握第一资料，合理地做出决策，组织的成员也能够更多参与到组织的活动中。

信息化为人们提供了一个广阔的信息获取平台，网络公益组织通过信息网络构建自己的官方网站和官方论坛，可以充分获取网友们关于组织内部各类问题及组织发展的意见建议并及时进行回应与处置。在 GSH 官方论坛，注册会员达 81479，总帖数达 197248 帖，日最高发帖数为 1676 帖。①

信息技术的不断发展和进步，使得智能化、可视化、便捷化和多媒体化逐渐成为一种现实。信息化还为人们的活动提供了资源共享的空间，人们已经不是单纯地作为信息资源的获取者或信息资源的受益者而存在。网络公益组织不仅仅为网友们搭建了沟通交流的平台，还为他们提供了奉献爱分享爱的空间。GSH 通过其官方网站、借助人力资源管理系统、结对系统、财务管理软件系统，发布各类信息，包括 GSH 最新活动动态、GSH 公告、受捐赠儿童的信息，等等。其中的一对一结对系统是 GSH 义工自主研发的，为结对助学提供了便利。在 GSH 官方论坛有关于公益交流的专区，网友们可以分享自己参加公益的心得，以及把一些自己参加的活动图片分享给大家。

第三，管理流程的信息化。流程管理是企业高效运营的基础，也是企业战略落实的手段。流程管理是指管理企业的流程环境、实施路径、实施策略、实施标准、管理实践和软件工具的结构化方法。公益组织往往参照企业管理模式，对各个业务板块进行规范化管理。② 由首都慈善公益组织联合会编著的《慈善公益组织管理流程指引》，通过借鉴商业管理咨询的价值链思维工具，

① GSH 西部助学网:http://www.gesanghua.org。
② 赵卫东、俞东慧:《流程管理》,知识产权出版社 2007 年版,第 14 页。

参考公司内部控制管理制度的框架内容,结合当前慈善公益组织管理的现状和需求,将管理流程分为业务管理流程和辅助管理流程。其中业务管理流程又根据慈善公益组织管理工作的特性,分为四个主要业务模块:募捐流程、资金管理流程、实施流程和信息披露流程。辅助管理流程则从职能保障的角度,分为战略管理流程、品牌管理流程、客户关系管理流程、人力资源管理流程、行政管理流程五大部分。网络公益组织作为公益组织领域的一个组成部分,其业务流程运作是否正常运行直接关系到组织的生存和发展,辅助流程在组织的成长过程中也同样起着非常重要的作用。

在传统组织的业务管理流程当中,庞大的中间层承担着上传下达的使命,组织的高层很难跟基层组织成员直接沟通交流或协调合作,再加上由于缺乏联系技术,无法形成完整的信息流和价值流。在信息传递的过程中,多部门的信息传递势必影响到信息传播的速度,同时各个部门和组织成员会根据专业要求对信息进行判断、筛选和过滤,并分类储存,这样难免造成信息失真、扭曲的现象出现;而在组织内部,信息的传递又按照部门进行,每个部门都有自己严格的规章制度,以及严密的工作程序,所有工作都是按部就班地进行,很少关注轻重缓急,容易造成决策滞后;传统的组织还很容易使组织成员更多把自己的注意力放在部门利益上而忽视了组织其他部门,忽视组织整个业务流程活动所要达到的目的以及组织最终所要实现的使命。而网络公益组织没有过多的中间层级,没有各自为政的部门,组织的目标在组织内部各部门得到明确的解读,组织的成员更可能组成团结的团队,并且普通的组织成员可以借助信息网络技术,直接跟各级人员沟通,提出自己的建议和意见。

GSH董事会不需要直接命令哪些部门或者个人去做什么事情。各个部门以及成员会通过GSH的官方网站以及论坛,还有网络聊天软件等了解组织发展的需要,自觉履行自己的职责,为组织服务,为组织的发展贡献力量。在内部的交流和沟通上,信息系统将其各个职能部门联系起来,GSH除了公共论坛之外还有自己的内部论坛,这样具有内部权限的成员可以阅读组织内部的重要材料,及时了解组织最新的动态和活动策划,并提出自己的意见和建议,提高了沟通和交流的效率;职能部门如果有什么需求,会在内部论坛上进行发帖求助,相关部门会根据具体情况及时进行回复和办理。在捐助流程上,实地考察和款项的发放是需要义工和志愿者在现实环境中进行的。之后在网站发布符合条件孩子的资料,好心人对孩子的认捐,好心人汇款,义工定期对汇款检查确认,以及最后将相关材料在网站上发布,反馈给社会各界,都是通过网络信息技术得以实现的。在 GSH 的业务模块里面,通过网络技术平台,募捐流程、资金管理流程、实施流程和信息披露流程能够有机紧密地联结在一起,使组织内部形成一个环状的信息流,如图 4-1 所示。

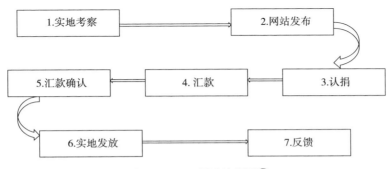

图 4-1　GSH 捐助流程图①

辅助管理流程从职能保障的角度,分为战略管理流程、品牌管理流程、客户关系管理流程、人力资源管理流程、行政管理流程五大部分。在战略管理方面,在 2011 年镇江年会上,讨论通过了 GSH 的第二个五年计划,会议对战略规划的基本框架达成了认可,并一致同意围绕战略规划,重新梳理业务战略流程、组织结构和运行机制,逐步形成四大运营中心。GSH"二五"战略规划是在秘书处的主持下,通过专家论证,义工献言献策等,利用网络平台集思广益形成的。在品牌管理方面,GSH 不断加大新媒体在品牌推广中的应用,结合松散型组织的特点及新媒体不断发展的实际情况,2011 年品牌中心加大新媒体(博客、微博、SNS)等方面的工作力度,力求传播形式丰富,手段多样而立体。在客户关系管理流程上,在 GSH 官网主页上,设有专门的在线客服 QQ 负责咨询工作;在官网的联系版块,还公布有各个相关部门的电子邮箱。在人

---

① 图片来源:GSH 西部助学网——GSH 教育救助会官方网站,见 www.gesanghua.org。

力资源管理流程上,GSH 设有专门的义工管理系统,合理安排工作。在行政管理流程上,GSH 的相关信息发布由 GSH 秘书处通过网络进行,GSH 人事的任免都是通过网络进行公布。

第四,组织结构的信息化。所谓组织的结构,明茨伯格将其定义为将工作拆分成若干不同的任务,再协调起来以实现工作目标的各种方法的总和。关于组织结构的设计,应该对各种组织的设计参数进行有目的的选择,以便实现内部的一致与和谐,并使之与组织所处的情景相符——包括组织的规模、历史、经营环境、使用的技术体系等。① 对于网络公益组织而言,组织结构的设计应该在传统组织的基础上进行创新,尤其是在信息化的过程中。

组织结构的信息化是指无论是组织内部还是组织外部都能够通过对信息技术的利用实现全方位的交流与合作。借助网络信息系统,网络公益组织管理级别相对于传统组织有所减少,特别是减少组织结构的中间层次,增加了组织的跨度,使组织结构趋于扁平化,使决策层和底层之间的指令、信息传递更加方便,组织具有高度的横向、纵向和斜向沟通能力,从而保证决策与管理的有效执行,使组织变得灵活、敏捷,管理效率大大提高。

青海 GSH 教育救助会决策领导机构:理事会,负责 GSH 组织规划,履行协会章程中所规定的职责。GSH 执行机构:秘书处,负责执行理事会决策、负责协调各职能部门工作、对机构办公室工作人员进行日常管理。秘书处下设职能部门:财务部、捐助部、项目部、综合部、推广部。(如图4-2)

从图4-2 可以看出,GSH 组织结构具有传统组织所具有的典型树状层级性,但其扁平化特征和信息流网状特征更为突出,这明显与其民间性、自愿公益性、效率性等变量有关联。因在 GSH 的 8 到 10 人专职人员就要负责完成组织的全部日常活动,组织的工作都是各部门协作完成的,还有一些工作在条件允许的情况下让义工或者志愿者完成,信息沟通显得尤为重要。在 GSH 的组织内部论坛内,没有上下级之分,所有成员都可以向上、向下、向周围的人发

---

① [加]亨利·明茨伯格著:《卓有成效的组织》,魏青江译,中国人民大学出版社2007年版,第3—4页。

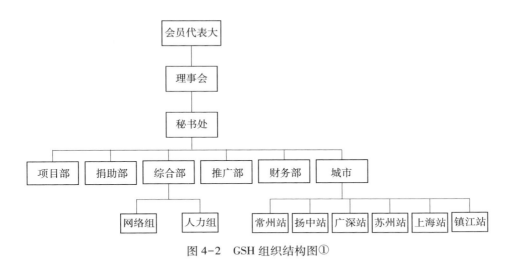

图 4-2　GSH 组织结构图①

表自己对组织内部问题的看法,对组织活动以及决定发表自己的意见,形成一个信息共享的圈子,组织规范的层级结构大多时候只是对外部的一种象征。这种扁平化的运作模式,为 GSH 成员的工作提供了最大限度的空间,激励了士气并提高了效率。

　　组织结构化信息化的一个重要指标是组织结构趋于虚拟化。随着信息时代的到来,大量的社会人员可以实现分散劳动、家庭办公,这种有利于组织之外,离开固定区域的上班工作方式使得组织组织结构呈现出虚拟化的趋势。一种特殊类型的团队——虚拟团队,能够应用计算机技术把地理上分散的团队成员联系起来去为实现共同目标而工作。② 虚拟组织可以在小区域内形成,也可以在全国全球的大范围内形成,虚拟组织的网络系统、组织结构相对简单,管理成本比较低,工作活动比较抽象化,组织内部的工作形式以电子形式为主。这类组织或机构在网上开立自己的"门户",注册域名,建立网站,制作和发布网页。重要的活动都是由组织的总部来执行的,其他的职能部门则

---

　　①　图片来源:GSH 西部助学网——GSH 教育救助会官方网站,见 http://www.gesanghua.org/。

　　②　[美]理查德·L.达夫特著:《组织理论与设计(第六版)》,宋继红等译,东北财经大学出版社 2002 年版,第 248 页。

主要以电子形式与总部联系,随时对总部所做出的决策做出回应。GSH 是通过互联网网络形式架构起来的,创建 GSH 各个职能部门的负责人分布在全国各个地方,组织的职能活动在组织结构上通过利用信息技术得以实现的。GSH 大部分的活动都是由理事会和秘书处策划的,理事会负责组织的规划以及项目决策等,秘书处主要是执行理事会的决策、负责协调各部门工作、对机构办公室工作人员进行日常管理。虽然 GSH 有这些部门的划分,但是除了驻西宁办公室外,并无其他办公地点,各个部门也没有自己的办公设备,组织的运行都是靠网友们通过网络进行的,这就是典型的虚拟团队或虚拟组织结构。

三、网络公益组织信息化存在的问题

尽管经过多年的实践和发展,网络公益组织的信息化进程给组织的运作效率带来了很大提高,为组织的发展提供了动力支持。但是,在面对技术环境、制度环境等因素时,这类新型组织依然面临一些困难、存在一些问题。

第一,信息化面临资金困难。信息化的过程是对组织硬件系统和软件系统的双重建设,需要一定的资金投入,然而网络公益组织的行政经费奇缺。网络公益组织除了要保证捐助人的资源能够有效地用在受益人身上,还得保证组织的有效运作,它们维持生存发展的资金来源主要是靠政府购买服务以及社会、企业和个人等的捐赠。很多网络公益组织并不具备合法身份,所以不能开具发票,不能转移汇款,所运营的网站和组织没有办法接受社会赞助和捐赠。在网络公益组织成立初期,获得的资源有限,主要经费都用于公益事业,有时候还面临"断粮"的危机。对于社会所赞助和捐赠的物资的使用问题上,很多组织并没有对财务使用情况进行账目公示,也没有请审计部门进行审计,没有经济支持的网络公益组织,在"断粮"之后自然无法完成其公益使命。在组织信息化的过程中,软件开发、网站维护、志愿者宣传等一系列活动都需要一定的经费,这些费用长期由志愿者自行承担很不现实。

GSH 相对于其他任何企业来说,办公经费少,面对目前市场上针对企业信息化所提出的解决方案相对来说成本过于高,在捐助资源本来就有限的情况下,把较多资金投入到组织建设当中是不可接受的。

第二,信息化面临人才难题。信息化人才是随着信息技术与信息产业发展而形成的一类特殊的人才群体,包括信息产业人才与信息化应用人才。信息技术的开发和使用需要大量的专业人才,然而网络公益组织内部专业人才偏少。网络公益组织的成员都是一些经常接触网络又比较关心公益的人,凭着自己的热情,为组织的发展提供力所能及的帮助,有的出钱、有的参加义工活动、有的出谋划策等。可能在组织的创建初期,凭借成员们的一腔热情可以把组织建立并运作起来,但是从长远来看,网络公益组织如果离开信息技术的支持,将无法成长壮大和发展。GSH 创办六年来,由于办公经费有限,专职人员比较少,作为职能部门之一的综合部,下属机构网络组长期只有一个,专职人员结果官方网站长期得不到合理的布局,网站主页内容得不到及时更新,这对于系统软件的普及以及新软件的开发和使用极为不利。无法获得专业的信息技术人才,给网络公益组织进一步实现信息化提出了难题。

第三,信息安全受困扰。信息安全是指信息网络的硬件、软件及其系统中的数据受到保护,不受偶然的或者恶意的原因而遭到破坏、更改、泄露,系统连续可靠正常地运行,信息服务不中断。信息安全建立在保密性、完整性和可用性的基础之上。①

网络公益组织是基于网络架设的,组织各类信息存储于网络平台,存在一定风险。2008 年年初,GSH 网络助学就惹上了官司,GSH 网站有一个特别编写的程序,就是"一对一"捐助系统,数据库里有待捐孩子的资料,有捐助需求的捐助者通过这个程序,GSH 实现"一对一"透明化捐助。这个程序最初由 GSH 的一个志愿者 C 编写。麻烦也由此产生。当 C 由于理念不合退出 GSH 后,就把这个程序以个人的名义注册了,而后,就要求 GSH 不能继续使用该程序,并给出了最后期限。对于 GSH 来说,这是个致命的打击。不能使用这个程序,意味着发布一对一认捐的一切工作无法开展了。几经周转,通过法律途径 GSH 渡过了难关。各类信息的保存和使用是网络公益组织存在和发展的

① 何泾沙:《信息安全导论》,机械工业出版社 2011 年版,第 1—2 页。

命脉,对于免费程序和软件的使用虽然一定程度上解决了资金不足的问题,也在一定程度上实现了信息化,但是从根本上来说,网络公益组织必须把握程序软件应用的合法主动权。除了程序、软件的使用问题,GSH 的官方网站和论坛曾多次遭到黑客攻击,导致数据的遗失,这也给 GSH 的信息安全敲响了警钟。

第四,信息披露容易失真。通过比较几家在我国进行项目运作的国外公益组织,我们不难发现它们都具有一些共同的特征:组织主动公开组织项目运作的各方面信息,主动邀请组织和个人对其进行监督。在美国、法国、英国等公益慈善事业比较发达的家国,公益组织不但要接受政府的监管,还要接受行业的监督,甚至每一个公民都有权对公益组织的账目进行查阅,有权获得组织的年报和财报,很多基金会还会自己聘任第三方审计机构来对其每年的财务状况进行审计。然而,目前我国无论是官办的还是民间的公益组织,有自己的官方网站的并不多,导致在组织运作上的透明度不高,信息披露不全面不及时。已有网站的组织,信息公开也很不充分,有的组织虽然公布了自己的年报,却不公布支出。对于公益组织来说,公开信息、接受监督,已不仅是社会的要求,而是自身的需要。因为不公开不透明就会失去公众的信任,失去信任就意味着失去公众捐款。

GSH 自建立以来,都自觉地公布组织的各类信息,尤其是组织的财务信息。然而在 2011 年上半年,组织也陷入了信任危机。据《公益时报》记者调查披露,首先,GSH 会员存在造假。GSH 登记的专职人员和实际的操作团队基本上是两套系统,由于 GSH 的主要成员都在青海省外分布,根本不在青海省工作和生活,不能成为会员,《社会团体登记管理条例》规定,登记注册社团需要不少于 50 人的个人会员,由于在省内登记注册,会员的 95% 须为本地居民,为了实现注册,组织和登记部门心照不宣地通过造假完成了注册,而对外公布的信息却不一致。其次,2010 年年审报告内容与实际情况不符,财务状况混乱。虽然 GSH 在年审中通过了,但是限定性捐赠收入、非限定性捐赠收入、支出的管理费用等出现多项数据不符的情况,这引起了 GSH 义工的极大质疑。一向被视为成功典范的 GSH,经历如此阵痛,值得我们深思。

四、网络公益组织信息化的途径

　　网络公益组织通过对组织的科学决策、生产工具、管理流程、组织结构进行信息化完善,提高了组织的运行效率,降低了运作成本。组织利用内部的网络,把组织内部的所有信息连接起来,并将这些信息储存于数据库中,变成人人都可以运用的资料,从而使组织成员在组织内部能够更容易平等地进行对话和交流。

　　网络公益组织的信息化,受到技术动因、成本动因、资源动员需求、追求合法性地位、公众对信息公开的需求等因素的驱动。在这个过程中,信息技术以及网络普及深刻地改变了组织内部信息获取与沟通交流的方式,使得组织运作能够在一定程度上超越时空的限制,呈现出官僚层级弱化、组织结构扁平化、组织内外网络化等方面的特征。这些特征证明了,这类组织在信息化之后,可以在一定程度上抵制科层制带来的不利影响。

第五章　网络公益组织资源动员模式研究

——以广西 BGYG 协会"梦想小屋"项目为例

一、BGYG 协会资源动员模式的要素分析

（一）动员的知识

实践决定认识，认识反作用于实践。主体所拥有的个人过去生活经验、文化水平、独特的思维方式、决策方式等非物质形式，经过不断的推敲和整合，继而产生出新的认识。"梦想小屋"项目的最初发起人是《南国早报》的一名记者 SJZ，她凭着特有的敏锐观察力和获取信息的能力，关注到乡村留守儿童问题，而目前公益组织对留守儿童的关注多为间歇性的，缺少长期性、持续性，为此她提出了该项目。从她的谈话中，我们可以了解到她对这一项目成立的一些思考和行动。

"本来我作为记者，也深入到乡村中，看到乡村里留下的大多数是老人和小孩，而且生活学习条件相对较差，加上隔代抚育，对孩子的各方面发展都有着不良影响，意识到这是一个需要解决的社会问题。在一次采访中，有位爱心人士也对我提起留守儿童的问题，问'是否能够让爱心延续到这些儿童身上'。也就在一次次的采访和观察中，发现不少的爱心群众都在关注乡村留守儿童问题，就差一个契机。经过调查和讨论后，我就向 BGYG 协会提出成立'梦想小屋'项目想法，并提交一份项目书，希望能够通过这个公益平台，来实现大家的公益梦想，帮助留守儿童。再后来，项目发出招募信息时，一下子有 30 多位义工踊跃报名，而广西 MZD

集团得知这个项目后,在其 16 周年庆之际进行爱心义卖,将募集到的善款全部捐赠到这个项目中,因此也就有了启动资金。"(SJZ,义工、记者)

戈夫曼曾提出框架一词,认为框架是允许个体对其他个体进行观察、界定、辨认和标签发生在他们周围生活领域内的或整个世界的实践。用赵鼎新①的话来说,框架实际上是帮助人们认知、理解周围发生事物的解读范式。框架的建构是一个理性过程,是否能获取相应的资源支持也就决定了框架是否与主导的意识形态和价值观等相一致。案例中,志愿者 SJZ 在提出项目之初,就表明项目的性质、目的与定位,符合了当时的主流意识,项目也就得到了各方面资源的支持。相关受访者的访谈也谈道:

"……很早就在新闻、报纸上关注留守儿童问题了,现在 BGYG 提出这个项目,而且提出的目标正是我所想要的,肯定是积极参加了。我们自己私下组织过一次去看望那些孩子,但是不回访的话,就不知道后来情况怎么样,而且自驾车下乡每次要花三四百,交通成本太高,不是一个长期的办法……"(兜妈,义工)

"当初我们公司领导就关注到这个留守儿童问题了,就是没有找到合适的渠道去帮助他们,现在得知 BGYG 有这个项目了,公司上下都很积极参与,有些员工虽不是义工,但也会报名参加……"(刘女士,某地质公司行政助理)

清楚的使命是反映动员知识的最有效形式之一,通过确立使命将公益组织对公益事业的认识清楚明了地向广大群众传达,让被动员者了解自己行为产生的意义。组织使命是阐明组织存在的重要依据和缘由。使命是否清晰,而且能否被组织成员所接受、认同,决定着组织未来的发展。同样道理,项目使命是项目得以成立的根据和要实现的最终目标。清楚的使命是保持项目长期性和持续性的基础,它能够使项目组成员和其他组织成员达成一致认同,增加凝聚力,使得组织上下形成同一体,向着共同的目标前进。

但是,使命的阐述不仅要清楚,还应该有感染力。一个有感染力的使命,可以激发人们做公益的热情与激情,使组织成员心中产生自豪感,同时也能够

---

① 赵鼎新:《社会与政治运动讲义》,社会科学文献出版社 2006 年版。

引起外界群众对组织的好奇心和好感,从而加入组织中来。BGYG 协会对"梦想小屋"项目所定下的使命是"让每一位留守儿童得到关爱",具体的行动目标细分为:一是为村级学校建"梦想小屋",配备电脑、摄像头等通信设备,搭建多媒体平台,增加留守儿童与父母亲之间的联系,并将城市、网络上优质的教育资源整合起来设立"第二课堂";二是为留守儿童制定一套"梦想方案",发动学校老师、爱心人士和留守儿童父母参与到项目当中,让留守儿童得到关怀,引导其健康成长;三是对项目进行经验总结和推广,使更多乡村学校受益。由其所定使命和细化目标可以看出,清楚表达了这个项目的行动内容和要实现的目标,给人一目了然的感觉,使之易于接受和理解,符合群众的公益想法,这易于得到社会大众的认同,动员其参与其中。也正是因为这个项目使命和细化目标的阐述清楚和感染力,当这个项目在网络、报纸上发布招募帖时,得到了许多志愿者和群众的响应。一位项目小组组长深有感触地说道:

> "首先我们做这个项目的目标明确,行动方向保持清楚,让大家都知道往哪个方向走。要是没有目标,会让大家没有目标安全感。对于组织内部来讲很清楚,我们做的项目就是针对留守儿童,为他们建一间'梦想小屋';对于外界,他们就很明确地来找你做些捐款或捐物,所以一个项目使命明确会让人很踏实放心。"(竹子,义工)

进一步说,BGYG 协会的"梦想小屋"项目因为使命明确,与外界进行资源动员时具有极佳的优势,无形中就吸引和积累了组织自身之外的许多社会资本。

(二) 动员的主体

主体,尤其志愿者,是维持组织项目和整个组织运行的重要行动主体。组织所需要方方面面的资源,都源于行动主体间的互动交换行为。对于 BGYG 协会"梦想小屋"项目,需要的正是广泛的社会参与面和较高的社会参与度。因此,没有行动者将组织目标、行动技术、社会结构等要素串联起来,就无法对内外界的资源进行动员和运用。对于公益组织来讲,行动参与者可以是动员者,也可以被动员者,因为其本身就是资源的载体。激起其参与项目的热情和持续性行动,是组织进行资源动员的关键。本节主要从项目核心人物和其他参与者与组织形成的社会关系进行分析,从中透视出网络公益组织对行动者的动员路径和技术。

领导者角色在组织中处于核心位置维持整个组织的持续运作。同样在成立项目时需要选出一位领导者来维持整个项目的持续与有效开展。在公益组织中,其组织结构更加趋向于扁平化结构,志愿者间具有平等关系,组织氛围融洽和意见交流畅通,这都与领导者有关。在项目组里,志愿者们更喜欢称他们的领导者为"老大"或直呼其网名,一位义工如此说道:

> "这样称呼蛮好的,表面上我不是在一个有层级结构的组织里,心理上不会感觉被约束和制约,有什么意见就直接提出来,大家平等交流,感觉蛮好的"。(幸运,义工)

根据马克斯·韦伯的统治人格形象理论中提出的魅力型领导,认为他们之所以被下属接受,是由于下属认为领导者拥有非凡的品质(天赋)①。其中卡里斯玛魅力是指一个人所特有的品质、气质、知识和能力在社会和群体中释放出来的感召力、吸引力和凝聚力。网络公益组织是结合虚拟网络和实体运行的一种组织形式,志愿者相互之间没有层级关系和血缘关系,只是凭着共同的理念一起做公益。但在开展具体活动时需要一名组长来统筹活动,这时韦伯所说的卡里斯玛魅力在推选组长过程中起着较大影响作用,如志愿者在平时活动中所能观察到的他人的为人处事态度、执行力、责任心、管理能力、公益事迹等因素都会在推选、凝聚成员时起到很大作用。可以说,志愿者向外散发的魅力是网络公益组织中最能动员和获取支持的一种有力力量。

> "竹子她是一个协调能力和谈判能力较强的人,做事考虑周全,她在预算没有下来时自愿垫钱,我们都比较信服她,由她带领我们这个小组,散发的是民主氛围,最重要的是沟通,她不带组长架子,我们之间都是平等和气地商量事情,组员间关系也融洽。所以我们这个组做的项目效果比较好。"(兜妈,义工)

> "……我主要看谁是这项目小组的带头人,虽然我自己是很想参与到这个'小屋'项目里,为孩子们做点事,但是我个人觉得,要是小组的带

---

① 冯秋婷主编:《西方领导理论研究》,人民出版社 2008 年版。

头人不是我所认可的,我就会考虑下一次,工作氛围不好的话,效果也不一定好吧……"(心上虫草,义工)

由此可见,在网络公益组织中,韦伯划分的前两种类型(法理型统治和传统型统治)领导不适合作为动员志愿者参与到项目中来的核心人物。在"爱心小屋"项目中,成员间需要以非正式沟通为主,不存在个人决策的行为,相互之间平等交流意见,才能在达成目标的同时又能开心做公益。

参与者构成了网络公益组织的活动主体,是组织发展的原动力。BGYG的各种项目需要广泛的社会参与,公众也因为其创新的公益理念和感召力被吸引。个人的资源是有限的,不可能完全实现自给自足,只能在互动中满足资源需求。根据社会交换理论的假设——所有的人类行为都是交换,交换物除了金钱,还有尊重、赞同、爱以及其他稀缺产品,因此,通过对参与者的参与动机分析,可以清楚知道他们的行动动因,从而能更好地进行动员与感染。

可以说,参与动机是维系志愿者参与活动的思想支柱。然而,加入项目的志愿者来自各行各业,由于环境因素和本身所持自然人特征,每个个体的行动目的也就不尽相同。美国威斯康星大学赵长宁在《献身与参与的背后——美国成人义工服务动机的探讨》①中,列举了义工八种类型的动机,其中六种动机趋向于自利、利他。艾利斯在对志愿者大规模访谈的基础上,总结了四种参与动机,包括利他主义、承诺、学习动机和心理满足。谭建光等人根据2004年对志愿者心态调查问卷分析,细化总结出九种参与动机,划分为利他型、利己型和互惠型三大类参与动机。因此,在前人学者的研究基础上,结合调研实际情况,本章将动机分成三类,包括利他型、互惠型和受影响型进行探析②。

第一类,利他型动机。即利他主义,是一种增加他人福利的动机,也是一种亲社会的行为。在网络公益组织中,利他主义行为在志愿者身上尤为凸显。志愿者在志愿精神感召下,感受到社会责任,希望通过参与公益社会活动,包括扶助贫困学生、服务乡村、志愿服务等,以此回报社会,奉献力量给社会。笔者在广西BG公益网站上搜索到几篇关于项目的帖子,这些帖子无一不表达

---

① 摘自丁元竹、江汛清主编:《中国志愿服务研究》,北京大学出版社2007年版;赵长宁:《献身与参与的背后——美国成人义工服务动机的探讨》,台湾香光民众佛学院图书馆1996年版。

② 谭建光、凌冲、朱莉玲:《现代志愿者心态分析》,《中国青年研究》2005年第1期。

着志愿者们的利他主义思想。

　　马山项目风采:或许对于你来说一台电脑、一台投影仪算不了什么,可是对于大山那边的孩子,是多么新奇的东西,通过这些,孩子们领略到了大山外的那个世界。4月22日,某协会一行20多人,带着希望之梦走进马山,为孩子们带去开启梦想的钥匙。①（后文是活动图和文字说明）

　　文章后面跟了许多帖子,其中摘取了四段:

　　"累并快乐着。是我们这个团队的共识。谢谢大家的肯定。"(兜妈,义工)

　　"伙伴们都辛苦了,但我想看到孩子们可爱的笑脸和满足的眼神,大家都会从心里笑出来的。"(苹果宝贝,义工)

　　"有这样一群孩子,他们住在大山里,当我们身边的孩子在爸爸妈妈怀里撒娇时,他们身边只有年迈的爷爷奶奶,他们的父母常年在外为生活奔波着,一年回来的次数屈指可数,他们就是现在社会上大家关注的留守儿童。他们渴望关爱,他们也有梦想,只是梦想被他们关进了心里的小盒子里,希望有天有人可以为他们打开盒子,让他们拥有爱和梦想。BGYG协会以关爱留守儿童为主题,推出'梦想小屋'项目,通过活动与留守儿童做爱心交流,帮助留守儿童打开盒子里的梦想,让他们健康成长。我很幸运地参加了这次'梦想小屋'马山交接仪式,此行真可谓满载而归。虽然来回颠簸了四个多小时的路程,但是看到孩子们那一张张期盼后快乐的脸,我觉得一切都值了。你还记得自己第一次戴上红领巾的心情吗?那时的我高兴和骄傲,感觉自己是个小大人了。这次当这个孩子帮我再次戴上红领巾时,我真正体会到自己真的长大了,心里满满的感动。"(默然萧瑟,义工)②

　　"我们展望的不是募集多少钱,做了多少项目,而是多少人认同我是

---

　　①　摘自《马山项目组活动风采》,2012 年,见 http://www.ngzb.com.cn/read - htm - tid - 510249.html.

　　②　《关爱留守儿童,搭建梦想小屋之马山》,2012 年,见 http://www.ngzb.com.cn/read - htm - tid - 510406.html

公民,我有责任和义务去做公益。"(文柯,义工)①

从以上所摘取的几段话可以看出,"默然萧瑟"等人的参与动机纯粹是出于利他主义。根据马斯洛需求理论,行为是由优势需求所决定的,而这些义工在利他主义的感召下做出的行为,正是他们内心优势需求所驱使的,这也与中华优秀传统文化的积淀有着莫大的关系。实际上,利他主义动机已是社会群众参与到公益事业的普遍动机,这也是网络公益组织能得到众多社会群众支持其公益的原因。

第二类,互惠型动机。相对于利他主义,互惠型是一种帮助他人的同时增加自己福利的一种动机。在对 BGYG 协会志愿者参与动机调查中,发现将近有 50%以上志愿者选择"结识朋友""减轻工作压力""学会很多新技能""丰富经验"等选项。谭建光等人所做的志愿者心态分析问卷调查结果也是在上述选项中出现相对较大比例。由此看来,现代的志愿者不仅仅满足于能够服务社会、帮助他人,而且希望通过参与公益活动,学习新的技能和提高服务水平,同时更加希望通过学习和服务能改善自己的情况、改变自己的心态、个性、延续爱等。

"参加这个项目,对于我来说是一种体验生活方式。既可以帮助那些留守儿童,又丰富了生活经验。每天都能待在父母身边,我们身在福中要知福,利用自己的能力去帮助他们,算是爱的延伸吧。"(苹果宝贝,义工)

"现在我都会在空闲时间参与这个活动,看着那些孩子在使用电脑与父母视频时,我十分感动。我希望我的小孩能将我的这种善行延续下去,做一个有爱心的人……"(兜妈,义工)

第三类,受影响型动机。这一类可以说是一种中立的动机,既没有强烈的利他愿望,也没有相应的利己思想,只是"随波逐流"。根据对 BGYG 协会志愿者参与动机的调查结果,发现受影响型动机所占比例较低,主要是受身边人和社会舆论倡导所影响。而在这次受访的志愿者们也同样表露出了这种类型的参与动机,但数量是较少的。

"为什么会去参加北海项目?之前我朋友参加了钦州项目,建了两

---

① 《做公益是每个人的责任》,2013 年,见 http://www.gxbgyg.com/read.php? tid=1163。

间'梦想小屋',回来后一直和我们聊整个活动的事和她的感触,我听之后觉得这样的活动很有意义,于是在北海项目发招募帖的时候,我就马上报名了……"(爱情海的平静,义工)

"本来是跟着大家走的,有什么活动就安排时间参加,也没有什么实质的方向,后来在 BG 公益网上浏览时,看到这个项目的图片和帖子,觉得很有意思,就参加了。"(亚也,义工)

公众参与 BGYG 协会开展的"梦想小屋"项目,在一定程度上是体验公益项目带来的意义,但也引起了公众对生命的深刻思考。更重要的是,"梦想小屋"项目有着深刻的人文关怀,这也是项目受到广大公众和志愿者所青睐的原因。参与公众来自各行各业,其动机也不一致,但从调研的情况可以看出,无论是出于利他、互惠和受影响的动机,他们最终是为建立"梦想小屋",为留守儿童贡献一分力量。项目团队的负责人 LF 讲到他们的团队共识是"虽然累,但是值得","虽从现下社会来说,完全为他人,不为自己的人已经是很少了,但是可以怀着一颗公益的心,通过互动交换,满足个人需求,却是现在普遍的参与动机。当然,我说的个人需求是在合理正常范围之内,我们希望通过各种方式宣传活动,能触动更多的善心,吸引他们参与到活动来。"从 LF 的话中,我们可以看出,公众参与到项目,首先是要认同项目理念,即"值不值"的问题。再者,有个人的简单需求是可以理解的,毕竟每个个体对"奉献""服务他人"等的概念含义理解有所不同。

(三)动员的资源

资源依赖理论强调,由于资源的稀缺性导致组织对周围环境的依赖,组织的发展离不开资源的持续性供应。由各项事实表明,在其他条件不变的情况下,组织获取的资源数量决定了其行动能力。而公益资源具有稀缺性,网络公益组织需要合法地获得与整合内外部资源。从 BGYG 协会对"梦想小屋"项目的整体运作过程来看,项目以儿童为中心,在乡村小学中运作,需要涉及多方面的因素和资源,从而保证整个项目的正常运作。

政策是政府资源中一种以制度形式转化的资源。制度,可以说是网络公益组织在社会运作中需要遵循的一种游戏规则。这种"游戏规则"包括组织法律合法性问题、政策支持如减免税金和其他资金物质的扶持等。随着国家法律体系的不断完善，关于社会团体的法律法规也在不断跟进修改中。如广东省民政厅《关于进一步培育发展和规范管理社会组织的方案》明确，从 2012 年 7 月 1 日起，除特别规定、特殊领域外，省内成立社会组织，无须找业务主管单位，可直接向民政部门登记。① 云南省民政厅在 2009 年出台《关于加快形成现代社会组织体制促进社会组织健康有序发展的意见》指出，公益慈善、社会福利、社会服务等类社会组织可直接向民政单位申请登记。② 在这种新形势下，各地政府积极进行社会管理创新的实践，BGYG 协会也抓住机遇，积极利用新政策。在多番努力下，其于 2012 年年底也直接在广西民政厅注册成功，获取了合法身份，这为"梦想小屋"项目在筹集资金和物资时起到了"护航"作用。同时，由于 BGYG 协会合法身份的获得，在动员企业参与公益事业、获得公益资源方面，较之于没有注册前有了明显优势。

行政和政治力量仍然有一种强大的辐射力和资源配置权力，网络公益组织与政府之间的关系类型也就直接影响到组织的发展。因此采取合作伙伴关系，争取政府支持，才能保证自身发展。网络公益组织与政府的合作即是双方之间基于优势互补的原则，采取合理合法手段获取对方的优势资源，以弥补自己的短缺资源。如在广西马山县开展项目时，项目组与当地政府进行合作，提高了行动效率，节省了公益费用。

"当时没想到能完成得这么快又好，团委书记 LWH 的帮忙确实是少不了的，又是找人给我们带路，又是帮我们在当地咨询物价，这样我们能在当地买的东西都在当地买，节省了不少运费；平时我们踩点都是当天去当天回，没那么多时间去当地咨询物价，加上不熟悉路线，在时间上很难把握。"（兜妈，义工）

社会是一个各种不同性质的社会关系结成的网络，每个人都是这张网络中的一个结点，通过相互之间直接或间接的社会联系而获取资源。社会网络是分配社会资源的一种重要途径，除了由经济交往所获得的资源外，还能提供

---

① 资料来源：中国社会组织网，见 http://www.chinanpo.gov.cn/1938/52408/index.html。
② 资料来源：云南省民政厅政府信息公开网站，见 http://xxgk.yn.gov.cn/canton_model65/newsview.aspx? id=1059017。

其他方面资源来作为社会支持。项目组积极利用关系网络,通过街上募集、爱心义卖、关联营销、向企业劝募等形式,整合组织内外部的关系网络获取相应的资源,其所面向的社会对象较广泛,包括个体、团体、社区、爱心企业、政府部门,以及其他公益组织等。由实践一系列的行动与之建立直接或间接的关系网络,从而获取相应的社会资源。虽然,获取社会资源和网络资源有着共同特点,就是范围较广,资源载体(初级群众)处于松散状态,而且具有隐蔽性,获取资源具有一定的难度,但社会资源相对于网络资源的获取更具有可实现性。因此,项目组在面向被动员者时,更能掌握资源的可取性和时效,易于开展活动。

网络资源,是以互联网为资源载体,通过使用互联网技术,获取来自四面八方的资源。互联网的迅猛发展、网民人数的激增和网络应用方式的不断扩展,为网络公益组织在集聚资源、促成公益行为提供了新的发展空间。BGYG协会借助网络的优势,由最初建立"梦想小屋"项目群、BG公益网,到现在建立了专门的"梦想小屋"官网①,打开官网满满都是关于"梦想小屋"项目的信息,包括已建"梦想小屋"的学校目录、义工的感想帖、培训帖、捐赠窗口等。

　　"讲到资源动员使用平台的频率,网络平台大概占60%,《南国早报》平台大概占30%,其他平台占10%,使用网络平台是我们这一类组织的一大特点与支柱。"(THH,协会秘书长)

对于BGYG协会来讲,有四个大QQ群、广西BG公益网站、参与了两个用于广西公益组织联系和分析信息的GX公益联盟成员QQ群和广西公益组织联络群。另外,BGYG协会内部还分有各个小QQ群便于联系,"梦想小屋"项目群便是其中之一。除了QQ群,官网和论坛也是必备的。在"梦想小屋"的官网和论坛上随时可以查询到每次活动的风采和成果,也可以看到义工们的感想,以此来激发善心、反省自身。项目组通过上述网络工具在网络上聚集人气,招募志愿者,搜集公益需求,宣传公益,继而进行网下实体公益活动。在这一过程中,网民(义工)可以通过与其他人畅通交流,交叉交换不同主题公益组织的信息,从而形成了一张数量巨大的网络信息资源网。另外,网络为那

---

① 资料来源,见 http://www.gxbgyg.com/html/stopic/6.html。

些没有时间参与公益的"围观者"也提供了公益平台,他们通过寻找合适的公益需求,奉献自己的力量,可以说这是一张巨大的潜在的资源网络。在获取网络资源时,其面向的对象数量远大于动员传统社会资源时的对象数量,影响范围也十分广泛,正因如此,能获取资源的不确定性随之变大,但其又是构成网络公益组织资源的重大部分,尤其对于项目组来讲。

综上三个 BGYG 协会(项目)资源动员模式的要素分析,可见:1. 项目使命清晰且具感召力;2. 动员主体的道德魅力和志愿者的伦理精神;3. 资源来源的社会网络性。

二、BGYG 协会资源动员的动力机制模式

网络公益组织资源动员的动力机制模式是动力源、动力转化、动力监控与反馈三个要素所构成的稳定性机理。

(一) 动力源:寻找介入空间和介入需求

动力源,包括客观层面上的介入空间即外在推动力和主观层面的介入需求即内在驱动力。本文的动力源是指公益需求与公益心的结合,换言之,公益供需一致所产生的驱动力。

介入需求,可分为外在需求和内在需求。本章将外在需求定义为服务对象需要帮助的愿望和情感。目前,多数公益组织对留守儿童只是简单地提供一些书籍、物资。针对留守儿童问题,尤其是他们的心理问题,已有前人做过较多的调查研究,普遍有抵触学习、学习焦虑、交往困难、性格孤僻、心理自卑、叛逆严重等问题。总体而言,他们都需要心灵上的沟通与情感支持。BGYG协会在最初成立"梦想小屋"项目时,虽没有进行专门的调查,但协会秘书长THH鼓励义工在与儿童交流时尽可能多地去了解他们的真实需求。他说:"当时完成第一个项目(上林县)回来总结时,发现他们的愿望大体包括两个:想知道外面的知识和希望父母多点时间陪伴,这与项目成立的初衷恰好相一致,我们感到十分庆幸,项目所建立的'梦想小屋'恰好能基本满足他们的需

求,这为我们的工作提供了前行动力。"(THH,协会秘书长)

内在需求,直接反映为行动动机,即个人的内在驱动力。根据社会交换理论和资源依赖理论,结合 BGYG 协会志愿者具体情况,将志愿者的行动动机归结为三种类型:利他型、互惠型和受影响型。每一种动机类型都体现了社会群众和志愿者的行动选择意愿、价值观以及对公益事业的预期。据调查,他们行动目标的共同点几乎都是为了帮助留守儿童。强劲的动力源为组织工作的开展提供了良好的基础。

（二）　动力转化:动力传导介质和动力传导条件

BGYG 协会在进行资源动员时所使用的传导介质,主要包括建构意义框架和积极利用媒体优势来获取所需资源,传导介质的显现即是动员的策略和手段。

在构建意义框架上,BGYG 协会分别从内外两方面进行建构。在建构外在意义时,BGYG 协会注重对"梦想小屋"项目的目的、意义及未来走向进行宣传,为的是使外界群众清楚地了解这个项目的存在和发展对社会、对当事人的影响,清楚明了自己所付出的行动会产生怎样的积极效应等,以此来吸引和整合更多的社会群众的公益性价值观,动员其志愿者参与行动。项目负责人LF 曾在完成了十所"梦想小屋"活动总结会的最后,呼吁到"让我们为无助、弱小的他们,筑造一个家,为他们的梦想插上高飞的翅膀,为他们的成长点亮星星的灵光"。这让在场的各位义工和闻讯来参加总结会的群众无不表示赞同,一位年龄五十岁左右的义工站起来说:"虽然我们的力量较小,但是尽力去多建一间'梦想小屋',就会有更多的孩子感受到温暖。"场上顿时响起一片鼓掌声。这也让我们了解到意义框架建构的重要性。据调查,"梦想小屋"项目在成立时,先明确将其服务对象定位为在乡村的留守儿童,继而再细分为四个行动目标,从心理层面和硬件条件的改善作为出发点,目的是为这些留守儿童的心理健康和受教育环境提供帮助和服务。志愿者们相信,通过这个项目的不断开展和对项目进行推广,可以使更多留守儿童受益,包括逐渐缩小城市乡村儿童之间知识的差距;通过多媒体增加与父母沟通的机会,从而减少心理层面的不良因素,这也是 BGYG 协会赋予"梦想小屋"项目开展的外在意义。

同时,这一点正好符合了政府的利益诉求,由两者的共同作用,能更有效推动了动力主体的动力转化过程。

在内在意义建构上,BGYG 协会主要是从心理主观层面去影响和动员志愿者和社会群众,形成行动动力。BGYG 协会在每次活动结束后,都会将活动中的图片配上文字解说、义工日记等放到论坛、QQ 群上,或定期在广场进行图片展览,以此来扩大项目的影响力。项目成员"摩托"在一次义工培训课上展示了他近期对志愿者动机调查的结果,"90% 以上的志愿者希望能奉献爱心,为社会做一些有意义的公益事;70% 的志愿者希望获得新知识,获得快乐;50% 的志愿者想了解社会、尝试新的生活方式;30% 志愿者想借此解决自己心理问题、打发时间等其他原因"(3-摩托,义工)。他提出,BGYG 仍将积极从正面去引导义工,鼓励参与项目的义工写日记并发表到网上、参加义工交流讨论会、制作电子简报发布到论坛、南国早报网等,希冀以真实情感、生动文字去影响和带动更多人参与公益事业。

当内在意义和外在意义框架都建构后,为使公益性价值观得以扩散,得到社会承认与支持,借助宣传载体是必要的,即对媒体的充分使用。《南国早报》原是 BGYG 发起主体之一,而《南国早报》是南宁市当地家喻户晓的媒体报纸,因此在其成立之初便具有强大的媒体优势。BGYG 协会积极利用此优势,借助《南国早报》的影响力,在报纸上刊登有关人力和公益物资的需求信息、跟踪报道项目活动,同时积极利用网站论坛、电子邮件、微博、微信等途径在更大范围发出公益需求,提请社会群众的关注,激发其"慈善公益"意识,进一步促进其行动动机,推进动力转化过程。另一方面,媒体对各项公益活动的报道和展示,不仅对他人,特别是对志愿者而言,是再一次的公益激励过程。

当动力主体具备动力源、动力传导介质后,并不能马上可以实现动力的完全转化。就好比机器动力的顺利转化,也需要在各种合适的外在环境因素下运行。同样,动力的转化也需要一定的条件。因此,BGYG 协会项目组主要从促进组织认同和建构资源网络来提高动力转化的可能性。

在调查中得知,不仅项目成员有为改善留守儿童现状的意愿,社会群众也有同样的公益意愿,并同时为自己的行动赋予了内在意义。项目组织为了能吸引更多的社会力量参与其中,也构建了志愿行动的外在意义。因此,当这些意愿和所构建的意义形成合力时,才能促成实际行动,发挥更大动员效能,其中起到黏合剂作用的则是志愿者和社会公众对组织、项目的认同。

对项目的认同,就成了动力转化中最基本的主观条件。人们之所以表现出最持久和有效的组织公民行为,其在心理上对组织产生的强烈认同感是对此唯一的解释①。也就是说,当 BGYG 协会在动员各种资源时,资源拥有主体对项目的认同心理起到关键作用,所产生的公益行为是其认同心理的外化,是判断这种认同水平高低的外在的可把握标志。BGYG 协会采取积极宣传项目社会意义、建立融洽的文化氛围、提高项目透明度等行动来促进社会群众的认同,提高认同度,达到更有效快速地吸收或换取公益资源的效果。在与"梦想小屋"项目成员谈到"对这个项目最满意的地方"时,大多数(共访问了 23 位参与项目的组员)的志愿者都提到了项目组内的民主平等氛围,也有志愿者较看重"能发挥创造性,是主动参与,不是被动参与",由此可知组织内的民主氛围和创造性组织文化是项目组织凝聚志愿者认同、发动志愿者积极参与行动的重要因素之一。

> "在公司,只能听上面讲,很有约束感,而在这个项目里,则是比较民主的,有什么意见都可以拿出来分享,大家目的一致,相互帮助,这让我觉得在这个组织里有存在的感觉……"(果味,义工)

在建构资源网络上,BGYG 协会自成立以来积极利用媒体宣传、个人关系、合作、交换等方式积聚公益资源,形成了以 BGYG 协会为中心的资源网络,形成的显性资源和隐性资源包括:组织自身的品牌效应,目前固定注册的近 2000 名义工,多位专家学者,《南国早报》,广西电视台,BG 公益网站与多家基金会、公益组织的密切联系,有着广西 MZD 集团、广西 YD 集团等企业的长期支持。由此,项目组在借助原有优势的基础上,结合媒体技术来整合各种公益资源,以最真实的方式在网站上即时向外界宣传项目意义、展览项目图片、义工日记,方便社会群众查阅、以激发其"公益心",挖掘隐性资源,与显性资源交错,形成其特有的资源网络。这既为项目组获取公益资源增加渠道,也为其动力转化提供坚实基础。

---

① 参见王彦斌:《管理中的组织认同》,人民出版社 2004 年版。

（三）动力监控与反馈:维持公益供需一致

项目的顺利运作需要各个环节的紧密相扣,其中公益资源贯穿每个环节。BGYG 协会意识到公益资源在项目运作中的重要性,对其进行了实时的监控与反馈,以促进动力的顺利转化,实现项目目标。

在信息的发布上,项目组设有专门的人员负责这项工作,规定未经综合协调组讨论的活动、信息,义工个人不能随意以 BGYG 协会名义发布,以此来确保信息的准确真实性。在资源配置上,项目组在建设"梦想小屋"前会根据自身能力和资源的考量选定受援对象,并对其进行前期踩点。以踩点情况为基础,配置所需资源与能够给予的物资。在这一过程中,项目组长对成员拥有资源的了解程度以及义工自身贡献资源的意识程度发挥着重要作用。除组织现有的资源外,充分利用项目成员自身的资源亦是重要资源来源途径。如在马山项目中,义工兜妈、竹子主动提供的私家车,义工晨光的高超电脑维修技术都给当时的工作解决了一个个大难题。在成本控制上,BGYG 协会成立财务管理小组,专门负责和发布各个项目活动财务支出情况,而项目组自身也主动发布资源使用情况,接受组织内外的监督。

在反馈环节上,项目组要求小组负责人在活动结束后 3 天内上交活动总结、活动费用表,并发布在 QQ 群和官网、论坛上,在接受监督同时反馈整个活动的可取之处和不足。在这个阶段,由项目负责人员、受益方及赞助方组成评估小组,根据项目申请书、项目实施管理流程细则和项目相关协议、填写项目评估表等进行监控和评估项目的质量、效益、可持续性、社会影响。项目负责人 LF 在对已建成的十所"梦想小屋"作出总体评估时,说道:

> "之所以每个梦想小屋的评价分不同,最主要是各类资源的整合度程度不一样,如马山项目得 A 的原因:动员义工参与其中的积极性高,与学校资源衔接较好,小屋元素丰富,也为学生们考虑较周全;而钦州项目之所以得 B,是由于与当地公益组织没有做好资源交接工作,导致三次更换负责人,延误了工期,费用超出预算,之后借助马山团队的义工才能高质量完成小屋。由此种种,既反映前期准备的不足,也反映了过程监控工作的不到位,应该总结经验"。(LF,项目负责人)

可见动力源的监控和评估反馈,通过对所动员资源使用过程的监督控制以提高资源效率,通过对使用结果的评估反馈以提高资源效益,衡量的最终标准是公益供需是否一致,实质是对公益供需一致的维护与维系。这是一次公益项目资源动员的终点,只有通过动力源及动力转化过程的监控和评估反馈,这个终点同时才能成为新的可持续的资源动员起点。

三、BGYG 协会资源动员的网络化模式

　　BGYG 协会项目资源动员的过程符合了社会化动员模式的几个要点:第一,动员者与被动员者间不存在隶属关系,是否参与的决定不影响被动员者的利益;第二,动员者与被动员者基于共同价值观进行协商和承诺;第三,公益活动是自发的,不受行政和政治力量的影响。加之,由网络公益组织的组织特性,网络技术应用在资源动员的整个过程中,由此形成了社会化动员模式的一种新类型,命其名为"网络化社会动员模式"。

（一）网络化社会动员模式的主要内涵

　　迅速发展的网络技术,可以快速聚集资源、利于宣传组织等特性促进了一批新型公益组织的产生。它们以互联网技术为支撑,以公益目的为归旨,整合线上与线下资源,继而产生了一种新型的不同于传统的新动员模式。通过对 BGYG 协会项目资源动员的各个要素的分析,我们可以看到整个网络公益组织群体在项目运作中资源动员的共通性——在公益资源有限环境下,以网络公益组织为主体,依托互联网,通过对资源动员动力的发掘、转化和监控反馈,并综合采用信息化、伦理化、合法化、市场化与社会关系网络化策略,与公民、政府、媒体、企业及其他社会组织形成良性互动,以此整合组织内外部、网络世界与现实世界的资源,筑起网状资源支持系统,最终促进项目的顺利运作,即为网络化社会动员模式(如图 5-1 所示)。

　　网络化社会动员模式是社会化动员模式的一种新型动员模式,是对传统社会化动员模式的发展。之所以将网络公益组织的资源动员模式命名为"网络化社会动员",是由于网络公益组织自身的组织特性,将传统的社会动员方

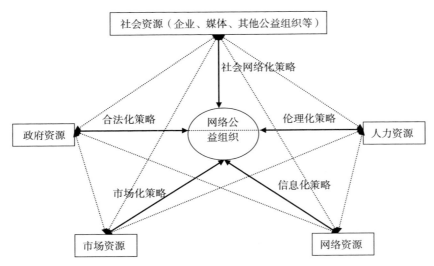

图 5-1　网络化社会动员模式

（注：实线表示两者间的相互作用；虚线表示两者间可能通过别的途径、方法相互产生作用）

式与互联网技术两者融合起来使用，获取了更多的资源，以支撑组织的持续发展与公益理念的传播。由此，其中"网络化"有两层含义：

一方面，互联网技术的使用促成网络公益组织资源动员模式"网络化"。互联网世界各地的点都相互交叉连接起来，唯一条件是要有联网的电脑或其他终端机，则可以通过它获取各种各样的信息。也就是说其中隐藏着的资源是无法估量的。因此，互联网技术由于其媒体独特性被越来越多的公益组织，特别是网络公益组织，作为其发起动员的主要工具之一。即网络公益组织作为核心动员节点，利用论坛、微博等网络工具向四周发出资源需求信息，通过说服、感染、沟通来动员资源或成员，并形成线下实际行动。较多学者将这一过程单独定义为"网络动员"或"网络虚拟动员"或"互联网动员"。另外有较少学者指出网络动员是利用互联网技术在无组织、无领袖的状态即无确定动员发起或组织主体，开展的特定群体活动并实际行动的组织过程①。对于本章而言，网络公益组织是由民间社会群众自发组建，以公益或互益为归旨，依靠互联网技术运行的社会组织或社会集合体，其中互联网是促成公益行为达

————————
①　张迎辉：《微博的虚拟社会动员与传统社会动员的区别》，《传播实务》2012 年。

成认同机制、动员机制和组织化机制的重要工具。因此,笔者采取较普遍接受的网络动员定义,即动员主体有明确性。在网络社会里,通过互联网向外发出信息,由于被动员的客体是碎片化存在、松散性的网民,相互之间建立的社会关系强度不一,为后续获取资源形成潜在资源库,由此网络公益组织的社会动员方式趋向网络化。如图 5-2 所示的是网络公益组织作为初始发出信息的动员主体,通过微博、论坛、QQ 群等网络技术与被动员者进行互动。

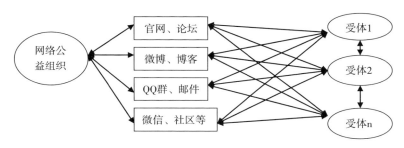

图 5-2 网络公益组织与被动员者的网络互动关系

　　另一方面,网络公益组织采取的社会关系网络化策略使组织在现实世界拥有一张社会关系网络资源。大多数学者认为社会资本是组织资源动员的基础,尤其是从关系网络、信任两方面所积累和获取的资本。由此,对公益组织进行关系网络的构建与拓展是公益人应采取的主要行动策略,以获取更丰富的资源,促进目标的达成。社会网络理论同样指出,认为社会网络是一种社会资本,行动者可以利用社会网络获取社会资源,而行动者的行为同时受网络关系的强弱、重复性的影响①。因此在社会网络中相互之间的两个"点"的关系强弱也就决定着信息、物资等方面的交流频繁程度。由此,网络公益组织通过与社会网络关系中的各个主体采取不同程度的关系策略,形成持续性的互动,是为组织筑起网状型资源支持体系的重要行动。结合案例,我们可以看到就围绕 BGYG 协会"梦想小屋"项目,参与的主体有社会群众、志愿者、爱心企业、传统媒体以及其他具有异质化关系的主体。由于不同主体与网络公益组织的关系程度不一,所捐赠或奉献的资源也就不一样。由此,我们可以大概得

①　周雪光:《组织社会学十讲》,社会科学文献出版社 2003 年版,第 123—125 页。

出一个关于网络公益组织的社会关系网络或者资源网络图,如图5-3:

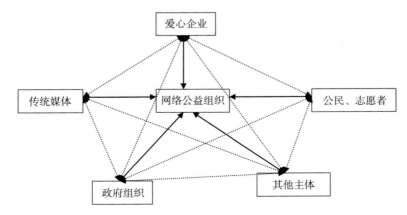

图5-3　网络公益组织与各主体形成的网络关系

　　总的来说,网络公益组织在充分利用自身优势的同时,将网络技术的应用贯穿到各个动员策略中,拓宽了资源获取的渠道和范围,使得组织获取资源的动员模式由直线型(如图5-4所示)变为网状型(如图5-5所示),促进组织项目顺利运行。

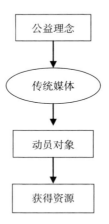

图5-4　使用传统媒体的直线型资源动员模式

　　由直线型资源动员模式,我们可以看出在使用新媒体网络技术前,公益信息的传递方向是单向的,动员主体与动员对象之间较少交流,在传递过程中有可能出现信息本意扭曲,导致公众误解或没有反馈。而在结合使用互联网技

术后,信息传递方向呈双向或多向,如下图5-5所示:

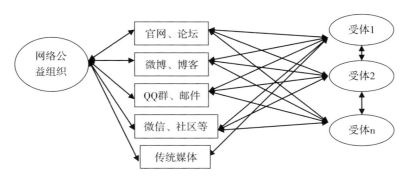

图 5-5　结合新旧媒体的网络型资源动员模式

在网络型的资源动员模式中,我们可以看出公众之间的沟通渠道变得多样化和灵活化,这是因为新媒体技术无中心化、信息即时传递等的特点而形成,同时是公益组织在积极利用传统媒体本身已有的权威外,还充分利用了它与时俱进开通的各类非正式沟通渠道。如此一来,网络公益组织在整个关系网络中处于获取资源的中心位置,与各个动员主体间保持着或强或弱的资源关系,而且不从属于其他主体,起到"桥"的作用,形成一张资源网络。

(二) 网络化社会动员模式的主要特点

以网络为主要动员平台。网络公益组织是自下而上、扎根民间的公益组织,依托互联网迅速发展起来的一支队伍,它们进行资源动员最主要的平台是网络,如建立 BBS、微博、微信、QQ 群、电子邮件以及各类网站发布公益消息,来聚集和凝聚义工队伍,然后在线下开展各种公益活动。作为一个组织的项目组,更是积极充分利用虚拟网络作为资源动员的平台,如为项目建立的专项网站①、BGYG 公益网、南国早报网等,项目组都会在行动前后在网站上、邮件中分享、公布、更新一系列有关"梦想小屋"项目的活动信息、图片、义工的感想以及资金账目等,即时通信工具——"梦想小屋"QQ 群则是项目组内部沟通的常用渠道。

---

① 资料来源,见 http://www.gxbgyg.com/html/stopic/6.html。

"通过充分利用这些工具,一方面可以快速发布信息实现信息扩散,另一方面可以整合利用众多分散的信息资源,最大限度地利用现有资源,而不用到处去找。另外,这些网站可以跟帖问答,就算没有及时回复'游客'的疑问,也能在看到的时候及时留言解答,希望通过互动沟通,能够为他们提供所需要的信息,继而争取他们加入我们的行动中。"(LF,项目负责人)

可以看出,通过在网络平台这一公共性领域内的互动沟通,生动形象地表达了组织性质、宗旨、活动效果等,不仅让社会群众了解协会做了哪些公益事情,同时也为企业树立良好社会形象提供了一个渠道。正如 BGYG 协会 THH 秘书长说的,"政府、企业、公益组织,三者组成一个三角式架构,缺谁都不可,只有通过不断的交流和互相的照应,才能更好地维持我们这一类公益组织的发展"。他还提道:"在整个组织的活动中,或者说一个项目的完成,使用网络平台是必须占 60% 以上的。通过网络,不用'现身说法',仅用文字和图片也能起到一定的沟通、说服、感染的作用。这相比那些传统的,要节省成本得多。"这也印证了先前学者对互联网作为最好公益平台之一的论断,即互联网是迅速集结所有力量,并能产生明显公益效果的工具。

网络资源与现实资源相互整合。网络公益组织在现代网络技术的支持下,相对于传统的公益组织,其主要有两种资源类型:来源于网络空间的网络资源和来源于现实社会的现实资源。由前文所述,网络公益组织是依托互联网产生和发展,通过运用各种网络技术,超越组织边界、时间和地域的限制,与不同的社会群众、参与者、团队等进行无障碍的即时沟通和信息交流。其中,网络公益组织所建立的网站、论坛是一个"吸引装置",将网络空间资源吸引过来并进行整合,提供一个公益互助和信息交流的平台。这一方面为更多有需要帮助的人提供帮助;另一方面,为有意参与公益事业的人们提供参与渠道和途径,汇聚志愿精神。同时,网络技术的使用为组织多渠道获取资源作出了指示。

现实资源,是传统公益组织所必需资源的唯一来源渠道,而网络公益组织不忘对这一部分资源的动员与获取,并将其与网络资源进行整合。在使用网络技术在网络空间广泛进行"战略、战术"地获取资源时,网络公益组织同时积极利用各种宣传活动(画展、现场宣讲、召开论坛、发放纸质刊物、善因营销等)以及充分挖掘志愿者个人的人际关系,以从中获取理想资源。由此,网络公益组织扮演的是一个将网络(互联网、社会关系网络)上的各个点连接起来的、具有黏合功能的智能角色,它将网络资源和现实资源进行整合利用。根据调研,在进行钦州"梦想小屋"项目时,项目组在网络上发出招募帖的同时,积极动员 MZD 集团某分公司员工和邀请数名 VIP 顾客前往参与项目,充分利用当地优势,扩大项目体验效果。一位当时去参加过小屋建设的 M 女士回忆道:

> "我参加小屋建设的整个过程是很快乐的,毕竟在做公益的同时自己也快乐。……我们公司在向员工和社会人士宣传时都会讲到我们公司是一个致力于公益的、负有社会责任心的企业。……我记得当时有个VIP 顾客就有意向说要捐点钱给这个项目,希望能建更多这种小屋……"

由此可见,项目组在向网络范围寻找志愿者的同时,充分地利用当地优势满足人员需求。这既节省了费用,也为社会公众提供了参与公益的渠道,为企业树立良好形象。值得一提的是,项目组和公司合作,邀请了社会群众——VIP 顾客。众所周知,这一类群体的消费能力较高,其所携带的资源质量也较高,属于潜在公益资源载体。因此,邀请他们参与到公益活动中,为组织动员更多资源带来了可能。易言之,这两种类型的资源起到互补的作用,从网络上获取的资源不一定能够满足项目运行所需,而现实资源则有可能通过人际关系或其他渠道能快速获取,并弥补不足,相反亦之。因此,网络公益组织所采取的项目资源动员模式不是僵硬固化的,而是可以灵活化地调整来自各方的资源,将网络资源和现实资源进行整合使用。

项目组结构呈网状化。在这一资源动员模式中,由于互联网技术的应用,使项目组具有网络化的特点,形成以组织为信息凝聚中心,信息流通过网络向各个节点流动。其中网络既指互联网,也指社会关系网络,而信息流的相互交叉传递,组织获取资源信息及资源的效率也随之提高。这一现象与韦伯对组织结构科层制的假设"科层制与效率之间的关系几乎是一个不言而喻的假设"有所出入,原因在于这些公益性组织通常是依靠共享特定的价值观,而非科层制力量来维持组织的生存与发展。另外科层制产生的一些不良效果,有碍于公益组织发展,如获取信息的真实度、及时度不高等。"梦想小屋"项目组最初采用扁平化的组织结构,由几个核心人物组成团队,利用互联网技术进行沟通而开展工作。随着项目的不断发展,参与项目的主体数量越来越多,其中包括协会以外的企业、基金会等,以及项目组内部以地区划分的多个项目团队,而这些项目团队内部又具有不同的团队管理理念,扁平化的组织结构不再适应项目发展的需求,继而需要调整组织结构。因此在调整后,"梦想小屋"项目组在整个资源动员过程中,始终是处于一个信息凝聚点的位置,具有开放性特点。将各个参与项目的主体视为活性节点,通过网络路径与其进行信息交流与互动。而每个节点之间又是可以通过互联网技术相互联系的,形成了包含一个核心部分和大量通过连线与中心相连的分支,利于各节点间分享公益价值、共担责任、实现资源的多向流动的网状化结构。

传统社会动员方式与网络技术相结合。在出现互联网前,传统的社会动员都是在现实世界发生的,因此笔者将之称为"传统的社会动员",而其所采取的动员方式包括:层级命令、演讲、街头倡议、发放宣传报、现场宣讲等。这些方式都是只能在限定的地域内,依靠有限的人力去动员范围较窄的资源,而且效果不佳。当然,那些依靠政府体制制度动员所获取的资源量还是理想的,但是这违背了"志愿精神"的本质。要想获得持续性的公益资源以保证公益使命的延续,这就需要公益组织在采取传统的动员方式的同时,突破局限,拓宽资源来源渠道。

随着 Web2.0 时代的到来,互联网创新了公益范式,使得每个普通人都能成为慈善家,无论能力大小。互联网以其普及性等不可替代的媒体特性,为公益组织拓展公益资源来源渠道带来了很大的帮助。社会群众经由互联网参与公益活动的方式有:BBS 论坛、社区、爱心 QQ 群、主体博客、邮件组以及微博、微信群等。这些网络工具具有便捷性、即时性、低成本性、效率高等优势特点,一方面提供了现代社会人们参与公益的途径,另一方面为网络公益组织完成公益使命提供了资源来源。网络公益组织正是在现实社会采取适时动员方式的同时,积极利用各种网络工具为公益组织、公益活动进行宣传,提供一个公益交互平台,满足人们的各种有关公益的需求。因此,在其所采取的资源动员模式中,既吸收了传统的社会动员的精华部分,也积极将网络技术的优势发挥到最大,将两者进行结合,获取理想的公益资源。

(三) 网络化社会动员模式的优点与不足

资源动员成本较低。动员的资源包括:资金、志愿者、媒体及其他资源。而要使得这些资源被公益组织所掌握和使用,则需要依靠公益组织的动员主体采取行动,将这些资源转向组织目标的发展。这一过程是资源动员理论中"动员"所指。由上一章分析可知,网络公益组织主要可以通过五种行动策略来动员资源,而无论采取五种策略的哪一种或其中几种进行组合使用,所付出的动员成本都不会高于传统社会动员方式。依据网络公益组织自身的特性,获取网络资源的信息化策略是其主要动员策略,主要依靠各种免费网络工具,如论坛、QQ 群、微信、博客等,向网络受体发出公益信息,打破了正式组织的界限,最大限度地利用外部资源,降低了主要动员成本。另外,柔性、灵活、弹性的工作模式也大大减少了志愿者机会成本的损失。在这一过程中产生的成本几乎为零,而获取的效益(主要是指社会价值)是相对理想的,即具有成本—效益优势。

资源动员过程具有互动性。具有自由性、平等性、开放性特点的网络使得网络公益组织的资源动员主体与客体(拥有资源)之间可以相互沟通、交流,而不再像传统的那些社会动员方式那样只有单向沟通,如演讲、宣讲、广播、告示等。即使在演讲、宣讲中,公众能提出问题,但也无法影响到整个动员的发展,只能被动地接收信息。网络公益组织自身意识到是不可能完全依靠行政力量获取公益资源,面向社会采取说服、感染、沟通等方式是其获取公益资源的主要途径。因此,结合网络技术与传统动员技术,通过论坛、QQ 群、网站等来宣传组织的公益理念和公益活动,以及对公益活动进行实时报道和合情合理的解说和即时互动。单就 BGYG 协会的网络沟通平台来讲,它有 5 个大 QQ 群,各个活动中心和类别小组、项目组又有数量较多的小 QQ 群。笔者作为普通义工就加入了 3 个大群和"梦想小屋"项目群,每天所收到的 QQ 邮件平均约 5 封,所接收的论坛跟帖数量和 QQ 群信息无法计算。如在 QQ 群邮件里发出《梦想小屋义工招募帖》后,仅几分钟在邮件上的跟帖数量就有 29 条(不包括在 QQ 群上和发手机短信进行报名的数量),这些都是在跟帖实时地互动中。

本章摘录几段跟帖①:

　　环保组—楚芜:电工我会但是没有证,可以去打下手。

　　技术组过江猛龙:是 220V 的电压还是 380V 的? 电工主要是做什么的? 请告之。

　　助学组南海书生:电工应该主要是线路的安装。

　　水电徐虎—宏健:我们这都是电工,可惜要上课,想去都去不得啊,但还是对义工的义举表示支持!

　　技术组—山水:我老家在河池东兰。我很想去。车辆和司机就是我了。我是维修出身的,电工证肯定有了。我时间不很多,去得一两天还可以,很期望我能做什么。

　　技术组—毛毛虫:我是一个轮椅上的美术老师,需要我什么?

　　项目中心李峰:欢迎您关注梦想小屋项目,请加入梦想小屋项目群88377365,具体的分工我们会在群上分配,也希望您在项目中有所收获,奉献自己的一份爱心。

　　再加上,在现实社会中举办的各种"现身说法"的宣传活动,如公益展示、活动宣传活动等,通过现场的志愿者与社会群众进行交流,解答问题,可以获取更多的资源信息和提供更多的满足群众公益善心的渠道。因此,在整个的资源动员过程中,在主体与客体间不断地进行语言和行动的交流,易于达成共同意识,形成公益行为。在这一过程中,原来的被动员者也有可能在公益心的感召下,自动转化为动员者的身份,拓展了公益组织获取公益资源的范围和渠道。

　　资源动员能力较强。网络具有的最大特性是多媒体性,能够使网络媒体在技术运用上形成多媒体传播。网络传播的多媒体性是指互联网运用数字技术,兼容报纸、广播和电视多媒体的优点,全面刺激网络受体的多种感官。网络公益组织在进行网络传播时,采取文字、图片、视频、FLASH 动画等多种形式来宣传公益活动,这也是网络公益组织之类动员时常用的展示形式。丰富的宣传形式,使得各项活动信息更加生动形象和直观,强烈的现场感让那些没

---

　　①　摘自内部资料:QQ 群邮件内容。

有参与其中的志愿者或社会群众也能直接感受到公益活动的氛围和意义。这与传统枯燥、乏味的说教式动员不同，通过网络技术的传播，使得整个动员过程具有强烈的感染性和穿透力，容易让网络受体形成认同感和增强组织的社会地位。曾捐赠项目专款的某医药世家企业总经理 L 就说道：

> "当初我们这企业有一笔资金想捐赠出去，算是承担点社会责任，为企业树立良好形象打基础。在网上输入'广西''公益'两个关键词时出现'广西 BG 公益网'，就进去仔细看了下，发现有个项目不错，是为那些贫困留守孩子做的。网站上有已经做好的小屋的效果图、义工开展活动的图，还有义工的一些文章，重要是看到了公开的项目预算表，做得都可以。总结下来，这项目总体不错，非常有意义，就这样决定捐款的。都是为他人的心，那些孩子十分讨人同情，而义工的举动也十分让人称赞，我们没时间去实践，只能尽绵薄之力，奉献点钱了……"

另一方面，网络公益组织的扁平状、网络状的关系结构在动员资源上充当动员信息传播的路径。公益组织的志愿者来自各行各业，各自所附带的关系网络也不尽相同，包含着数量巨大的丰富资源。正如齐美尔提出的社会网络具有"个人和群体的关系两重性"特点。也就是说，当社会群众加入公益组织成为其一员时，会同时将个人关系也带入到新的社会网络中。通过组织的关系网络不断向外延伸，传播动员信息和传递参与热情。一方面动员内部人员，鼓励志愿者按照自己意愿选择行动；另一方面向组织外部获取所需资源，即与组织外的群体或个人形成的关系网络中获取资源，或者由志愿者作为沟通桥梁，连接有需要的双方进行资源交换，满足双方需求。因此，实现有效的动员，在充分利用网络技术之余，还与各个利益相关者形成良好的社会关系网络，增强组织的资源动员能力。

网络技术存在风险。在《网络社会的崛起》一书中，卡斯特强调，网络技术让社会组织以网络形式渗透扩张至整个社会结构，但同时也由于网络的使用而存在风险。确实，网络技术的到来，为网络公益组织的存在与发展带来了许多益处，获得了广阔的资源动员空间。但是，从辩证的角度看待这个问题，我们会发现网络公益组织在使用网络技术协调与处理公益活动时，会产生一些负面的影响，如明显的有数据丢失、信息累赘过多等问题。电子邮件方面的技术问题,笔者在参与协会的一次例会时,听到参会者抱怨最多的是邮件的产生数量。这是由于网络空间不存在法律道德的行为规范约定,导致了一批大量无关公益活动的邮件的"灌水"。这对于那些不会操作邮件过滤技术的志愿者来说,更是一件烦恼的事情。邮件的无序性打扰了很多志愿者的正常工作,也消减了他们参与邮件讨论与查看邮件的热情,一位项目负责人说,"为什么这次召集义工去进行前期调研的时间久且人数不多,主要是因为邮件太多,很多义工干脆都屏蔽了群和群邮件"。而且,在发布活动消息时,一些可以发布到论坛的信息却发布到了邮件组,或同时两边发布,但需要跟帖报名参加活动的话就要到论坛去,讨论却又在邮件组。就这样,往往需要志愿者来回穿梭于两个或多个网络平台,才能全面了解到活动信息。这既影响了志愿者对协会的认识,也影响了志愿团队成员间的交流。

组织公信力制约公益资源吸纳能力。依据资源依赖理论,组织的社会行为受当时社会环境的影响,形成对某种特定资源的需求,为了动员这种资源以及实现特定的目标,而不得不仰赖于一个特定的行动主体(社会群体或个体),从而产生依赖情景。针对这个问题,前文已经就网络公益组织和参与者之间的依赖关系进行了探讨,认为参与者是将组织所需资源与组织目标联系起来的媒介,没有参与者的行动,组织和项目的目标也就不能实现。同样,组织与组织之间的资源依赖亦是如此。也就是说,网络公益组织的发展和壮大,越来越离不开外部环境的支持,特别是资源支持,这就形成了依赖关系。那么,这就涉及组织的公信力问题。

组织公信力是网络公益组织在网络世界和现实社会立足的根本,它展示着组织是否得到外界的认可与认同,是获取社会合法性的重要途径。据调查,具有较高公信力的公益组织,相较于其他组织更易于动员和获取资源,组织的生存期也较长,具体主要表现在信息透明度和公益活动效果。BGYG在这方面做得较好,能在其群邮和网站上找到各项活动的费用开支情况表及每个月的财务报表,清楚知道捐赠钱款的用处,另外其利用网络平台、报纸等平台固定发布各项活动的总结,让社会和捐赠者知晓协会做了哪些活动,取得了哪些效果。但是,有些公益组织虽也做了账目,要么不公示在网上,要么只公示活动预算费用表,没有活动举办后的实际账目,因而公众无法了解组织接受捐赠和使用的相关情况,造成组织公信力低,在吸纳公益资源时得不到较好的效果。

组织监督力度较低。网络公益组织的另一特点是志愿者的匿名性,如 BGYG 的志愿者都是匿名的,虽保护了他人隐私,给人一种安全感,在讨论和参与活动时有着更大的空间,但这存在着难以有效监督的风险。据观察,很多网络公益组织在网络上讨论时都以网名相称,在现实世界活动时也以网名相称,如笔者在进行调研时,访谈对象是一名 50 多岁的志愿者,"阿姨,您好!请问………""请叫我网名飞砚。"可见,在网络公益组织中,无论在网络还是现实世界,几乎没有人询问其真实姓名。

随着公益组织的不断发展,匿名性的广泛使用,造成了一系列不良现象,导致组织公信力和可信任度大打折扣,从中也反映出组织监督制度的不健全。如一些公益组织的领导,多数人只知道其网名,不了解其真实情况,这很容易被有不良企图的人利用;如在一些捐款活动中,公众对公益组织提供的个人账户并不怀疑,监管不力,这些善款很容易进入私人口袋;如在上报所获取资源数量时截留部分;等等。这些欺骗现象,既伤害了公众的慈善心,也使众多真正履行公益使命的组织受到影响。这需要组织完善健全监督制度,从内由外进行监督,提高监督力度。

网络公益组织资源动员模式的动力机制,由动力源、动力转化和动力监控与反馈等环节组成,各个环节的相互作用和相互联系所产生的功能效应揭示了模式的运行原理。首先,网络公益组织通过寻找介入空间和介入需求,形成资源动员的动力来源,成立项目。其次,在动力转化的传导介质选择上,网络公益组织一方面进行项目活动的意义框架建构,通过培训、宣传等形式传递项目公益意义和满足志愿者的内在需求;另一方面积极利用媒体工具的优势,如新媒体网络的及时性、传播速度快等和传统媒体具有的威望等,以图文并茂的形式放大所建构的意义框架,扩散公益性价值观,将公益活动的真实展现在群众面前,激发其公益慈善心。另外,动力的转化需要在一定条件下进行。由于公益项目是一种需要群众志愿参与其中的活动,主观性因素影响占较大部分。因此,促进其对公益组织、公益项目的认同,并形成较高的认同度有利于吸引更多方面的资源。资源网络是公益组织获取资源的路径,网络覆盖范围的大小也制约着公益资源获取的数量和质量,进而影响公益项目的完成。由此网络公益组织进行资源动员动力转化的最主要条件则是组织认同和资源网络资源动员。最后,是对动力的监控与反馈,主要是对公益项目中动员行动和项目进展进行实时监控和反馈,从中总结经验,接收社会群众的监督,并对其动员行动进行调适。

网络公益组织资源动员模式的结构包括动员知识、动员主体、动员资源与动员策略四种要素(行动要点),它们之间的相互关系和相互作用呈规律性和稳定性特点。动员知识直接反映了主体对动力源的认识,资源是组织进行动员的最基本客观条件,而动员策略直接表明主体建构意义框架和促进组织认同以最终获取资源的整个过程。其中,对动员主体的动机分析涉及了动力能否持久作用的因素。在对 BGYG 协会"梦想小屋"项目进行分析的过程中,总结出了五种对主要公益资源的动员策略:获取网络资源的信息化策略、获取人力资源的伦理化策略、获取政府资源的合法化策略、获取市场资源的市场化策略和获取社会资源的社会网络化策略。

网络公益组织这一类新型组织与其他传统公益组织的资源动员具有不同之处。其资源动员模式是对传统社会动员模式的发展和改进,我们称之为"网络化社会动员模式":即在公益资源有限环境下,以网络公益组织为主体,依托互联网,通过对资源动员动力的发掘、转化和监控反馈,并综合采用信息化、伦理化、合法化、市场化与社会关系网络化策略,与公民、政府、媒体、企业及其他社会组织形成良性互动,以此整合组织内外部、网络世界与现实世界的资源,筑起网状资源支持系统,最终促进项目的顺利运作。

本章选择的案例——BGYG 协会,虽具有较好的代表性,但个案样本单一,研究方法以定性研究为主,缺乏对模式结构的量化研究。任何活动的开展都是在既定的社会环境下开展的,除活动本身条件限制外,社会环境中的不确定因素也会影响其进展,因此,网络公益组织在进行资源动员时,还需考虑到当时具体的政府政策环境和社会环境因素。本章所得出的新型资源动员模式——网络化社会动员模式,更多是基于当下环境和条件得出,主要局限于网络公益组织项目资源动员模式的动力机制和基本要素构成等的一些定性研究,对互联网使用率、社会层面公益心理转变等还缺乏进一步的探讨。

第六章　网络公益组织资源动员策略探析

——以 GX 公益联盟的成员组织为例

资源动员理论是由美国学者麦卡锡和扎尔德(McCarthy and Zald)在曼瑟尔·奥尔森提出的"理性选择理论"的基础上,以"成本—收益的权衡是集体行动理论的核心"为理论核心命题①,针对解决社会运动过程中出现的"搭便车"问题而提出来的。这一理论是对美国早期涌现的大量现代社会运动(如公民权运动、妇女运动)等的反思和总结,也是对早期研究社会运动的非理性解释的替代。其中"资源"可以是有形的物质资源,也可以是无形的非物质资源,前者包括金钱、组织、人力、通信设备,后者包括运动的合法性、忠诚度、认同度、灵活的动员策略等。

根据研究问题层次不同,资源动员大致可分为微观动员、中观动员和宏观动员。其中微观动员的研究是目前取得最大进步的地方,其主要关注招募成员和筹集资金两方面②。动员知识即是对实现集体目标所采取方法的系统认知和运用经验,动员技术即是获取资源的系统认知和经验的具体运用。在资源动员理论的指导下,众多学者从动员技术维度去研究社会组织如何动员和获取资源;尽管他们的切入角度不同,但大方向还是一致的。

以社会资本理论视角阐释社会组织从组织内外部获取资源维持运作的文献,大多数提出社会资本的积累和获取是组织所需动员的资源载体,尤其在关

---

① 奥尔森(Olson,Mancur):《集体行动的逻辑》,格致出版社 2011 年版,第 5—8 页。
② 迈耶尔·N.扎尔德:《为了前瞻的回顾:对资源动员研究范式的过去和未来的思考》,载艾尔东·莫里斯、卡洛尔·麦克拉吉·缪勒主编:《社会运动理论的前沿领域》,刘能译,北京大学出版社 2002 年版,第 374—385 页。

系网络、信任两方面。因此,社会组织应采取有针对性的内外部关系建构策略,拓展关系网络,利用社会网络产生的资本来获取丰富资源,即社会网络资源越丰富,组织就越有可能获取社会资源达到目的。

另外,从实证角度分析,具体的实践策略与行动方式是行动者顺利动员与获取资源的关键,因此需要根据组织性质与动员对象灵活采取动员策略,但要想获得政府资源则必须首先注重合法性的动员。

也有学者强调只有在特定的现实空间环境中进行资源动员才有利于促进组织和社会网络的形成。但互联网的出现与广泛应用不仅打破了这一论断,而且使组织及其社会网络的形成难度降低、资源动员的范围更广,这对于公益类社会组织进行资源动员有着重要意义。

上述文献中,对公益组织在动员获取资源的研究大多是从社会资本角度出发,探讨其获取资源的策略和行动。随着互联网的发展,网络公益组织在获取与动员资源方面的策略和行动方式也随之改变。而在网络技术背景下对公益组织资源动员的策略进行分析的文献则相对较少,本文将对网络公益组织资源动员过程中采取的动员策略、网络技术是如何在其中运用以及采取这些策略产生的资源动员效果等问题进行思考和回答,既有助于认识新型社会组织在现下的大背景中动员与获取公益资源的逻辑,又有助于了解公益组织的一般资源动员模式。

一、GX公益联盟的资源动员策略

2012年由五家本土公益组织发起的GX公益联盟,旨在促使各公益组织互助合作、资源共享、经验交流,并促进网络公益组织、政府、企业之间的对话,是广西本土公益组织整合公益资源和加强能力建设的一个综合平台。截至目前,联盟成员已有59家,其中网络公益组织数量约占80%。网络公益组织是自下而上成立,主要依靠互联网技术和志愿者精神来运行组织的公益社团组织。这一类组织相对特殊,获取资源的策略不同于有官方背景的自上而下成立的公益类社会团体,对它们的考察能够反映出新型社会组织资源动员策略的新变化。

（一）获取网络资源的信息化策略

　　基于受众面窄的网络工具的动员。受众面窄的网络工具是指仅限组织内部使用的网络工具，如 QQ 群组、邮箱、飞信、微信等。一方面，通过这些网络工具可以即时、平等地交流个人意见和建议，高效便利地协调活动事宜，获取内部资源。另一方面，由于网民是有着共同爱好、兴趣和需求的人们，因其相互之间的强烈认同感而"聚"在一起，打破了地域限制，进行交流与互动，这有利于形成网络共同体。公益活动相关的图片、信息在群内和官网上的转播，使公益活动的场景再现，能使成员进一步强化对集体的认同感和对参与者的身份认同，这就无形中动员了更多的成员（主要指非活跃的志愿者）参与公益事业，从而获取的资源也就会增加。

　　基于受众面宽的网络工具的动员。受众面宽的网络工具主要是指具有开放性的、没有身份限制的网络界面工具，如论坛、官方网站、博客、微博等。为充分利用互联网的优势，除了在组织内部进行动员，较多的公益组织会选择在公益论坛、官方网站上发布资源信息和活动效果，甚至通过微博，图文并茂地实时更新公益活动进展状况。通过对组织活动与项目的信息传播进行有效"包装""策划"，将"花絮""故事""感人事迹"等内容以图片、多媒体作品、文章等形式展示出来，使公众对"有人需要帮助"这一事实有所意识与察觉，唤起公众的同情心与责任感，并形成公益慈善参与行为。如登录到 BH 365 网、QZ 义工网、HD 社区等网站论坛，可以看到各种公益活动信息，包括各类活动开展的图片和文字说明、活动总结、义工有感、捐赠账目等。另外，组织网站之间的"友情链接"及互相转发公益信息，使得公益信息散发的范围变得更广泛。

　　这样一来，对于未参与公益活动但对公益怀有敬意的网友来说，当他们浏览信息时，会促使他们参与交流讨论，并且有可能动员他们参与其中。即使是那些对公益事业不感兴趣的网友，看到信息、图片等后，可能也会使其更多地了解公益，或对公益行为产生敬意。同时，这一系列的实践，由于其触动群众的爱心与责任感，围绕道德价值体系，以利他、关爱、互助等精神价值来影响社会群众,有利于组织社会合法性的建立及获取持续性的公益资源。

(二) 获取人力资源的伦理化策略

由于志愿活动是不计报酬的,单纯的基于物质性利益进行理性选择的行动逻辑也就不适合志愿者资源的动员。这就需要对志愿行动赋予某种超越物质利益的意义,才能使他们愿意投身其中。也就是说,要构建意义框架。意义框架可分为两类:一是自我实现框架①,意指行动者参与组织的动机和理念的实现,也就是说参与人的价值和理想是否能实现。比如成功助人的快乐、社交能力的提升、增加社会阅历等,这些都是决定行动者去与留的关键因素。二是团队归属框架,是指行动者对组织文化和志愿团队内部关系的期待和归属感。

第一,主要采取"责任感和旨趣吸引"的方式来动员社会群众加入组织,即最大化地吸引志愿者资源。一方面,通过在现实社会进行宣传活动,如摆设志愿者招募海报、办画展、现场宣讲志愿者精神等。另一方面,在网络论坛、公益网站、微博等发布招募志愿者消息,并附有相关义工活动图片与宣传文字等内容。在上述实践中,组织的标志、口号、服装、活动、所展现的团队精神等都表现出该组织的性质、宗旨,能够在一定程度上满足社会群众对自我实现和寻找团队归属感的需求,在这种满足感的驱使下,动员更多民众参与公益事业。另外,图片和文字所展示的故事和活动,既符合了伦理合法性,更激起了人们心中的"公益意识",促使其开展行动。

第二,公益组织对成员进行道德激励,最大化地应用志愿者资源,使组织成员有集体认同感,满足其自我实现的需要,则更加容易响应组织的号召,积极稳定地为组织工作,这对保持组织的资源动员能力有较大影响。因此,为了留住组织中的志愿者,需要采取相应的激励措施。拉克拉和威尔森区分了三种类型的激励因素:物质性激励、目的性激励和团结性激励②。而多数的公益组织采取的是团结性激励和(或)目的性激励。通过这两种激励,组织成员可以在公益活动中获得无形奖励,如身份、地位、荣誉认可,工作满足感、社会责

① 朱健刚:《行动的力量——民间志愿组织实践逻辑研究》,商务印书馆2008年版,第279页。
② 理查德·斯科特:《组织理论》,华夏出版社2002年版,第161页。

任承担感等也会得到满足。据调研,评选优秀义工(义工之星)、开展升级培训、年度晚会及颁奖等活动在志愿者人数较多的公益组织里是常见的,并且这些活动信息会及时公布于网络,向外宣传志愿者先进事迹。这些激励措施,既有利于加强志愿者认同组织的服务价值,在项目运作中保持成员关系和融洽,也有利于保证在顺利实现组织目标的过程中提高组织成员特别是志愿者的成就感和归属感。

(三) 获取政府资源的合法化策略

各种社会政策法规、规章条例、政府主张等既可以约束影响公益组织行为,也可以影响资源分配;网络公益组织只有采取政府认可的做法才能获取政府资源。通过政府认可获得行政合法性、通过法律注册获得法律合法性,即是获得组织的无形社会资源,进而通过无形的社会资源获得政府的有形资源,就是合法化动员策略。

第一,善于利用政府政策来获取法律合法性。政策是政府资源中一种以制度形式转化的资源。包括组织的法律合法性问题和政策支持(如减免税金和其他资金物质的扶持等)。随着国家法律体系的不断完善,关于社会团体的相关法律法规也不断跟进修改中,如现今多个省根据实际情况不断完善社团登记管理制度,这大大降低了网络公益组织解决法律合法性问题的难度。如 BGYG 协会是广西第一家享受此政策的,组织的法律地位得到合法化,这对于其动员资源能力提高和动员资源的数量增加有着明显的作用。

"……注册后组织管理更加规范化,自身管理也得到加强,在社会上的公信力也提高了,这对于我们解决筹资问题有大大的帮助,一听我们组织是登记注册的,对方也放心把资金或物资交给我们了……"(广西 BGYG 协会访谈资料,受访人 GH)

第二,与政府建立合作关系获取行政合法性。"合作策略"是网络公益组织获取行政合法性无形资源与政府资金等有形资源所采取的主要策略。首先,语言是社会中人与人关系的建构和发展的手段和体系,通过主流意识所认可的语言沟通,使人在特定的社会行动条件下相互了解、相互协调,形成共同的行动纲领。因此,公益组织主要以象征性话语和符号积极响应政府,以表明组织性质、宗旨和指导思想是对主流意识的认同和实践,从而为获得政府支持,为获取行政合法性奠定基础。这也是网络公益组织"以局部合法性争取全部合法性"[①]的生存策略。如 BGYG 协会的"梦想小屋,为爱起航",BH 志愿者协会"让欢乐留在银滩,把垃圾带走"等主流话语。其次,在实践方面,与政府相互合作是促进项目、活动顺利开展的重要因素。如 QZ 义工联合会在市禁毒办的指导下,与 QN 区团委、街道团委共同成功举办了一次较大规模的禁毒宣传活动,获得社会群众的认可;广西 BGYG 协会在开展"梦想小屋"项目时与广西马山县政府合作,政府负责学校踩点与提供所需物资清单,项目组根据政府提供的信息开展后续活动。这样一来,政府所扶持的学校关于多媒体教室的需求得到满足,协会方面一则完成项目使命,二则由于与当地政府的合作,省下了不少的人力物力财力。

另外,网络公益组织在进行项目活动时,获得政府的行政合法性认可,对组织进行社会合法化有着重要影响,有利于提高其社会地位,获取更高程度的社会认可度,从而获取更广范围的社会资源。

(四) 获取市场资源的市场化策略

盈利不是公益组织开展公益活动的目标,出于对"非营利性"的正确理解,不少的网络公益组织采取了各式各样的手段方式在市场上进行交易,获取相应的利润,以缓解资金窘迫问题。尤其对于那些力量还比较弱,没有较广的社会资本脉络,在获取社会、网络和政府公益资源上存在困难的公益组织,市场化策略是必要的,毕竟公益组织的长期发展离不开资源的持续供给。另外,对处于不同发展阶段的公益组织来讲,市场化所起的作用不一样,有的是帮补活动费用,有的却是整个活动经费的来源。据调查,GX 公益联盟成员组织的市场活动主要是通过网络发起的节日礼品义卖活动,如情人节的玫瑰义卖、中秋节的灯笼义卖、手工围巾义卖等。另外,还有一些特别的形式,如广西 BGYG 协会的淘宝网店,网店出售物品包括有协会标志的纪念品和义工捐赠

---

① 王玉生、杨宇:《道德资源动员与政治机会结构利用:网络草根组织"麦田计划"的合法化实践》,载《中国非营利评论(第十卷)》,社会科学文献出版社 2012 年版,第 170—187 页。

的物品；广西 HC 义站的旧书籍义卖，对义工和群众捐赠的旧书籍进行三种方式处理，分别是适合学生用的书籍送给贫困小学，已经影响阅读的破旧书籍卖到废品站，有市场价值且不影响阅读的旧书籍则进行义卖等。

> 我们从这两个渠道（礼品义卖和旧书籍分类处理）获取的资金，虽不能说完全支持整个活动经费，但可以抵消一些开展活动的行政经费（汽车油费、过路费等），再不需要义工间进行 AA 分摊，减轻大家的费用负担，这样下来，开展的活动次数和参加人数都会比之前多，这就更加利于我们组织完成公益使命了……（广西 HCYZ 访谈资料，受访人 DL）

可见，作为公益组织只要立足公益宗旨，在掌握好市场化限度的基础上，完全可以充分利用市场化策略，形成多种市场活动形式，发挥公益组织"造血"功能，获取更多的公益资源，开展更多公益活动。

（五）获取社会资源的社会网络化策略

"社会网络"一般被界定为由一系列点（社会行动者或组织）连接起来的线（社会关系），所形成的网状集合。各个社会组织或社会行动者在这个社会网络中处于较稳定的状态，与相互连接的"点"有着程度强弱不一的关系。在这个社会网络内进行信息和物资的交流可以说是专属此网络的成员才有资格享有的特权。社会网络理论认为，社会网络是一种社会资本，行动者可以利用社会网络获取社会资源，而行动者的行为同时受网络关系的强弱、重复性的影响①。因此相互之间两个"点"的关系强弱也就决定着信息、物资等方面的交流度。据观察，强关系是指网络公益组织与其他组织有业务指导或人事重合从属的结合关系，或者与某企业有单次捐助契约约束或长期合作所形成的近似契约的结合关系；弱关系是指网络公益组织之间松散的结盟关系。前者如广西 BGYG 协会与《南国早报》（实为协会注册前的母体）、广西 YD 集团（运输企业），后者如广西 BGYG 协会与其他公益组织（即 GX 公益联盟）。

与传统媒体采取强关系策略。在社会网络理论里，强关系是指行动者之间的频繁互动会增加彼此间合作的动机，而关系的亲疏远近所形成的机会结

---

① 周雪光：《组织社会学十讲》，科学文献出版社 2003 年版，第 141—121 页。

构也不一致①。马兰诺·塔斯卡诺认为,公共信息经由媒体以及新科技工具向社会传送的流动方向,远远超过传统沟通策略所能控制的程度②。网络公益组织通过与媒体进行良好互惠合作,对外宣传组织,扩大组织知名度,让更多人知道、了解组织,同时接受媒体监督,从而能够动员与获取更多的社会资源。在这一实践策略中,网络公益组织将组织知名度、社会支持度等无形资源转化为争取社会资源的有力工具。如 BGYG 协会与《南国早报》,广西玉林PGY 之家与玉林日报社等,通过报社对组织重要活动的跟踪报道以及在官方网站上发布信息,在更大范围上使公众了解义工组织做了哪些公益活动、需要哪些资源,就可以在责任感或兴趣的感召下动员更多社会力量参与到公益事业中。另外,有些公益组织则是低调做事的风格,如广西 LS 爱心志愿者协会的创始成员认为,只要踏踏实实地做好自己的服务,自然会有媒体来报道关注的,不需要刻意为之。两种不同的策略各有优势。但利用传统媒体同时使用互联网等新信息科技,在传播范围上更加广泛,获得的认可度也较高。据观察,凡是与传统媒体有着强合作关系的网络公益组织,在知名度、公信力和资源动员能力方面都有明显的优势。

与企业采取强关系策略。社会交换理论认为,个体或组织均拥有一些资源,但这些资源又无法满足自己的偏好,只有通过与另一方进行资源交换,才能获得一定的利益。那么企业与网络公益组织的合作关系就类似于资源交换的关系。首先,对于网络公益组织来说,企业拥有丰厚的财力物力,对于顺利开展公益活动必是如虎添翼。其次,对于企业来说,参与公益事业不仅是一个企业发展的重要战略内容之一,而且也是企业回报社会、塑造良好社会形象的重要手段。因此,网络公益组织以社会公信力、拥有的网络优势和专业的公益能力赢得企业资助的同时,以进行企业冠名、志愿者着企业标志的服装、邀请企业领导参加活动等方式满足企业所需。如 BGYG 协会与广西 YD 集团、QZ义工联合会与赞助商 JY 茶业、HLFD 物业等保持着长期互动联系,在活动总结和图片中都会出现企业、赞助商的名称,而这些信息又会在网络、报纸上传

---

① 周雪光:《组织社会学十讲》,科学文献出版社 2003 年版,第 141—121 页。
② Oscano · Moreno.*Tubulencia politica*[M].Mexico:Oceano.1996:116.

播,这既为公益组织节省了活动开支,又为企业做了宣传,达到两全其美的效果。

与其他网络公益组织采取弱关系联合策略。相对于政府、企业来讲,草根性和松散性的网络公益组织,在资源动员方面无疑是处于弱势地位。根据资源依赖理论,组织正常运行所需要的资源不可能都由组织自己提供,也就是说,组织很难拥有各类资源,尤其是单个网络公益组织,鉴于其自身特性,其资源动员能力更为有限。但对于网络公益组织群体来说,资源的需求,尤其是对稀缺资源的需求,往往是他们的共通点,在这一点上凸显出公益组织之间相互合作的必要性。另外,由于这些公益组织都是由于共同价值观、兴趣爱好、目标,志愿组织起来的,组织内部充满浓郁的志愿服务氛围,这也会促使他们以开放的姿态去寻找志趣相投的盟友,以更好地实现公益使命。故公益组织之间的联合将是一种必然的趋势。不同类型的原子式的网络公益组织之间较少进行交流和合作,但若能通过某种平台以弱关系即松散的联盟形式,促成资源互换或共享,则可以形成一张巨大而隐形的资源网络。处于多个社会网络内的公益组织采取弱关系联合策略,将形成一个开放式的社会网络,这个社会网络内具有"个人和群体的关系两重性"①特点,即不论是个人还是群体加入,作为网络中的一个点,都会将其所隶属的其他群体关系、信息带到新的群体中。这不仅有利于资源和信息的高效利用,而且在受到法律、政策等问题约束时,能相互帮扶,突破困境,促进组织的发展。

2012年广西本土的公益组织以"互助支持、资源共享、经验交流"为共同理念成立公益联盟这一实践,正是弱关系联合策略的体现。目前 GX 公益联盟已经成立秘书处、设有网站;成员数量从2012年51家增加到59家,充分展现了公益联盟资源共享、共同发展的优点。而这个联盟的成立,特别受到政府和媒体的关注,通过互联网的频繁传播,在社会上逐渐产生了一定的影响。加入联盟后,各个公益组织在社会上的公信力、说服力、管理能力等都会得到一定程度的提高,而这种无形的优势就会转化为一种动员推力,体现在公益组织动员公益资源的能力和效果上。

---

① 周雪光:《组织社会学十讲》,科学文献出版社2003年版,第141—121页。

我们之所以申请加入 GX 公益联盟主要是我们的组织还在发展中，各项资源都处于缺乏中，独自奋战有点难，希望通过加入这个联盟能够改善组织运行的状态，更好地为社会服务……(广西玉林 HD 义工协会访问资料，受访人 HY)

二、网络公益组织资源动员策略比较分析

与政府、企业采取资源动员策略所不同的是，网络公益民间组织是以组织使命的感召力和公信力、公益项目的设计和执行力、公益文化和价值观的感染力等去影响被动员者，进行资源动员。首先，企业动员资源的策略，绝大部分是出于市场理性，在衡量成本收益问题后，理性地选择合作伙伴，进行互惠互利的资源交换或经营合作。所以，这两类主体实施资源动员的起点就与网络公益组织不一样。其次，对于政府和企业，其动员对象一般情况下都是既定的或相互间有利益关系的，因此动员策略比较单一，策略组合的异质化程度较低。而网络公益组织受自身的定位、所处的社会环境等因素的影响，无法确定固定动员对象，动员对象的异质化程度较高，只能通过灵活调整动员策略的组合方式，以期从各个可能渠道动员所需资源。最后，网络公益组织与政府或企业资源动员策略的最大区别，还在于前者更为倚重互联网，网络工具的使用贯穿到他们所有的动员策略中，这也是由网络公益民间组织本身特性所决定的。网络公益组织所采取的动员策略都将网络动员与现实动员相结合，通过对互联网技术的充分使用，使得组织的动员方式更加高效便利。

从动员的成本看，需要付出较低成本的有信息化策略和伦理化策略，而市场化策略的动员成本相对来说较高。信息化策略是通过互联网技术来宣传、协调活动，QQ、微信、论坛、博客等软件是互联网免费提供的，可以说，几乎是零成本。伦理化策略主要是对人进行人文关怀、文化关怀、先进事迹感染等来保持和吸收人员，是在精神层面进行的动员，较少涉及物质层面。市场化策略的动员成本之所以相对于其他策略较高，主要是组织需要付出资金购买物资，如购买玫瑰、纪念品等物资的成本，在义卖后需进行计算平衡，即亏损与盈利，

其中包含一定的市场风险。其他两种策略的动员成本处于中间位置,虽不及市场化策略的动员成本高,但也会因情况产生一定的成本。

从动员的效果看,效果较明显的是市场化策略,其次是信息化策略,其他三类策略的动员效果大致相同。市场化策略,通过市场手段与被动员者面对面进行动员,采取资源交换的方式。据调查,较大多数被动员者也乐于接受这种方式来进行爱心奉献,而且策略所获收益是可见的。信息化策略,主要是利用网络技术向巨大的看不见的资源主体发出动员信息,根据中国互联网信息中心(CCNIC)发布的第46次《中国互联网发展状况统计报告》①,截至2020年6月,我国网民规模达到9.4亿,互联网普及率为67%,由这些数据可以看出公益组织面临着一张巨大的资源网络,从中能获取资源的可能性较大。其他三类策略的动员效果需要一定的时间和契机才能展现出来,因此相对于前面两项策略的动员效果来说展现得相对较慢和较不明显,但在组织运行中也是重要的资源来源渠道。五种动员策略的效率比较如下:

表6-1　五种资源动员策略的效率比较

策略类型 因素	获取网络资源的信息化策略	获取人力资源的伦理化策略	获取政府资源的合法化策略	获取市场资源的市场化策略	获取社会资源的社会网络化策略
动员成本	零成本	低成本	较低成本	较高成本	较高成本
动员时间	耗时较短	耗时长	耗时较长	耗时短	耗时长
动员效率	高	一般	一般	较高	一般
动员效果	效果较好	效果一般	效果一般	效果最好	效果一般

资源动员知识由一个时期内占主导地位的文化、价值观、意识形态和技术等构成,表现在主体的一系列行为实践中。其中,围绕公益事业的利益相关者,尤其是志愿者所形成的意义框架,正是动员知识的抽象化表现。对行动进行意义赋予影响了行动策略的选择,而行动策略又促进集体认同的形成,成员又在行动中分享意义,如此反复,为组织提供持续性的资源动员知识更新。因

① 资料来源,见 http://www.cac.gov.cn/xinwen/2020-09/29/content_5548176.htm。

此,动员知识在主体选择实践策略进行资源动员时有着关键影响作用。动员主体的文化、生活经验、对政府政策的理解程度、对互联网的认同、对外界事物的看法等,都会影响策略的选择。如 BGYG 协会"梦想小屋"项目的发起人SJZ,她的记者身份使她比其他社会群众更了解贫困孩子的需要,也更熟悉政府关于留守儿童方面的政策,另外她自己个人的价值观、生活经验等因素促使她发起项目,以信息化动员策略和社会网络化动员策略为主要资源动员策略,获取所需资源。可见,资源动员策略是动员主体经过理性思考后作出的决定,是动员知识与动员技术紧密结合作出的;组织资源动员能力和效果与动员技术和动员知识的运用密切相关。

　　网络公益组织在不同的发展阶段对动员策略的使用各有侧重。在组织发展的不同阶段,组织需要根据自身的实际情况对不同动员策略进行成本收益分析,从而进行灵活组合使用。组织发展初始,规模尚小,还不能引起外界的关注;组织要想持续发展下去,必须得到政府的认可和法律地位的获得。没有政府的认可,组织的任何重大行动都可能被认定为"不合法"。因此,这个阶段首要解决其合法性社会资源问题,即采用"合法化策略",虽然不同组织对"合法化策略"的具体实施又是各异的。再如组织在发展壮大过程中,采取市场化策略利于解决组织开展公益活动的资金问题,同时应注意对市场化策略使用所带来的其他影响(是否获得社会认可度、是否符合宗旨使命、是否已经超过限度等)的衡量,维护组织的公益宗旨和使命。

　　随着组织内外部环境不断变化,公益组织的资源动员策略组合方式逐渐具有多元化、灵活化的特点,以此来适应环境,保持组织公益资源的持续性拥有。如 BGYG 协会"梦想小屋"项目运行的不同阶段所需要的策略,体现出了资源动员策略的组合及多元化。

表 6-2　BGYG 协会"梦想小屋"项目运行各阶段采取的策略组合表

资源动员策略 项目运行阶段	项目运行前期	项目运行中期	项目运行后期
获取网络资源的信息化策略	√	√	√
获取人力资源的伦理化策略	√		√

项目运行阶段 资源动员策略		项目运行前期	项目运行中期	项目运行后期
获取政府资源的合法化策略			√	
获取市场资源的市场化策略			√	
获取社会资源的社会网络化策略	与传统媒体采取强关系策略	√	√	√
	与企业采取强关系策略	√	√	√
	与其他社会组织采取弱关系联合策略		√	

　　总之,网络公益组织资源动员策略是在组织内外部环境不断变化下,缓解或化解公益资源供给不足与服务对象需求日益增加这一矛盾的一种积极、理性的行动选择,资源动员是一个动态持续的过程。

第七章　网络公益组织社会化动员研究

——以 AMK 行动小组为例

"AMK 行动小组"组织特性界定:①民间草根性;②临时性;③网络性;④公益性;⑤社会自组织性。本文独特贡献在于:研究者而非新闻记者的角度,对一个本土的纯粹的网络社会组织的资源动员的全程记录和理论分析。

一、网络公益组织社会化动员个案的动员过程

(一)"AMK 行动"社会化动员的前期

公益人 M 生存权益缺乏保障。M 是一位有着 11 年公益经历的公益达人,他曾帮助过上千名孤儿和留守儿童以及麻风村的孤寡老人,并且在过去 6 年之中多次与他帮助过的孤儿和留守儿童以公益骑行的方式走访广西和安徽等地,M 因为参与广西的民间救灾行动而到过广西四分之三的地区。M 的事迹在公益界广为流传,由于他对公益的突出贡献被明日中国基金会评选为 2013 年度的"明日伙伴",并作为中央人民广播电台华夏之声《公益华夏》的节目嘉宾,分享他的公益经历。2013 年的 8 月,M 又一次与青年学生和公益志愿者踏上了公益骑行之路,他们打算从广西的天等县骑行至北海,并且沿途帮助 5 个麻风康复村的老人。但是这次却与众不同,一向生龙活虎的 M 突然之间身体不适,送去医院被诊断为过度疲劳导致的多功能衰竭并发症,立即转往重症监护室,急需 40 万治疗费用,M 平时收入微薄、积蓄甚少,几乎不可能支付高昂的费用。而且 M 把平时把所有的积蓄都用在了公益上,像 M 这种民

间公益组织的志愿者,公益机构也没有为其缴纳任何保险,公益人的生存权益缺乏保障,M 在重病面前急需社会帮助。

小组成员凝聚力形成。凝聚力发源于拉丁词语"Cohaesus",示意连合或黏合,常常和动机相关联,是群体在寻求目标达成的方向中使群体成员紧密围绕在一起,保持群体倾向的动力因素,凝聚力主要包括目标凝聚力和归属感。心存善心的公益人们每天奔波在公益的道路上,帮助了无数需要帮助的人,但是公益人自己也有遇到困境的时候,当他们有困难时,有谁来帮助他们呢? 在M 事件的第一时间,公益伙伴们不能看着自己的同伴这样倒在公益的道路上,出于对公益伙伴的爱,更是出于对公益人的一份责任,他们当时的目标只有一个,就是挽救公益人的生命。这样的一个目标、一种信念,将行动小组的成员凝聚在一起。

小组成员集体认同感的建构。M 的公益事迹在圈内人人皆知,他分别在河南省驻马店市泌阳县、云南省昭通市、广西天等县关爱中心助养了数百名孤儿和残疾儿童。他还经常走访广西的贫困山区,为那里的孩子送去关怀,多次带领他帮助过的孩子一起骑行为麻风村老人送去温暖,孩子们都亲切地喊他一声"叔叔"。这样一位大学一毕业就献身公益的达人值得大家尊敬和爱戴,他如今的处境不仅将人们心中的"善良""同情"唤起,更加引发了公益界对公益人生存困境和保障的担忧,由此产生的情感认同更容易团结起来参与救助行动,大家在一起,为了同一件事情而付出。

西方学者认为一个群体只有把自己界定为"一个群体"时才能形成集体认同感①。我国学者也指出只有解决了"我是谁""我们的界线在哪里"这些身份认同后,集体认同感才能建立起来②。AMK 行动小组的成员分别是来自不同公益组织的公益人士,他们充当 M 的救助者,成员之间有强烈的身份认同感,整个 AMK 行动小组的活动都以此身份而开展。小组成员集体行动的目标只有一个——救助 M,挽救这位公益人的生命。整个事件都是围绕这个目标而进行,明确而清晰的目标认同使他们更加紧密地团结在一起,以唤起民

①　参见艾尔东·莫里斯:《社会运动理论的前沿领域》,刘能译,北京大学出版社 2002 年版。
②　陈丝丝、范曦:《微博环境下的社会动员与集体行动研究——以"杨达才事件"为例》,《西南农业大学学报》2013 年第 7 期。

众的注意和让更多的人来帮助 M。

（二） AMK 行动社会化动员的开展

成立 AMK 行动小组。M 病危消息传出的第一时间,大家知道仅凭一己之力很难凑齐高额的治疗费用,所以,决定用公益的方式挽救 M。M 被确诊的当天下午,南宁市爱心传递官方微博率先发出了第一条关于救助 M 信息:"因为爱! 大家快来帮帮我们的广西公益爱心人 M 吧①"。其后,广西 10 家公益组织通过在线公共平台联合发出呼吁,形成第一个爱心接力。广西 AD 公益文化交流中心、YHCZ 工作室、DSZA 等公益组织的多名伙伴在得知消息之后立即聚集到一起,想尽一切办法解决他治疗当中所遇到的困难,广泛动员所有的资源网络,他们邀请 M 的家人自发成立"AMK 行动小组",并确定各自的职责。

"AMK 行动小组"是第二个爱心接力,并上升至"组织"层面,当然这是一个临时的没有实体空间的存在于网络的"虚拟组织",一个"真实"的组织。成员明确分工、民主决策。AMK 行动小组成立后,成员各自分工,当天下午便确定各自模块和负责的事务,做到专人专职,具体包括:一、总体协调:由 AMK 行动小组的发起人 XJ,来自广西 AD 公益文化交流中心的理事,一位有着多年公益经历的资深公益人担任,她负责统领、分配、统筹各个模块的工作,了解成员任务情况和工作进度,并对小组开展筹款当中的不可预料事件及时进行处理,以及对外联系和沟通等;二、医疗和家庭支持:由 YHCZ 工作室和 TXY 的二位公益人士负责,其中一位与医院的大夫和护士及时进行联系和沟通,聘请医疗专家,并对专家进行咨询和寻求帮助。此外,家庭支持也是非常重要的,另一位公益人士则会进入病房照顾 M,并实时传递 M 病情进展情况,编辑成文字供发布者发布,让公众和关心他的人知晓,同时安抚和照顾 M 的家人,给予他们最大的安慰。三、财务工作:包括搜集不同途径的捐款、整理和统计善款,及时跟踪记录捐款人信息和捐款情况,支付医疗费用等。四、信息发布:

---

① 《公益人马克突发病重　呼吁挽救其生命》,快讯频道,见 http://news.ewsos.com/ew-gy/20130910/976577.html。

包括搜集 M 病情信息和财务捐款信息,并编辑成适合的文字向公众发布,确保做到信息的准确、及时更新和流畅。五、媒体联络:包括前期联系电视台、网络、报纸等各种新闻媒体,后期对媒体的跟进和反馈,尽可能使信息扩散,让更多的人帮助 M。六、后勤支持:后勤模块是为了保证其他模块工作能够顺利地开展,这里专门由一人进行负责。更值得一提的是,AMK 行动小组中包括 M 的家人,首先有关 M 病情和其他需要决定的事项,成员之间都会经过开会讨论,各自发表意见,并采取举手表决的方式,同时争得 M 家人的同意和支持。

运用个人社会资本及动员熟人社会的资源。M 事件的初期,AMK 行动小组的成员首先想到的就是发动身边的人,利用个人的社会资本动员一切可以动员到的资源。首先,AMK 行动小组的成员大部分都是有多年公益经历的公益组织人士,认识很多公益界的朋友,能够快速发动身边的公益界伙伴。在 M 进入重症监护室的当天,AMK 行动小组成立后,成员们即刻给公益界的熟人打电话,或通过其他方式取得联系,以获取他们的支持和帮助。其次,AMK 行动小组的成员也会利用自身的社会网络关系,动员身边的朋友和亲戚,例如公益人 L 邀请他懂得医学的朋友一同了解分析病情,另外一个公益伙伴则会积极联系结识的媒体朋友和新闻记者等,帮助发布扩散消息。最后,小组成员会通过努力,获得有影响力的人物的支持,如公益组织前辈,充分利用名人的社会资本,将 M 的遭遇向公益界内的泰斗级人物传递,引起他们的同情和重视,再通过名人的传递,将名人由动员的客体间接变成动员的主体,让公众信服并且接受。当得知 M 被送进重症监护室的当天,9 月 7 日夜间 10 点半,正在出差途中的公益人 XY 在和朋友吃夜宵时就接到了公益伙伴给他打的电话告知 M 病危。同样是这天晚上,很多公益人都接到类似电话,并度过了一个无法入眠的夜晚。①

运用"M"符号资源动员社会公益资源。佩特里尼和庞齐奥是符号学概念学说的发端人,其后,世界著名的符号学大师托马斯·A.西比奥克的研究超出

---

① 南方都市报:《拯救公益人马克》,见 http://epaper.oeeee.com/epaper/A/html/2013-09/16/content_2527925.htm? div=-1。

结构功能主义的视角呈现出多元化的格局,实现自然与人文的跨越。符号学在精神实质上是一种对人的态度和价值观的批判和反思,通过区分"己者"与"他者"的关系,实现"符号活动动物"的人文主义的多元对话格局,社会中的个体在符号维度和伦理维度的解释看来是"符号活动的动物"和"符号伦理的动物"对大自然及其生命个体的关怀与责任。例如,雷锋就是当代社会典型的精神伦理符号,人们只要一提到"为人民服务"就会想起雷锋,并且认真倾听这些声音并与之展开对话。M 是一个做公益长达 11 年的公益人,在公益过程中他积累了很多人脉,在安徽农村支教过,在云南、河南、广西、广东、浙江也工作过,而且在云南省昭通市蹲点助养了 110 多名孤儿,孩子们都亲切叫他"叔叔"。这样的经历使他在公益圈中收获了美名与同情,M 不仅是一名活跃的公益人,同样也是一种精神伦理符号。参与过他活动的志愿者都会被他的开朗与热情打动,"他总是能把活干得很'嚣张',干得很引人注目,M 的个人魅力能够感染和号召人"。他的一位合作伙伴介绍。AMK 行动小组同时将"M"这一精神符号加以运用,只要一提到 M,人们就会想到公益而不由自主地去帮助他。远在河南的医学博士翟博士一听说 M 出事,立即与小组成员取得联系,并提供医疗上的帮助,就连 M 曾经服务过的美国公益机构也向他伸出援手。

运用新媒体动员陌生人社会。民间公益组织的社会化动员在初期都会面临着信任质疑及说服问题,尤其是在网络上的展开的社会动员,网友首先对大量的求助信息不会引起足够的重视,其次即使有心帮助也会对事件真实性产生怀疑。

AMK 行动小组的成员同样也面临这些问题,他们既要向公众证实事件的真实性又要赢得信任,同时必须向公众传递事件的紧迫感,以便马上获取资源和帮助。AMK 行动小组作为一个由不同公益组织的公益伙伴组成的团队,他们在圈内能形成这样的联盟实属少见,自然而然让公众觉得事件是真实的。同时,AMK 行动小组善于利用新媒体技术,他们在网络媒体中公布 M2012 年春节期间组织公益志愿者探望麻风康复村老人的照片和 M 同他助养过的孩子的合影,以及入院后的 M 躺在重症监护室,生命垂危的状态,并配以声情并茂的文字,说明确有其事,引起大家的同情和关注。其后,网上马上公布为

M 建立的医院账户和用 M 个人名义建立的银行账户用于筹集善款。随着动员事态的发展，AMK 行动小组先后发布"关于继续接受 M 疾病救治费用捐赠及医疗费用余额处理的声明——行动小组支持团队集体决议"和"关于停止为 M 筹集医疗、康复费用以及下一阶段工作方向的声明——行动小组支持团队集体决议"两项声明都在 DSZA 的唯一的指定信息发布的微博中公布，并用 AMK 行动小组支持团队集体决议的名义，公众信任度自然提高。开始向公众传递 M 事件的真实性，然后公布 DSZA 公益为唯一信息发布渠道，接着再公布捐款途径，这一系列活动都是应用新媒体技术以取得公众的信任。

在 AMK 行动小组的努力下，社会各界都积极参与到救治 M 的行动中，消息一经发布，迅速在线上线下的各种途径中扩散，动员的力量超乎想象，大家都尽各种努力为 M 筹集善款，奉献爱心。

（三）AMK 行动小组社会化动员的结果和影响

公益人生命得以延续。M 被推进重症监护室的第二天晚上，20 多万元的善款已经进入 M 的救助账户，四天后，善款已突破 40 万，十一天内达到 100 万。在短暂的时间里，几乎是以每天十万元的速度，募到如此巨额的款项，成功地挽救了这位公益人的生命。经过多方的努力，医生表示 M 目前身体机能已无大碍，精神状态良好，而且全身的管子已经拔出，转入普通病房，并可自己使用手机上网，使用 QQ、微博及微信等。在医院治疗了三个月，再过些时日待病情好转即可出院。一个曾经帮助过无数人的善良的公益人，在他有难需要帮助的时候，社会还是充满爱的，人们将 M 从死神的怀抱里拉了回来。

促进了公益组织的团结合作。用 AMK 行动小组的一个成员的话讲："如果没有 AMK 行动小组，也许 M 早就不在了，也不会有更多的人关注公益人的生存状况。"尽管在救治 M 期间，AMK 行动小组的工作量很大，他们每天接待来访，回复线上的各种提问，处理各种突发事件，面临着心理和生理上的巨大压力。但是成员之间彼此高度信任，关系良好，相互协调，他们有着一份责任一份担当，勇于接受各种挑战。小组成员分别来自不同的公益组织，这不仅加强了公益界各个组织间的合作，同时作为一次对公益人的公益，公益界的行动能力是经得起考验的。

　　推动了公益组织相关的管理创新。之前也有类似的公益人面临困境的事件发生,却由于某种原因没有被引起重视,而此次 AMK 行动小组的社会化动员在全国范围内引起巨大的轰动,并作为导火索引发了公益界相关制度的管理创新。体制内的公益组织一拍即合,建立起公益界业内首个用于公益人帮扶的 EJ 关爱基金,实现公益人自救。EJ 关爱基金旨在帮助那些突然遭遇重大疾病或者遇到意外伤害,或者因其他原因需要救助的公益人渡过难关,这是全国范围内首个用于公益人救助的常态的、专业的基金。公益界希望通过此种方式让更多公益组织加入基金的共建,实现自助自救,同时引起社会各界和相关部门对公益人的重视,以推动政府建立健全公益人社会保障制度。同时基金会还会专门成立内部管理委员会用以加强内部的共同管理,委员会的成员由各个公益机构、业内专家及资助方组成,各方共同制定管理方案和监督制度。其后,"益人义助"基金也正式成立,公益人的境遇逐渐被关注。据了解,益人义助基金由公益界知名的老前辈 YZY 先牵头,由社会组织发展交流网和北京 CWW 罕见病关爱中心、LY 乡村妇女发展基金会,以及 MT 计划和 GM 社会组织发展中心、上海手牵手生命关爱发展中心等多家机构共同发起。

　　保障了公益组织的可持续发展。M 事件不仅仅是一个个案,他的遭遇代表着中国其他和他一样有类似经历,累倒在公益的道路上,或者为了做公益奉献了自身大量精力、财力的一群公益人士。公益人作为公益组织的主体,是开展公益活动的核心人物,如果没有公益人兢兢业业的付出就不会有公益组织的发展壮大,公益事业也不会长久地发展下去。透过此次事件,让我们开始重视公益人的生存和境遇,也正是 AMK 行动小组成功的社会化动员努力,公众的广泛参与在社会上引起强烈的反响,公益组织第一个关于公益人自救的基金诞生,同时让政府和社会各界逐渐重视公益人的生存状况。公益组织要长久的发展,首先应该让公益人体会到公益组织的人文关怀,这样也会吸引人才和留住人才。在社会化动员的爱心救助中,公益界成员自发成立的"AMK 行动小组"经受住了现实的考验,有力地保障了公益组织的可持续发展。

二、网络公益组织社会化动员个案的运作分析

(一) AMK行动小组社会化动员的要素组合

动员主体的公益使命。在M身陷困境时,社会各界的人士参与到救助当中,但是从组织管理角度来看,本章研究的社会化动员主体是指发挥统筹与协调作用的AMK行动小组。首先,AMK行动小组由来自不同公益组织的公益伙伴和M的家人组成,把M的家人纳入其中是为了让M家人对AMK行动小组每项决定都全程参与决策,体现其民主的一面。其次,从其他小组成员的背景和素质看,他们都是有着多年的公益经历,来自不同的公益组织;由多家公益组织联合发起救助,自然提高了可信度和接受度。而且小组成员间有着共同的信仰,为了公益而奉献的精神让他们聚在一起,高度的集体认同感让他们更加勤奋刻苦地为了某件事而努力。最后,从小组成员的社会关系看,他们认识很多的公益伙伴,有的成员认识医学领域专家,有的成员认识媒体朋友,他们会利用自身的社会关系,动员更多的社会资源帮助M,以获取更多的帮助。社会动员能否成功很大程度上取决于动员主体的使命心,我们看到了他们的责任心、执行力、合作和担当,成员的经验、知识素质、背景和社会关系等要素也决定了AMK行动小组作为社会动员主体的优势。

广泛的参与对象。政府部门、事业单位、体制内的公益组织、企业、媒体网络、社区、体制外的公益组织、普通群众等都是AMK行动小组要动员的对象。大范围的、广泛的动员才能获取更多资源。小组成员首先在与M和小组成员熟知的朋友、公益伙伴、媒体朋友和一些企业朋友中展开动员,利用熟人社会的社会资本,此部分人的动员优势就是对M事件的信任程度高,接受能力强,同时很容易转化成动员的主体,动员更多的客体。其次,AMK行动小组成员对公益界中的核心人物展开动员,取得有影响力的关键人物的认同,例如公益圈中的老前辈,唤起他们对M的同情,再通过名人效应的传播,公众愿意相信并且积极参与其中。最后,AMK行动小组运用媒体、网络等动员普通的民众、

企业、各种公益组织、基金会等方式救助 M。

社会动员客体(对象)的服从情况和配合程度对动员的成败起关键作用。在 M 事件中,消息一经发布,迅速在线上线下的各种途径中扩散,动员的力量超乎想象,大家都尽各种努力为 M 筹集善款,奉献爱心。透过在微博中搜集到的相关信息,我们可以看出动员客体积极地参与,最终使得此次社会动员取得巨大成功。

刚刚受到 M 帮助的北海、合浦、龙川、天等、大风的麻风康复村的低保老人从微薄的低保金中筹集了 6580 元,托人为 M 送来。受到 M 帮助过的孩子们把零花钱也捐了出来,天等县关爱中心的孩子还去义卖月饼,把所得收入送来。

一位不愿留下姓名的老人听说了 M 的事迹找到医院,对"AMK 行动小组"的成员谢静说:"姑娘,我只有这点钱,不能帮什么忙,但也是一点心意!"当小组成员把老人紧紧攒在手心里的钱清点后,总共只有 15 元,在场所有的人都流泪了。

在天天户外俱乐部,与 M 有一面之缘的驴友们听说了 M 的病情,陆续赶来为 M 捐款,100 元、200 元、300 元、500 元……而临时路过的驴友、骑友,不管认识不认识,也纷纷慷慨解囊。其中广西艺术学院的 H 老师正好从东北探亲回来,听说此事,不仅自己跑来捐款,还号召他远在东北的同学和朋友也汇来了一份份爱心。

在中医一附院里,住院的病友听说了 M 的故事,也赶来为 M 捐款。第 2 天,M 的朋友、朋友的朋友、媒体圈内人士为 M 筹集到了 5 万元的救命钱。第 3 天,社会各界为 M 筹集的爱心捐款就超过 20 万元。第 15 天,各方为 M 所筹集的治病善款合计已达 100 万元。

特殊的动员目标。AMK 行动小组在此次动员过程中任务明确,采访小组成员时,他们描述道:"我们当时什么都没有想,就是救人,我们要让我们的公益伙伴再次回到队伍中来。"①面对巨额的医疗费用,只有发动广大群众,动员到更多的资源才能挽救这位公益伙伴的生命。某行动小组的动员

---

① AMK 行动小组成员访谈。

目标不仅清晰,而且特殊。与普通的公益组织相比,AMK 行动小组做的是对公益人的公益,只有公益人的困境得到解决、公益人的生活得到保障,才能保证公益组织的可持续发展,这样的目标和使命更能激起人们参与的热情。

开放的动员环境。改革开放以后,国家鼓励和培育民间公益组织的发展,民间公益组织蓬勃发展,尤其在抗击"非典"等重大危机事件中,公益组织发挥重大作用,民众开始认识、接受并且支持其发展,并且给其一定的成长空间,使此次 AMK 行动小组的社会动员成为可能。

(二)某行动小组社会化动员的策略

信息化策略。网络和新媒体技术的使用,使社会运动中人们沟通的方式更快速,成本更廉价。日益快速发展的新媒体技术打破了时间和地域的限制,使公益组织成为社会动员的主体成为可能,并为其进行社会动员提供有利条件。救助 M 的个案成效充分彰显了民间公益组织利用新媒体进行社会动员的能力,包括媒体信息的发布,通信工具的使用,都运用得协调熟练,恰到好处,使信息的扩散由点到面,由地方到全国甚至动员到国际社会组织和教会。在动员过程中使用新媒体增加了动员的效果。

首先,小组成员运用 QQ 群、微信、朋友圈、飞信等受众面窄的网络通信工具,使 M 的信息迅速在相互认识和熟悉 M 的朋友中扩散,由于大家对 M 有所了解,看到他的情况后,会转发给其他的朋友,以寻求更多的救助,经过无数次的转发和扩散,无形中动员更多成员参与到公益救助中,从而获取更多的资源。同时成员运用这些网络通信工具,及时平等的交流意见,传达信息,高效便利地协调活动事宜,获取内部资源,大大提高了办事效率,在短时间内为 M 动员更多资金。其次,小组成员利用微博、论坛、贴吧等受众面宽的网络工具,通过对 M 事件进行"描述""包装""策划",并且配以声情并茂的图片,例如 M 之前做公益的图片,引起网友对 M 的尊敬;M 病重躺在重症监护室的照片,引起网友的同情。并且在指定的微博中实时更新发布 M 病情状况,资金筹集情况,动员开展情况等,唤起公众的同情心与责任感,并形成公益慈善参与行为。曾经多次参与公益爱心活动的网友和从未参加过的网友,当他们在网上看到这样的信息,都会激发他们的爱心和使命感①。总之,通过新媒体技术发动的社会动员,因公众广泛参与产生了巨大社会效应。

为了能让公众相信 M 事件的真实性,并且动员更多社会力量参与其中,AMK 行动小组在动员的整个过程中都做到了信息的公开透明,不仅让公众及时了解 M 病情的进展情况,同时清楚地让公众知道捐款的用处和使用情况。而且在表达方式上,言辞恳切真诚,指向明确,受到公众的信任,并积极邀请网友参与监督,当网友有质疑和顾虑时,AMK 行动小组的成员一一给予及时、满意的回复,尽可能消除公众的疑虑。

AMK 行动小组将"新浪微博@ DSZA 公益"作为 M 住院时期指定的唯一的信息发布的网络媒体,并将微博中的信息分成"病情速递"、"通告"和"财务信息反馈"三个模块,在各自模块及时公布相关信息,包括 M 最近病情的进展情况、公众捐款情况、AMK 行动小组未来行动的走向等。指定网络媒体不仅避免信息渠道的杂乱无章、谣言和不真实信息的产生,同时避免了产生不必要的混乱影响 M 的救助,使不法分子有可乘之机。

小组成员在公益微博中公布四种为 M 捐款的途径:一是由广州市 GM 社会组织发展中心为 M 建立的淘宝捐款账号,该账号的捐款会定期转至医院收费平台,同时会在 GM 中心社会组织的新浪微博中公布财务情况。二是某行动小组用 M 的名字为他建立的建设银行账户,并在网上发布了存折照片,确保信息真实性和公开性。三是 Y 基金的沙磊在新浪微公益 Y 基金平台为 M发起的救助账号,用以帮助 M 渡过难关,并且留下了他的联系电话,方便公众进行了解咨询、随时关注发展动向。四是在腾讯公益平台发起的乐捐活动,题目为"救助孤儿 11 载,昏迷在床待救援"。② AMK 行动小组对四个捐款账户筹集到的资金实行统一监督和管理,实时公布收入支出明细情况,确保善款使用的透明。

对于每一个知道 M 病危并且愿意帮助 M 的人来说,M 在医院的救治情况

---

① 王玉生、盛志宏、李燕:《网络公益组织资源动员策略探析——以 GX 公益联盟的成员组织为例》,《学术论坛》2014 年第 4 期。

② 《乐捐平台上的公益组织参与流程是怎样的?(腾讯公益网)》,百度知道,见 http://zhidao.baidu.com/question/30389241755505320。

才是大家最关心的问题,微博上看到 M 的病情一天天好转,大家才会更有动力去帮助他,相信公益力量的伟大。所以 AMK 行动小组每天都会去病房抄录 M 的病情并整理成文字发布到微博中。

市场化策略。市场化的策略主要表现在从事经营活动、组织义卖、针对企业公司募捐、开展商业投资活动等。AMK 行动小组组织一些线上和线下的义卖活动。例如,爱花草 QQ 群在网络上发起金茶园公园义卖活动,义卖物品以群成员自己种植的花草为主,同时包括一些闲置物品和手工艺品,所得义卖款全部用于救助 M;这种形式不仅使爱花草的成员和市民交流养花种草的经验,增加大家对花草的兴趣,同时贡献了爱心,捐助公益慈善,使爱花草 QQ 群的活动更加有意义。同期,在天等县的天骄广场,赵记月饼铺、天等县关爱中心、美利达车行、天椒乐骑俱乐部、天等社区网和天等骆驼户外专营店的一些成员共同发起的义卖活动也在如火如荼进行中;广西凭祥的广场也有为 M 发起的筹款义卖活动。南宁新闻网还在网上公布义卖活动筹集的善款信息和详单情况,向捐赠者提供真实的财务信息,并且能满足其选择需要,做到专款专用和信息的公开透明。

可见,公益组织只要在社会动员过程中明确自己的公益使命,立足公益宗旨,把握好市场化限度,采取市场化方式可以发挥公益组织社会化动员的造血功能,动员更多的社会资源开展公益救助活动①。

社会网络化策略。马克思认为人是一切社会关系的总和。人就是一个由不同社会关系结成的社会网络中的节点,在相互渗透融合过程中直接或者间接地向社会获取资源。因此不管是个人还是组织都不会直接拥有社会资源,而是通过一定的经济交往,利用关系网络实践一系列行动,动员一定的社会对象,获得一定的资源。

社会网络是由社会组织或个体间的社会关系和联系形成的相对稳定的系统,社会网络代表着一种结构关系,主要由行动者和关系纽带二种主要因素构成。行动者也称为社会网络中的"结点",不但包括个人还包括各类群体和组

---

① 王玉生、盛志宏、李燕:《网络公益组织资源动员策略探析——以 GX 公益联盟的成员组织为例》,《学术论坛》2014 年第 4 期。

织;关系纽带即行动者之间的联系和相互作用,构成人们之间的关系纽带多种多样,如合作关系、亲属朋友关系、对抗关系等。社会资源在社会网络中获取,并且受关系强弱程度的影响。强关系是组织内部或者组织间背景、文化相似性较高,或者个体间有相似的教育程度、身份地位、年龄、性别等发展起来的结合关系,是连接群体和组织内部关系的纽带。弱关系是组织之间相似性并不明显的群体与组织之间的关系,是连接群体、组织之间的纽带。弱关系的分布比强关系更加广泛,可以更顺利地跨越边境寻求更多的信息和资源,同时将不同群体间信息相互传递。据观察,AMK 行动小组在社会动员中采用了以下几种社会网络化策略:

一是与其他公益组织间的强关系策略。指 AMK 行动小组与有相似社会背景、从业人员水平相似的其他公益组织之间的合作。首先,AMK 行动小组虽然是自发成立的组织,但是其成员分别来自不同的公益组织,也分别代表各自的公益组织;一方面是小组成员间的沟通与协调关系,另一方面是公益组织间的合作关系,共同帮助公益人渡过难关的一种考验。其次,AMK 行动小组是为了救助 M 临时成立的一个公益"组织",其成立的临时性和单一性,决定了它在动员资源方面有一定的劣势,单靠一个组织的力量很难在短时间内筹得巨额资金,只有同那些有共同的价值观和兴趣爱好、目标的其他民间公益组织联合起来,形成一个开放式的社会网络,才能增加公信力和说服力,才能提高资源动员的能力和效果。例如,AMK 行动小组通过联系广东恭明中心,在淘宝网上建立 M 救助账号为 M 发起救助活动;AMK 计划公益团队也参与其中,仅 AMK 计划就为此账号筹集到 12 万元左右善款;Y 基金也通过新浪微公益平台和腾讯乐捐平台为 M 发起救助。同时 BGYG 协会、AMK 公益基金等多家公益组织也参与其中。通过公益组织的联盟合作,共同发起救助,此次社会动员才取得惊人的效果。

二是与媒体间的弱关系策略。AMK 行动小组通过与传统媒体和新媒体进行沟通合作,增加信息的宣传度和扩散度。在与传统媒体的合作中,AMK 行动小组的成员利用自身的传统媒体资源,例如,和某一传媒内的工作人员有较熟悉的私人关系,或者知道某个传媒的联系方式,联系并告知 M 的遭遇,是否报道取决于媒体自身的价值考量。AMK 行动小组通过联系《南宁晚报》

《京华时报》等有重要影响力的报社,通过报社对 M 事件的跟踪报道,以及在官方网站中发布信息,增加公众对信息的信任程度,唤起公众对公益人困境的同情。与新媒体的弱关系策略中,新媒体得到了广泛运用,AMK 行动小组在公益微博上发起呼吁为 M 救助的声明,在微信朋友圈中转发 M 事件,等等。通过网络媒体形式的互动沟通、整合资源、积聚力量,将公益理念转化为实际运作的行动,不断渗透到网民的潜意识中,一传十、十传百,产生足够的社会影响,使传播范围更加广泛,认可度更高。

三是与企业公司或社会企业间的弱关系策略。AMK 行动小组不仅积极取得媒体的支持,还动员一些企业团体参与到救助活动中。从社会交换理论的视角看,企业与公益组织的合作,一方面,企业拥有相对丰厚的物力和财力资源,企业捐赠的资金可以帮助公益人 M 顺利渡过难关。另一方面,企业参与公益事业可以体现企业的社会责任,塑造良好的企业形象。例如,天等大成车行美利达为 M 捐助 1 千元,广西天等县赵记饼屋为 M 捐助 1 千元,富士康集团为 M 捐助 1 万元,广西福彩中心为 M 送来 3 万元善款。

伦理化策略。由于公益救助的志愿活动很少涉及志愿者的劳动物质奖励,单纯的物质利益也就不适合公益活动的行动逻辑。所以,要想让公众参与到公益互动中来,必须赋予某种超越物质利益的价值意义,才能使其加入进来。伦理化策略就是指公益主体通过道德激励,责任感和伦理价值认同的构建,使公众自愿地对社会中的弱势群体提供无偿道义救助和关怀,综合体现与激发公民道德意识和伦理行为。公益行为本身越有价值,公益组织的伦理化策略越能成功。民间公益组织的伦理化策略不仅让公众实现自我完善与发展,为社会奉献爱心,同时让被救助者获得帮助。具体来讲,民间公益组织的伦理化策略就是为公众建立意义框架;从公益活动的志愿者参与动机和意愿角度,体现志愿者的人生价值和追求。AMK 行动小组将社会动员与网络相结合,以网络为媒介,通过在网络论坛、公益网站、微博发布信息,并且附上图片与相关的宣传文字,在网络上产生积极影响。当网友看到一个做公益长达十一年的公益人累倒在公益的道路上,躺在病床上岌岌可危的状况,更激起了人们心中的"公益意识",促使其形成行动。同时,由于 M 平时的为人,在公众心目中树立了良好的形象,自然而然地得到公众的认同,另外对公益人的公益活动,更增加了此次 AMK 行动小组社会动员的特殊伦理意义,以下为朋友眼中 M 的形象。

雷亮　职业:滴水之爱公益者　认识 M5 年

从 2008 年以来,我们一起肩并肩为众多的孩子送去温暖,也曾一起远赴外地挽回新生儿的生命,如今我们和你一起与病魔作斗争,兄弟我们永远在一起战斗!

黄忠智　职业:公益团志愿者　认识 M5 年

那么好的志愿者,在 8 月 21 日至 30 日,M 带领十多位青少年学生与志愿者,从天等县关爱中心骑行至北海,沿途为 5 个麻风康复村的老人送关怀。自己碰上这个难关,大家都伸出援手帮帮忙吧。

江南　职业:生态农业经营者　认识 M6 年

我认得的 M 是一个充满正能量的面带微笑的阳光男孩,认得他有 6 年了,那时他在做天等关爱中心的筹备工作,为乡村的孤儿,很热情地为孩子们构建一个温暖的家,毫无所求! 感恩 M 用他的生命提醒我们学会爱!

谭远　身份:互联网网友

M 让我感动。我们素未谋面,只是在一个群里面,他和我说他做的事情。照片里面的他,很开心的样子。我答应给他做些事情,只是后面,我自己的问题,答应的事情还来不及做。震惊的消息就传来了。我感到懊悔。我认为他给我们所有人树立一个榜样,为什么活着,以及如何更好的活着。

三、网络公益组织社会化动员的经验分析

明日中国基金会主席 LLY 谈及 M 说:"M 的故事浓缩了 2013 年中国公益的传奇。"①虽然此次动员已经圆满结束,但是 AMK 行动小组能在短短三个星

① LLY 在对 M 授予明日基金会"明日之星"仪式上的讲话。

期内筹得百万以上的善款,并且促进公益界相关管理制度的创新,在整个社会都引起巨大的反响,有几点成功的动员经验值得其他民间公益组织学习借鉴。

（一）科学的组织管理方式是成功的决定因素

果断民主的决策能力是前提。决策是指决策者在明确环境并且占有详细充分信息的基础上,建立决策方向和行动路径,并从多个方案中选择满足自己需求的选择判断过程。决策在管理过程中占据非常重要的作用。决策是管理过程的核心,一切管理活动都是围绕着目标进行,而目标就是在决策阶段制定,目标是决策的出发点和归宿,没有目标或目标不明确,都会导致整个管理过程的失败,所以决策在管理中占据核心位置。同时,决策的正确与否关系着组织的生死存亡,可谓"一着走错,满盘皆输",决策是保证其他各项工作顺利运作的前提。

AMK 行动小组在社会化动员过程中不仅善于运用决策,而且善于制定科学的决策方案。首先,决策目标清晰明了。就是要救人,要让 M 重新回到公益队伍中,所有的动员活动都是围绕这一目标开展。其次,民主决策。AMK 行动小组的成员中不仅包括 M 的家人,整个动员过程都有 M 的家人参与其中,包括款项的来源,每一笔款项该用于何处,下一步该对 M 采取怎样的治疗措施等等,他的家人清楚知道事件的进展情况。同时每一位小组成员都拥有平等的发言权和表决权,对于遇到的各种问题,成员共同开会讨论,提出不同的观点和意见决定未来发展方向。最后,依据事态发展,适时调整策略。当筹款已经进行到一定程度时,AMK 行动小组发布继续为 M 筹款的声明,并说明若有筹款余额的处理办法。当筹款已经足够之后,AMK 行动小组即停止为 M 筹集善款并说明下一步工作的方向。这一系列科学的决策并不是有感而发、凭空而设,而是一个提出、分析并解决问题的系统分析过程。AMK 行动小组的一系列决策活动都为动员活动规定了方向,提供了依据乃至标准,才能使筹款救助活动正常开展。

高效的执行能力是基础。AMK 行动小组的执行力主要包括两个方面,一方面是小组成员个人的执行力,指公益人保质保量地完成公益组织交办的公益任务的能力。另一方面是 AMK 行动小组的组织执行力,指在明确的目标和规定的制度范围内合理利用各种资源实现组织战略目标的能力,高效的公益组织执行力可以快速实现组织目标。

在个人执行力方面,首先,AMK 行动小组的每一位成员都是发自内心的自愿加入行动,可谓人人是"爱岗敬业的好员工",他们对"组织"的认可度自然高,愿意主动全身心地去执行小组成员的每个决定,并在此过程中发挥自己的最大价值。其次,AMK 行动小组的成员有高度的责任感,责任感作为一种工作态度,是成员行为的驱动力,在责任的驱使下,成员自觉发挥最大的主观能动性,表现出 AMK 行动小组成员超凡的执行力。例如,小组中的一位成员负责信息的发布,但是微博的信息有字数限制,对于每一条信息他都字字斟酌,多次修改,力争让有限的文字包含最大的信息量,同时字里行间透露出真诚和迫切需要救助。

公益组织的成员执行力并不能等同于组织执行力,个人的执行力强不代表组织的执行力也强。影响组织执行力的因素主要有组织架构、管理与业务流程、组织文化。AMK 行动小组的成员人数较少,而且成员间都是平等的关系,大家民主决策共同商议,组织的结构趋于扁平化,组织的执行力比那种层级复杂的公益组织高得多。在管理和业务流程方面,首先,小组成员岗位分工明确,职责清晰,在建立 AMK 行动小组初期就已经分配好成员职责和具体任务,并且有一人专门负责团队的总体协调,避免了相互推诿和责任不清而影响动员活动的展开。其次,信息传递畅通,成员善于运用互联网资源,使 M 事件很快在全国范围内扩散。再次,小组成员做出某个决定之后,在执行过程中会进行有效的控制,并采取相应的措施。最后,AMK 行动小组的成员拥有良好的团队文化,成员间因为爱而聚到一起,尤其此次社会化动员的救助对象是公益伙伴,是对公益人的公益,这会更加考验公益组织的行动能力,更能考验公益组织的成员对组织的认同感、信任感、忠诚度。

团结一致的协调能力是保证。AMK 行动小组的社会化动员行动除了有正确的决策和高效的执行力之外,还需要充分发挥在社会化动员中的协调作用。协调是为了理顺社会动员中遇到的个人之间、组织之间、个人与组织之间的各种矛盾和问题,保证个人和组织的活动朝着组织制定的目标前进。AMK 行动小组在本身资源有限、面临着信任危机、动员任务十分繁重的情况下,充分展示了组织团结一致的协调能力。

　　具体来说包括两个方面:组织的内部协调和外部协调。AMK 行动小组的成员们虽然是为了公益聚到一起,成员的工作积极性和参与度不可否认,但是由于各自职能分工不同,又分别来自不同的公益组织,有不同的社会背景和文化背景,且存在认识和性格上的区别,可能会在思想和工作上出现矛盾冲突。但是他们一直坚守着信念,白天工作量非常大,接待非常多的人,晚上还会经常开会讨论到半夜,他们善于倾听伙伴的意见,勇于承认自己在动员过程中出现的错误,并且尊重对方的意见,对出现的分歧反复推敲,分析各自利弊和适用性,并且民主表决,最终拿出一个方案,制定今后工作思路。外部协调方面,AMK 行动小组最主要的就是同媒体、医院的协调,此外是接待各种公益组织、企业、团体和个人的来访。当筹款达到一定的数额之后,M 的生命指标却还在下降,医院到底该采取怎样的治疗措施;有些到医院看望 M 的好心市民会提出不切实际的意见,会有很多苛刻的要求,小组成员该如何应对等问题。AMK 行动小组会采取利益协调、目标协调、态度协调和行为协调等方法,注意沟通在协调中的作用,加强情感交流,晓之以理、动之以情,妥善地处理一切矛盾,同时解决好配合与衔接的问题,加强各自的分工,为此次社会动员的成功提供有力的保证。

(二) 新媒体的运用是成功的重要手段

　　新媒体成为动员参与者的重要渠道。由于互联网和手机移动端的运用,以及由此衍生出的微博、贴吧、论坛、朋友圈等新媒体形态,使信息传递不仅迅速而且具有即时性和同步性的特点,并且网络资源是对所有人开放的,拓展了公众获取信息的渠道,提供一个顺畅便捷的途径。公众不仅可以看到信息,还可以在上面发表自己的意见和想法,和网上同样关注的人展开互动,并且将信息进行转发与传递,形成一个网状的开放式系统。同时,对于 M 的救助就如同处理危机事件时不我待,需要动员的人员作出快速的决策和反应,这种快速的反应就需要注重信息发布的时效性。而新媒体则将信息传播的时效性发挥到了极致,使 M 事件第一时间被传递出去,为救助赢得了宝贵的时间。另外,在时间和空间上,信息不仅可以实现跨地域的传播和交流,同时可以被编辑成文字、图片、视频等多种形式,在数秒之内转发,由传者到受者迅速扩散。

2013年9月7日早上,M入院后病情突然加剧,经医生诊断后需要高额的治疗费用,使他陷入困境。2013年9月7日下午第一时间,网上就出现为M募捐的紧急呼吁信,截止到2013年9月18日的十一天时间里,人民网、新浪广西、BG网等上百家网站相继报道M的事迹和呼吁信,新闻点击量过千万,网络跟帖数达到几十万条。在百度上直接输入"广西公益人M"相关搜索结果13009条,仅豆瓣网上"为爱加油——为广西公益人M募捐的紧急呼吁信!"①板块,就有21634人围观。可想而知,网络聚集了多少人脉,新媒体成为动员参与者的重要渠道。

"我们的动员之所以会成功,新媒体的运用是一方面,因为大家都是彼此信任的,才会加你的微信,其实我们收到好多情况都是我在好友的微信朋友圈看到M的消息,看到好友在转发M信息,那他也就转发信息,对信息的认识度和接受度就提高了,同样转发给更多的人,让更多的人参与进来,扩散程度大大提高了。"(AMK行动小组成员访谈)

新媒体成为筹集资金的重要来源。新媒体的运用使得投身网络公益的团体和个人逐渐增多。加之微博和微信论坛的使用,网络公益方便、快捷、高效率。

以下是AMK行动小组社会动员过程中,捐款情况统计:

表7-3　AMK行动社会化动员捐款总收入(2013.9.7—11.30)

序号	捐款来源	金额(元)	备注
1	现金收入	234793.2	现场捐款334笔
2	存折收入	853824.0	捐款755笔
3	直汇医院账户	198175.7	捐款23笔
总　计		1286792.9	共1112笔

---

① 《为爱加油——为广西公益人M募捐的紧急呼吁信!》,见 http://www.douban.com/group/topic/43521309/。

表 7-4　已知网络捐款数额

序号	捐款来源	金额（元）	备注
1	淘宝网（广州 GM 中心发起）	268500.0（元）	其中 MT 计划公益团队募集到 12 万元左右
2	Y 基金	181775.7（元）	新浪微公益平台和腾讯乐捐平台
合计		450275.7	

通过统计，我们可以看出通过网络公益平台筹得的资金占总数额的35%，可想而知网络的力量，新媒体的使用改变了传统公益捐助的模式，成为筹集资金的重要来源。

（三）组织的社会资本是成功的有益补充

公益组织的社会资本是指公益组织个体或组织利用自身的关系网络，有意识地同其他主体展开互动合作，并为此带来的有形资源和无形资源的总和。社会资本对民间公益组织的社会动员起至关重要的作用，丰富的社会资本可以通过有益的途径促进社会动员的发展。AMK 行动小组的社会化动员能够取得成功离不开小组成员平时社会资本沉淀和运用，使其提高了组织获取社会资源与社会支持的机会。

组织内部社会资本的运用。基于结构维度、关系维度、认知维度的视角，内部社会资本包括组织成员的背景、成员的关系网络和组织文化。良好的内部资本会使公益组织的成员间形成共享规范，建立相互信任、互惠合作的内部沟通协调网络，增强组织动员资源的能力，同时还可以增强组织的凝聚力和团队归属感，提高组织内部管理水平[①]。

结构维度——组织成员的背景及构成。AMK 行动小组的成员分别来自AD 文化公益组织，YHCZ 工作室和 TXY 等一些公益组织，他们都是长期做公益的志愿者，有丰富的志愿者经验，其中一位负责总体统筹对外联系的成员是AD 公益的理事，从事公益活动十几年，她是一位善于沟通的人，并且有很好

---

① 高玉卓:《团队凝聚力量》，北京电力出版社 2012 年版。

的个人领导魅力,同时在公益圈和社会中也有较好的个人形象。另外,其他成员有的人善于同外界打交道,担任起联系外界的任务;有的人善于运用网络,负责所有信息的发布任务;有的人性格细心有耐性,更加有爱心,就担负起了进病房照顾M,安抚家人的工作;有的成员还懂得医疗、财务知识,分别负责和医院联系,或者负责整个动员过程中的财务工作。小组成员的个人社会背景成为动员过程中重要的内部社会资本。

关系维度——组织成员的关系网络。组织成员不同的社会背景决定了他们自身拥有不同的关系网络,有一位来自 TXY 社会组织、有十几年公益经验的成员是医学专业的,懂得很多医疗方面的知识,同时也认识很多医疗方面的专家,救助 M 期间,他积极同医院沟通治疗方案,并且同远在河南的医疗博士取得联系共同商量 M 今后的治疗方案。还有的成员认识一些媒体朋友,他同媒体取得联系,几乎大部分的媒体资源都是这位公益伙伴开发的。另外,有的成员还认识公益界的老前辈,利用名人的影响力和熟人社会的关系网络,成为组织社会动员重要的内部社会资本。

认知维度——组织文化。对于 AMK 行动小组这样的公益组织来讲,公益与爱心是其最大的责任,也是组织的核心文化。成员间是为了救人,为了爱而凝聚到一起,有很强的组织凝聚力和认同感。同时由于 AMK 行动小组并不像其他社会组织那样人员众多,所以团队中每个人都有机会发言,民主和平等的关系也使得他们更加积极地参与到组织活动中来。尤其这次社会动员救助的对象就是他们的公益伙伴,他们会更加尽心尽力,成员间具有良好的内部关系,更容易形成合力,以及形成良好的组织工作的动力、氛围和文化,他们作为内部社会资本的一部分,使社会动员能够顺利开展。

组织外部社会资本的运用。组织的外部社会资本是指在信任基础的前提下,公益组织与政府、其他公益组织、企业、媒体和公众之间建立联系,获取外部所需的各种资源和支持。公益组织的外部社会资本越多,社会信任度越高,越能减少动员过程中谈判、说服和执行的时间、金钱成本,提高动员效率。

在 AMK 行动小组的社会化动员过程中,积极争取政府的同意,寻找与政府利益的契合点。与政府关系的搭建有利于 AMK 行动小组获得政策、信息、人力、物力上的支持。

　　AMK 行动小组成员都有多年的公益背景，他们认识很多公益组织的成员，他们积极联系 Y 基金、MT 计划、广东 GM 中心等国内有名气的公益组织以及广西本土的众多公益组织，通力合作，形成伙伴式的相互协作关系和环环相扣的网络，共同为救助 M 贡献力量。例如，广州市 GM 社会组织发展中心为 M 建立淘宝捐款账户用于筹款，广西 YG 助学联盟举办莲藕慈善晚会进行筹款，BGYG 协会为 M 组织筹款，等等。

　　AMK 行动小组的成员也和企业联系，福彩为 M 捐助三万元，富士康为 M 捐助一万元，广西中医一附院组织员工为 M 捐款三万多，北海宏泰水产有限公司捐款五千元，还有大大小小多家企业线上线下为 M 进行捐款。企业拥有雄厚的资金，不仅可以为 M 提供更多的救助资金，同时也是企业承担社会责任的表现，通过合作达到互利的效果。

　　AMK 行动小组的成员会主动和媒体建立关系，寻求媒体的帮助，请求媒体的报道。小组的一个成员曾经与多家媒体打过交道，有一些媒体资源，在 M 救助过程中，媒体发挥不可替代的力量，大量的社会动员活动都依赖媒体的支持，媒体为此次社会动员带来了民众的认可，使 M 事件在大众中引起普遍的关注，甚至影响到了海外的教会和公益组织。所以，拥有众多的媒体资源，就意味着掌握更多的社会资本，可以动员更多的人。

　　由于 M 曾经帮助过很多人，在公益圈内享有美名，自身也积累一定的人脉。在认识 M、了解 M 或者和 AMK 行动小组的成员熟悉的公众中，自然建立其良好的信任关系和帮助关系。Y 基金组织的 SL 在得知 M 生病的消息后，在新浪微公益平台上发起救助筹款，仅用了两天的时间就筹到了 4 万多元。随后，M 的朋友们在腾讯平台又为 M 开通了捐款渠道。麻风村的康复老人和 M 帮助过的 TD 关爱中心的儿童们也积极为 M 贡献一份爱心。此外，即使是不认识 M 的陌生人，由于朋友圈中信息的扩散，由于在网络中或其他渠道看到了 M 的信息，也积极参与到救助行动中。公众的广泛参与和认同，使 AMK 行动小组积累了更多的社会资本。AMK 行动小组和公众的联系可以提高组织的信誉度，动员更多的资源。

（四）　与市场的链接是成功的有效途径

公益组织的市场化运作已经成为趋势,被越来越多的公益组织接受。公益组织的市场化运作有很多种模式,包括收取服务费用、从事经营活动,进行商业投资、加强与企业的合作等。公益组织在社会动员过程中可采取以上一种或几种适合的方式,使市场化运作成为保证社会动员成功的有力途径。

市场化运作的经济效益。AMK 行动小组在社会化动员过程中主要采取与企业合作和组织义卖活动向公众募捐这两种市场化的策略。例如,AMK 行动小组动员 TD 关爱中心、TJLQ 俱乐部等公益组织,与赵记月饼合作采取广场义卖月饼的形式,所得资金用于救助 M。通过与企业合作的模式,拓展了AMK 行动小组筹资的渠道,在一定程度上克服了资金短缺的困境,对社会化动员中的活动起一定的帮补作用。对企业来讲,通过这种形式,企业将自己的产品展现在公众面前,扩大了企业和产品的知名度,让公众了解到它们的产品,同时也让公众知道这是一家积极承担社会责任有爱心的企业,起到了很好的宣传效果,实现公益组织与企业的双赢。据统计,与企业合作所募捐的资金占筹款总额 30%左右,可见此次社会动员中市场化运作带来的经济效益。

市场化运作的社会效益。首先,调节社会分配格局。依据马斯洛的需要层次理论,当人们基本生存需要解决了之后才会考虑其他更高层次的需要。市场化动员可以提供给被动员市场主体奉献爱心的渠道,满足他们自我实现的需要;另一方面,还可以调节社会的分配格局,把发达地区和城市高收入群体占有的资源分配到偏远地区需要帮助的弱势群体手中。其次,一定程度上建设公民道德意识。当公众看到一个经常帮助别人的好心人倒在病床上支付不起巨额的医药费,他的感人事迹和急需帮助的状况使互助精神和互助行为被唤醒,为市场主体奉献爱心提供渠道。

第八章　网络公益组织志愿者参与动机及其管理启示

一、志愿者参与动机的理论分析

互联网技术的飞速发展催生了全新的组织形态和公益运作模式,即网络公益组织及其行动。志愿者是网络公益组织最重要的资源,其管理对于组织发展来说意义重大。由于与生俱来的合法性争议、公信力不足、社会认可度有限,使得组织将更多精力放在争取合法地位、财务管理、吸引物资上,而忽略了对志愿者的管理。志愿者是志愿精神的实践者,是指那些具有志愿精神、不计报酬、主动帮助他人、承担社会责任的人[①]。按照网络公益组织志愿服务特殊性以及志愿者的工作性质,本文将网络公益组织志愿者分为以下三种类型:一是管理型志愿者,负责制定网络公益组织总的发展战略、组织文化以及其他一些重大事务的决策管理工作,分别领导管理各个职能部门或重大项目,是组织的核心成员。二是日常型志愿者,每个网络公益组织基本上都有比较稳定的志愿者团队,保持日常志愿活动的正常进行,但各个组织的志愿者团队规模大小不一,通常根据组织需要控制。三是流动型志愿者,这类参与者的随意性较大,没有具体工作职责,一般有活动了,自己恰好有时间与兴趣就去参加,这在网络公益组织的志愿者中占了大多数。

非营利组织志愿者参与动机的理论解释方面,普遍采用的是社会哲学家

---

① 赵卓等:《美国体育志愿者的培养体系及启示》,《浙江体育科学》2009 年第 5 期。

孔德提出的利他主义(altruism):把社会利益放在首位,为此而牺牲个人利益的生活态度和行为原则,被认为是民众参与志愿服务主要动力。①

志愿者参与动机差异根源在于不同价值观导致人们在处理利己与利他关系时产生的不同。据此,我们将网络公益组织志愿者参与动机分为以下四类:一是理想奉献型动机,强调不以个人利益为目的的无私利他,把为他人作奉献当作人生的理想抱负,是典型的重义轻利型动机;二是互惠利他型动机,强调利己性与利他性的统一,即在帮助别人的同时满足自身发展需求,达到双赢目的;三是回报倾向型动机,强调以利己为主,受其指导下的志愿行为在客观上又兼顾他人利益;四是盲目跟风型动机,没有明确的利己或利他主张,其参与志愿服务完全源于外在诱因,包括身边人或媒体舆论的引导。② 由于盲目跟风型动机带有较大的随意性、从众性,没有明确的利己与利他主张,因而很难从理论上去分析其利弊,需要积极地对其进行引导。下面仅对三种动机进行分析。

(一) 理想奉献型动机夸大了无私利他志愿精神

自古以来,倡导以国家利益为重,提倡为社会、为他人作奉献为荣的利他主义,都是意识形态或主流文化所支持与主张的。这种完全利他的行为引导容易忽略个人利益的合理诉求,使无私利他成为衡量社会美德的首要标准。志愿服务的理想奉献型动机是其典型体现。

理想奉献型动机虽然能够成为志愿者参与志愿服务的行为目的,却很可能是偶尔的、暂时的目的,难以激发持续的志愿行为。

(二) 互惠利他型动机集体主义思想符合双赢理念

互惠利他型动机强调个体与他人利益的统一,达到和谐共赢状态,这种动机能激发志愿者的持续志愿行为。因此,互惠利他型动机是符合个人提升、社会发展和国家利益的集体主义思想,值得大力提倡。

---

① 孔德:《实证主义观》,萧赣译,商务印书馆1938年版,第25页。
② 张俊:《利他主义视角下的城市志愿者参与动机研究》,北京交通大学博士学位论文,2009年。

第一，从和谐社会的建设需求来看，社会主义和谐社会是现代化建设的根本目标，每个人都有追求自身利益的权利，这种权利人人生而平等。互惠利他主义精神强调在为他人付出的同时也能促进个人能力提升，是一种人己两利的平衡状态，既能满足人们的正当利益追求，又能协调相互之间的冲突，是和谐社会必不可少的精神理念。

第二，从公益事业发展来看，互惠利他主义精神强调一种平衡状态，就像拔河比赛一样，只有双方势均力敌，比赛才能长久持续下去，任何一方占主导，都会很快终止比赛。这种精神能够很好地协调组织的短期利益与长远发展的关系，既能满足组织目前的正当利益追求，又能促进志愿服务事业持久发展。

第三，从志愿者个人来看，互惠利他型志愿精神从根本上解决了为他人服务与志愿者个人发展之间的矛盾。志愿者在参与志愿服务的初期，潜意识里也许会不愿承认可能得到的利益回报。但随着公益事业发展，很多公益人开始提倡利他与利己的综合与平衡发展，互惠利他型动机与行为就会成为志愿服务的常态。

（三）回报倾向型动机无法激励志愿者持续参与

回报倾向型动机促使人们在参与志愿服务时，有意识地从组织活动过程中获取对自身发展有利的资源。这种行为在短期内对组织及服务对象也是有利的，但当个人发展要求与组织集体目标发生出入时，志愿者个人往往选择前者。一旦组织无法满足其索取意图，志愿者便会失去对组织的忠诚。

首先，网络公益组织之所以如此盛行，很大程度上依赖于网络的低成本运行。捐助者捐献爱心，都希望这份资源能及时、全额地到达资助对象手中，以解燃眉之急，而不是为组织捐献办公费用。这就决定了组织没有过多的物质基础来回报志愿者。

其次，志愿服务做的往往并不是轰轰烈烈惊天动地的大事，很多组织提供的往往是对服务对象无微不至的关怀，例如 BL 护航；部分组织是为孩子捐助文具图书等助学物资或少量学习费用，例如 MT 计划。这类型服务对志愿者的回报程度有限，若持着回报动机参与活动，势必不能满足志愿者内心要求，难以持久参与。

回报倾向型利他行为虽然有值得肯定的地方,能在一定程度上克服麻木冷漠的社会状态,唤醒社会良知,但当回报与奉献严重失衡时,志愿者往往会陷入极端个人主义的旋涡。因此,我们要清醒地认识回报倾向型动机的局限性,并给予正确的分析和引导,使之向集体主义的方向发展。

二、志愿者参与动机的实证分析

(一) 数据采集

1. 问卷设计

问卷采用五级量表,要求受访者逐条判断是否符合,以及多大程度上符合自身想法,内容分为三部分,第一部分是填写志愿者个人基本信息;第二部分是主体问卷,分为四个维度,分别从不同角度对参与志愿服务的志愿者动机进行调查;第三部分是主观问题。问卷结构简单明了,用词通俗易懂。

2. 样本概况和问卷回收

调查问卷分别选取 MT 计划(70 名)、BGYG 协会(40 名)、BL 护航(30 名)、GSH(30 名)、上海 YGJ(30 名)志愿者分别填写,其中 MT 计划属于全国性组织,分社遍布各地,数据变化性大,因此样本容量相应提高,主要选取南宁、合肥、上海、广州 4 个分社作为样本,数据质量相对较高。其他四个组织分别是中国南部、北部、西部、东部的有一定代表性的网络公益组织。样本容量为 200,收回问卷 194 份,回收率达到 97%,为保证数据有效性,剔除无效问卷14 份,最终有效样本 180 份。

3. 数据有效性检验

问卷全部回收后,笔者为检验数据有效性,特选取 MT 计划和 BGYG 中 50名志愿者进行问卷重测。通过对比发现,样本组与参照组相关系数为 0.972,说明本次数据采集的样本具有相当高的可靠性。具体情况见表 8-1。

表 8-1　样本组及参照组简况

参照组描述统计量				样本组描述统计量		
	N	均值	标准差	N	均值	标准差
志愿服务让我感到为社会进步作出了贡献	50	3.54	1.092	180	3.70	1.093
我对我所服务的对象非常牵挂	50	4.02	0.795	180	4.00	0.846
社会现状需要每个公民承担责任	50	4.32	0.794	180	4.24	0.795
组织和社会的精神鼓励是我前进的动力	50	3.66	0.961	180	3.69	0.953
每次参加志愿服务活动我都能学到很多知识,开阔视野	50	3.88	0.872	180	3.97	0.903
在志愿服务过程中遇到的困难能够挖掘我的潜力	50	3.94	0.767	180	3.94	0.824
组织和受助人的认可使我获得成就感和自信心	50	4.08	0.944	180	4.12	0.931
在志愿服务过程中我能够展示和发挥自己的才能	50	3.76	0.822	180	3.61	0.842
志愿服务让我放松心情,减轻工作压力	50	3.80	0.904	180	3.94	0.901
志愿服务使我获得参加集体活动的机会	50	3.48	1.035	180	3.42	0.969
志愿服务使我结识了很多对自己发展有用的人	50	3.54	0.973	180	3.58	0.980
志愿服务对我的工作很有帮助	50	3.50	1.074	180	3.51	1.121
通过参加志愿服务我学会了很多新技能	50	3.62	0.725	180	3.51	0.849
自从参加志愿服务活动我很少再有孤独感	50	3.62	0.987	180	3.72	0.958
社会舆论倡导公民参与志愿服务	50	3.80	0.904	180	3.82	1.053
莫名其妙就留在组织里了	50	2.56	1.296	180	2.56	1.225
我是因为身边的朋友才留下来的	50	2.14	1.069	180	2.19	1.045
身边的人认为社会公益服务活动非常有意义	50	3.92	1.047	180	3.86	0.975
有效的 N(列表状态)	50			180		

（二）志愿者基本信息数据分析

通过对志愿者基本信息分类统计分析,结果表明:在被调查志愿者中,男性志愿者占 38.71%,女性为 61.29%。其中,大专以下学历的 12.9%,大专 32.26%,而本科学历则为 53.63%,硕士以上学历仅为 1.21%;志愿者以青年为主,18—30 岁所占比例为 82.26%,31—50 岁所占比例为 17.74%。志愿者职业及收入分布见图 8-1 和图 8-2:

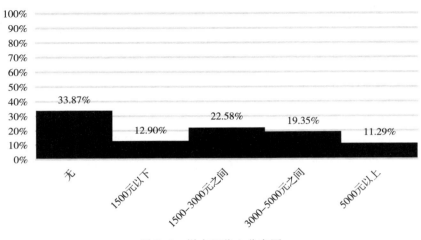

图 8-1　样本组收入分布图

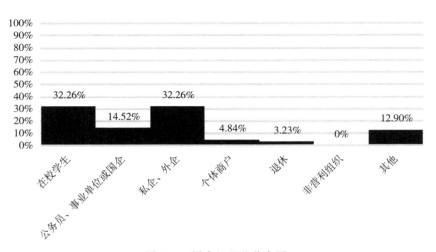

图 8-2　样本组职业分布图

　　由图 8-2 可以看出,在校学生 32.26%,私企外企、国有企事业单位志愿者比例分别为 32.26%、14.52%。可见:第一,网络公益组织志愿者以青年学生为主体,其次比例较大的就是白领工薪阶层;第二,学历或受教育程度与志愿服务意识呈现一定程度的正相关关系。这是因为:首先,青年学生群体是网络受众的主体,网络公益组织宣传运作皆通过网上信息传播,自然更容易被其了解和掌握;其次,可能与接触的知识和社会层面有关,学生和工薪阶层对社会问题关注得更多,更有责任感,而老年人精力有限,在志愿者中占的比例非常低。

(三) 基本信息与动机变量交叉分析

　　通过将志愿者基本信息与参与动机各变量分别做交叉分析,结果表明基本信息因素对于动机的影响微乎其微。可见,志愿者的参与动机并不会因为地域、年龄等差异而有所不同,也不会受样本容量限制而导致分析结果的局限性。因此,本书的样本状况基本上可以作为全国志愿者群体的反映,分析结果也能在一定程度上说明国内同类网络公益组织志愿者参与动机的基本状况。下面仅从四个维度中分别选取一个变量与志愿者性别做交叉分析作为例证。

　　1. 志愿服务让我感到我为社会进步作出了贡献

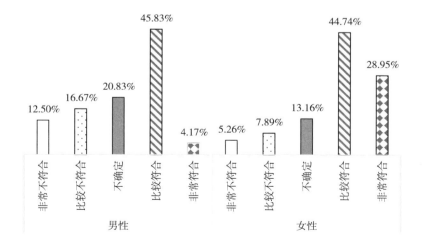

2. 每次参加志愿服务活动我都能学到很多知识,开阔眼界

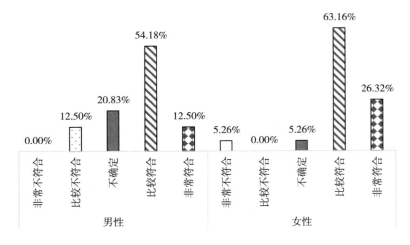

3. 社会舆论倡导公民参与志愿服务

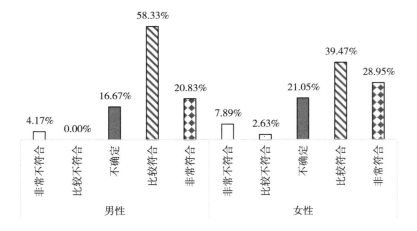

4.志愿服务使我获得参加大型活动的机会

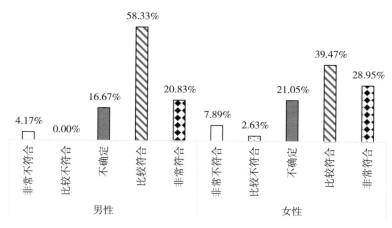

图 8-3　性别与动机因素交叉分析结果

（四）参与动机实证分析结论

表 8-2　志愿者动机变量平均值和标准差

题目	所属动机	非常符合	比较符合	不确定	比较不符合	非常不符合
志愿服务让我感到我为社会进步作出了贡献	理想奉献型动机	20.00%	52.22%	12.22%	8.89%	6.67%
我对我所服务的对象非常牵挂		25.56%	56.67%	12.22%	3.33%	2.22%
社会现状需要每个公民承担责任		40.00%	50.00%	5.56%	3.33%	1.11%
组织和社会的精神鼓励是我前进的动力		16.67%	50.00%	22.22%	7.78%	3.33%
每次参加志愿服务活动我都能学到很多知识,开阔视野	互惠利他型动机	26.67%	53.33%	12.22%	5.56%	2.22%
在志愿服务过程中遇到的种种困难能够挖掘我的潜力		23.33%	54.44%	16.67%	4.44%	1.11%
组织和受助人的认可使我获得成就感和自信心		37.78%	46.67%	7.78%	5.56%	2.22%
在志愿服务过程中我能够展示和发挥自己的才能		11.11%	48.89%	32.22%	5.56%	2.22%
志愿服务让我放松心情减轻工作压力		27.78%	46.67%	20.00%	3.33%	2.22%

题目	所属动机	非常符合	比较符合	不确定	比较不符合	非常不符合
志愿服务使我获得参加集体活动的机会	回报倾向型动机	11.11%	40.00%	32.22%	13.33%	3.33%
志愿服务使我结识了很多对自己发展有用的人		16.67%	41.11%	27.78%	12.22%	2.22%
志愿服务对我的工作很有帮助		20.00%	35.56%	25.56%	13.33%	5.56%
通过参加志愿服务我学会了很多新技能		7.78%	47.78%	35.56%	5.56%	3.33%
自从参加志愿服务活动我很少再有孤独感		20.00%	44.44%	26.67%	5.56%	3.33%
社会舆论倡导公民参与志愿服务	盲目跟风型动机	26.67%	44.44%	18.89%	4.44%	5.56%
莫名其妙就留在组织里了		10.00%	12.22%	21.11%	36.67%	20.00%
我是因为身边的朋友才留下来的		1.11%	12.22%	22.22%	33.33%	31.11%
身边的人认为社会公益服务活动非常有意义		25.56%	46.67%	18.89%	5.56%	3.33%

表8-3　志愿者参与动机均值和标准差排序

动机问题	均值降序排列	动机问题	标准差升序排列
社会现状需要每个公民承担责任	4.24	社会现状需要每个公民承担责任	0.795
组织和受助人的认可使我获得成就感和自信心	4.12	志愿服务过程中遇到的种种困难能够挖掘我的潜力	0.824
我对我所服务的对象非常牵挂	4.00	在志愿服务过程中我能够展示和发挥自己的才能	0.842
每次参加志愿服务活动我都能学到很多知识,开阔视野	3.97	我对我所服务的对象非常牵挂	0.846
在志愿服务过程中遇到的种种困难能够挖掘我的潜力	3.94	通过参加志愿服务我学会了很多新技能	0.849
志愿服务让我放松心情减轻工作压力	3.94	志愿服务让我放松心情减轻工作压力	0.901
身边的人认为社会公益服务活动非常有意义	3.86	每次志愿服务活动我都能学到很多知识,开阔视野	0.903

动机问题	均值 降序排列	动机问题	标准差 升序排列
社会舆论倡导公民参与志愿服务	3.82	组织和受助人的认可使我获得成就感和自信心	0.931
自从参加志愿服务活动我很少再有孤独感	3.72	组织和社会的精神鼓励是我前进的动力	0.953
志愿服务让我感到我为社会进步作出了贡献	3.70	自从参加志愿服务活动我很少再有孤独感	0.958
组织和社会的精神鼓励是我前进的动力	3.69	志愿服务使我获得参加集体活动的机会	0.969
在志愿服务过程中我能够展示和发挥自己的才能	3.61	身边的人认为社会公益服务活动非常有意义	0.975
志愿服务使我结识了很多对自己发展有用的人	3.58	志愿服务使我结识了很多对自己发展有用的人	0.98
志愿服务对我的工作很有帮助	3.51	我是因为身边的朋友才留下来的	1.045
通过参加志愿服务我学会了很多新技能	3.51	社会舆论倡导公民参与志愿服务	1.053
志愿服务使我获得参加集体活动的机会	3.42	志愿服务让我感到我为社会进步作出了贡献	1.093
莫名其妙就留在组织里了	2.56	志愿服务对我的工作很有帮助	1.121
我是因为身边的朋友才留下来的	2.19	莫名其妙就留在组织里了	1.225

为便于观察,18种动机按照均值由大到小、标准差由小到大分别排序。从表8-2可知,对于理想奉献型动机和互惠利他型动机下设的问题,非常符合和比较符合的百分比平均分别达到77.78%、75.33%,说明绝大部分志愿者都认为符合自身观念。而回报倾向型动机认同率则没有那么高,只有56.89%,且绝大部分志愿者对该部分的回答是不太确定。关于盲目跟风型动机,志愿者回答分散且无规律可循,这个结果与预期一样。

变量均值与其所属类型密切相关,而动机得分标准差与均值也是高度相关的,均值越接近于5,表示变量受到认同程度越高;标准差越小,表明志愿者对该动机的认同越一致。由表8-3看出,本问卷均值界于2.19和4.24之间,大体上均值越大的变量,标准差反而越小。

1. 偏向内心需求的动机认同度最高

互惠利他动机认同度 3.92,均值位居第一。表明志愿者希望帮助他人的同时提升自己,互惠要求较强。就前文互惠利他主义价值分析可知,这一动机的稳定性较强,能引导志愿者产生长期而坚定不渝的行为。因此,要想留住志愿者,使其专心致志长期地为志愿组织奉献,就必须在组织中大力提倡互惠利他意识。

理想奉献型动机因子认同度为 3.91,位居第二,仅次于互惠利他型动机,高于回报倾向型动机因素。表明志愿者的自我奉献需求明显较高。昭示我们应充分利用民众渴望为社会进步作贡献的心态,通过社会舆论大力宣扬志愿精神,鼓励更多民众参与到公益事业中来。

互惠型与奉献型均为偏向内心需求的动机,其认同程度更高、更一致,说明当代志愿者更多地注重内在的自我需求,追求在志愿服务过程中达到心灵满足和精神慰藉,在心态上更趋理性和成熟。

2. 偏向外在诱因的动机认同度分散

回报型、盲目型动机认同度标准差均在 0.9 以上,尤其是盲目型动机认同度标准差最大值达到 1.2,且回报倾向型动机认同率只有 56.89%。可见公众对于以外在诱因为主导的动机认知具有模糊性,充分说明当前网络公益组织志愿者在参与志愿服务时对待组织为个人带来的利益性回报持有不同态度。志愿者对于回报倾向型动机认同度分散不一,可能有以下两方面原因:

(1)网络公益组织是一个纯粹的非营利机构,志愿者参加活动都是无偿奉献,几乎得不到任何物质报酬,因此,志愿者在潜意识里就觉得不应该通过志愿服务获取任何回报,所以排斥功利性动机。

(2)与动机变量的阐述方式有关系。问题表达得越笼统、越宏观,志愿者的认同度越高;阐述得越具体、越微观,人们越能感受其功利性,认同度也就越低。

3. 情感是留住志愿者的核心要素

问卷最后设计了两个主观假想简答题:(1)如果将来要离开现在的组织,最有可能的原因是什么? 63%志愿者认为是外在条件不允许,包括工作或学

19. 如果某天我要离开现在的志愿组织,最有可能的原因是什么?	20. 如果离开组织,最让我难以割舍的会是什么?
工作、家庭	山里面那些孩子们
工作或者学习很忙	因为公益认识的朋友
理念不同	孩子们,朋友
因为工作和生活的原因	那些我们帮助的孩子,还有一起的朋友们
(空)	我的服务对象,那些需要帮助的孩子们
工作太忙	帮助的人,身边的朋友
组织内部不和谐	友谊和服务对象
工作和家庭压力或金钱方面的原因	那份热情
自己身体的原因	自己走访过的孩子们
另起炉灶	孩子
我病了,或是我死了	需要帮助的地方
无私的付出得不到社会的认可	受助对象及家庭的生存状况及环境改善
生存的压力	我们服务的对象
工作	感情
不会离开	友情
组织混乱腐败	被服务的对象
组织的发展模式或者主导思想是我不能接受的	组织内的朋友和受助的对象
组织脱离原有的理念	服务的对象
我不能再为我所在的组织添加肥料了	志愿者之间深厚的感情
(空)	(空)
志愿组织变质	那里曾经一起过的朋友
因为工作的关系	朋友感情以及山区小朋友的学习跟生活
时间上不够支配	曾经一起奋战的义工们及对受帮助的群体的牵挂
时间不允许	人去心留　无须割舍
工作安排不了	(空)
人不在本地	人虽然离开　心还在
工作调离南宁	对组织的情感
(空)	(空)
(空)	(空)
身体原因	一起工作多年的志愿者朋友
可能是和自己家庭和事业相冲突	就是不知道贫困的孩子能不能得到改善

图8-4　问卷第三部分主观题部分答案截图

习原因导致的时间、精力不足;离开目前所在地。21%认为是组织原因:包括组织脱离原本的公益宗旨,出现混乱腐败等;组织的公益理念与个人观点不同;组织的管理体制不完善等。4%的志愿者提到了生老病死的因素。

（2）如果离开组织,最难以割舍的将会是什么？答案基本集中在两方面:一是服务对象;二是志愿者朋友。可见,志愿者在服务过程中,与所在团队及服务对象产生深厚的感情,这种感情将是留住志愿者的最好工具。

三、志愿者管理现状及成因分析

尽管我国网络公益组织在发展壮大,但其志愿者管理问题仍比较棘手。通过与组织负责人及各类志愿者的访谈,不同层面的志愿者看待问题的眼光不同,不同类型志愿者存在的问题也不同。

（一）各类志愿者管理现状

1. 流动型志愿者流失率高

网络社会的重要特点就是网民真实身份的不确定性和实际生活空间的超地域性,注册网民进出组织的自由度很大,大量网民在网站或论坛注册之后根本不参加活动,网络公益组织成员流动性很大,管理难度提高。[1]

例如,从 2011 年 3 月至 2012 年 12 月,MT 计划南宁分社已举办高校及城市图片展 14 场,按最低标准算,每场平均招募志愿者 10 名,则有 140 名,而目前南宁分社正式志愿者只有 48 名,绝大部分持观望态度。可见坚持下来的志愿者少之甚少,大批意向志愿者流失。

表 8-4 **MT 计划 2006—2012 年志愿者数量统计**   （单位:人）

年度	2006	2007	2008	2009	2010	2011	2012
注册麦客（人）	5106	13000	20016	26000	33356	49900	69876

---

[1]　张雷:《我国网络草根 NGO 发展现状与管理论析》,《政治学研究》2009 年第 4 期。

续表

年度	2006	2007	2008	2009	2010	2011	2012
MT 志愿者(人)	691	1500	3000	4000	4500	5200	6000
资助人数(人)	670	1369	2133	2465	3099	3890	4539

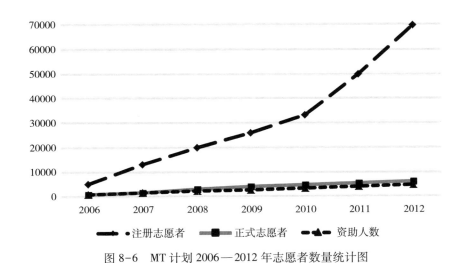

图 8-6　MT 计划 2006—2012 年志愿者数量统计图

从表 8-4 中可以看出,注册麦客(注:已在 MT 计划论坛注册 ID 的人)数量远远超过 MT 志愿者(注:已通过 MT 计划总社认证的正式志愿者)几倍甚至十几倍,这一方面反映了 MT 对于正式志愿者认证严格,另一方面也反映了 MT 志愿者流失率很大。志愿者流失是网络公益组织甚至非营利组织志愿者管理的一致难题。

2.日常型志愿者服务热情降低

志愿者的基本特征是其自愿性,即使半路"逃逸"也无可厚非。日常型志愿者是网络公益组织活动实践的主力军,是与服务对象接触最多的志愿者,是长期在一线服务的团队,是连接服务对象与组织间的桥梁。而现在很多网络公益组织正缺乏一支行动能力强、忠诚度高、服务质量好的日常型志愿者团队。例如被访者 13-QQM 说:

近段时间很多志愿者抱着打酱油的态度,参加活动时来一会就走,或者直接回没时间,以至于现在的活动人数不多。当然志愿者参加活动是要牺牲自己的很多业余时间,可是我们既然做了就应该尽量去做好。不强调每次活动都要大家去参加,可是三次活动你可以来一次吗? 可我们很多志愿者有的已经2—3年不出现了。1群认证过和意向志愿者是95个人,可是经常出现的有多少? ……一句老话:既然做了就应该做好,做出自己的精彩,对自己负责,做一名合格的志愿者。要么就不做。你来我们欢迎你! 你走我们送你! 我们要的是固定的志愿者,你要是一时的激情,那么请你慎重!

组织的另一管理者03-XF也提到类似问题:

干活的人少了……恐怕有心的志愿者会留意,这两个月北京分社的活动几乎没有开展,对比于天津和石家庄来说,北京分社的确有点捉襟见肘的感觉。……当有志愿者说退出工作组的时候,我的心情和股民们看到股指跌破2000大关时候的心情是一样的。可能是因为大伙做公益的时候,喜欢以一种随意随性的心情来参与对待,当有明确的责任落到自己肩上的时候,对于这一份看似额外的社会责任无法承担起来,也无法撂下,久而久之会出现疲惫感,进而退出至幕后默默关注。当然,MT甚至其他所有的公益组织中的兼职都无法解决大伙的衣食住行问题,所以不可能每一个志愿者都能够花上相等比例的精力来对待MT或其他公益。

实际上,由于人力、物力、财力限制,每个组织都有自己的细分市场,开展的服务项目有限。志愿者长期参加同样项目,接触同样人群,必然不再有新鲜感。少数有较强责任感的志愿者能够坚持下来,而大部分志愿者往往抱着体验态度,缺乏新鲜感后,服务热情必然下降。

3. 管理型志愿者不堪工作重负

能成为管理者的志愿者基本上都对组织有很高的认同度及忠诚度,承担的责任也相应较重。很多管理型志愿者抱怨,自己在组织担任的工作内容繁杂、负荷量大,这给他们的生活、家庭、工作或者学习带来很多不便。组织有序运行,必然要完善管理制度,其第一步便是从管理型志愿者抓起,要求他们完成工作计划、述职报告、年度改选等。

管理型志愿者应该把更多精力放在组织发展战略的设计规划上,整体把握组织的公益走向,在组织架构等大政方针上出谋划策,但由于人才缺乏,组织往往出现"能者多劳"的现象。而其中相当部分工作耗时耗力,但交给普通志愿者也可以完成。这让管理型志愿者认为个人能力未能得到最大限度的利用,从而产生倦怠情绪。正如 MT 论坛一位志愿者陈述道:

> 有些人长期没什么可参与的活动,就退出了,也有一些铁杆麦民坚守阵地,坚守时间越长的,责任感越重。可到每次活动,尤其是山区走访这种往返需要两三天行程,且费用也不低的走访活动时,如报名人数不多时,一些本不打算去的老志愿者一看情况,没办法只得去了。这就陷入一个非良性的循环中——累的累死,而有些满腔热情的人,却还找不到组织,参与不进来。①

网络公益组织由于人才供给机制不完善,加上前文提到的档案管理制度不合理,志愿者具备的才能及个人优势得不到最大限度的利用。导致现有的管理者找不到合适的接班人或者任务分担者,这不仅加重管理者工作负担,分散其管理精力,同时也不利于组织人才梯队的建立。正如 MT 某分社召集人02-SZ 提道:

> 如果还有工作上焦头烂额的忙及生活中其他压力时,确实人想到的就只有放下担子了。也想过所谓的分权授权,但身边能分担的几乎没人,寥寥几个也因种种原因无法担当,不是没时间就是实在不太了解,说不定也是没太多兴趣吧。

> 很多人可能会说:"适当放权","民主管理","轮值制"……不能否认这些方法真的无效,但对于不同团队,特别是新生团队,真的不一定有效。

(二) 参与动机视角下的志愿者管理问题成因分析

1.流动型志愿者参与动机不明确

随着社会进步,志愿精神得到高度认同,同时志愿者的参与动机也五花八

---

① MT 计划论坛:《召集人为什么会辞职?》,见 http://bbs2.mowo.cn/viewthread.php? tid = 131272&highlight = %D5%D9% BC% AF% C8% CB% CE% AA% CA% B2% C3% B4% BB E1% B4% C7%D6%B0。

门,很多志愿者甚至抱着"打酱油"态度。被访志愿者 06-NN 认为爱是支撑志愿者持续参与服务的最主要动力,包括对服务对象的爱、对志愿者团队的爱以及对组织的热爱:

> 成为一个志愿者之前,你首先需要做的是梳理自己的情绪,明确自己为什么愿意义无反顾地加入这一队伍。个人经验而言,爱是最大的动力。作为一个志愿者,只有真正地爱你的工作,爱你的服务对象,你才能长久地坚持下去。无论大爱还是小爱,爱是最执着最顽强的情感。

另一位被访者 08-HZ 却有不同的看法:

> 每个志愿者加入组织的理由都不一样,千奇百怪、五花八门。就拿我自己来说吧,最初并不知道组织为何物。之所以进入这个大家庭并承担现在的工作职责也是因为 XF,是她把我拉上了这条"贼船"。在 MT 里,大家都说 MF"有毒",组织"有毒",意思就是一旦接触就舍不得抽身的事业。进入公益领域最集中的一条理由就是——想做一些有意义的事。但当志愿者进入一个组织以后并不确定自己所谓的有意义的事到底是指什么。事实上,真正的志愿工作需要长时间的全身心投入,仅仅靠个人热情支撑是不够的。同情、激动、难过……这些情感都不足以支撑你去面对志愿工作中各种各样的困难。

可见,网络公益组织志愿者最初的参与动机差异很大,虽然与组织的公益理念在某种程度上有一定的契合,但理想与现实之间的差异往往让志愿者不知所措,甚至很多人产生逃离念头。这要求网络公益组织在招募志愿者时不能只是简单地完成志愿者召集,盲目地追求志愿者的数量,而应引导志愿者树立正确的互惠利他志愿精神,提高参与动机与志愿服务的匹配度,以保证志愿者不会轻易流失。

2. 激励机制无法满足日常型志愿者动机需求

参与动机差异决定了组织必须针对不同类型的志愿者给予不同方式的激励。纵观五大样本组织,基本上没有成文的激励机制。就 MT 计划而言,到目前为止,比较传统的激励措施即为每年的"金色志愿者""金色团队"评选。每当需要感谢某人或某行为,会在论坛发帖声明,而论坛帖子刷新速度极快,一篇帖子从发出到沉没平均只有短短的几十分钟,除非要求管理员置顶。

事实上,部分志愿者意识到了目前的激励机制无法满足志愿者要求的问题,但并未引起组织的充分关注。例如 2011 年 11 月,一位志愿者在论坛提出怎么激励志愿者,并建议效仿上海 ZA 梦想公益基金会的运作模式,采用积分制:

> MT 有许多活动,发放、走访、图展、资料整理等,我们能不能根据工作量的大小,参与活动的重要程度来记积分,积分高的志愿者给予一定的支持,如:参加培训,组织考察,或者更直接的给予一定的奖励。积分规则原则上的多做多给,少做少给,积少成多。如:1. 走访活动牵头人记 50 分,参与组织成员记 30 分,参与活动记 20 分。2. 走访活动牵头人记 60 分,参与组织成员记 40 分,参与活动记 20 分。①

这篇帖子得到广大志愿者的积极讨论,很多人赞同这种做法,也有部分志愿者认为这种做法会改变做公益的最初目的,使得公益也变"功利"。网络公益组织激励机制必不可少,对于本身无利可图的活动,且大部分志愿者都是社会中产阶级或在校学生,本身并不富裕,这样更应该采取激励措施吸引志愿者坚持下去。

据了解,网络公益组织多以精神奖励激励志愿者,但千篇一律的激励措施必定导致部分志愿者满意度降低,难以吸引或留住优秀人才。SH 青年公益联盟意识到物质激励重要性后,在管理制度中有意识地提高对于优秀志愿者的物质回报。例如被访者 18-WD 提道:

> 现在我们的激励方式已经很多样化,除了赞同、表扬志愿者,给予其充分的认可以外,还定期提供给志愿者一些福利激励志愿者为组织奉献。例如去年(2012 年 12 月 5 日)的志愿者日,沪江网就为我们的志愿者送出价值 100 万元的沪江网校学习卡,免费学习沪江网校的优质课程。志愿者们凭自己的需求喜好,选择任何时间、任何地点接受专业的外语培训与地方方言学习,还有苏宁电器为我们志愿者捐赠了价值 100 万元的苏宁易购现金抵用券,等等……这些对于志愿者是个很好的激励,是肯定他们这一年来为组织所作的贡献。

---

① MT 计划论坛:《怎么激励志愿者》,见 http://bbs2. mowo. cn/viewthread. php? tid = 72563&highlight=%BC%A4%C0%F8。

3. 工作设计与管理型志愿者动机不匹配

调查显示,组织的繁重工作使许多管理型志愿者筋疲力尽,导致他们不堪重负;组织对于志愿者的大材小用,使其无法在工作中获得相应的成就感,导致志愿者情绪低落。追根究底,皆是因为工作设计与志愿者动机不匹配。①例如一位志愿者就提道:

> 对于加入到 MT 的每个人,我所说的第一番话都是:请认真去了解确认这个组织是否真的合适你,你是否能认同它的理念原则流程,你是否真的能对它产生认同感跟归属感。做义工,不是要委曲求全牺牲自我的过程,而是在快乐轻松的过程中跟一群有相同理念相同追求的朋友做些让己心安的小事。请不要走进一个误区,只要它是助学,它是好事,它就一定能适合你。简单地说,世上的好人很多,能成为你的朋友的人,并不一定同样多。所以,请坚持一个原则,做助学,献爱心,要选择自己合适的。

可见,志愿者渴望找到合适自己的工作,所谓合适,很大程度上是工作设计与自己的参与动机相匹配。而专业管理知识和管理技能的缺乏也使得这些所谓的管理者力不从心。正如 18-WD 在接受笔者访谈时说道:

> 我之前大学的专业是新闻学,现在单位启动了这个项目,要我负责,我也有很大压力,很多企业和公益机构的管理者他们比我有经验,甚至说在他们面前,我还不如他们一个下属的职员有能耐。2012 年 12 月,我们在安徽纸河小学发放物资的时候,同行的志愿者在公益方面都比较有经验,给人的感觉就是公益界也藏龙卧虎。在志愿者管理方面,我还有很多要学习的,甚至可以说我期待与青年公益联盟一起发展、一起完善。

在德鲁克看来,组织用人的目标应是将其专业化知识最大限度地融入组织建设事业中。对于网络公益组织而言,志愿者能力个性各异、水平参差不齐,管理者承担了组织绝大部分甚至全部的项目管理及日常运行工作。虽然已有部分较为专业的管理型人才,但未能充分满足组织发展需求,专业管理人才是缺乏的,许多管理工作无人承担。这就导致管理者之间工作分摊不均,能者多劳。

---

① 张文静:《中国非营利组织志愿者管理研究》,西北大学博士学位论文,2008 年。

四、基于参与动机的志愿者管理

具有志愿动机还不足以转化为志愿行动。人们还需要具体的管理机制把愿望和行动联系起来。志愿者管理是一项专业的工作,如果无法有效管理,反而会给组织带来诸如内部冲突、效率低下、公信力下降的风险。网络公益组织在管理自身最重要的资源之一的志愿者时,须重视志愿者参与动机这个变量,进行诸如"分类管理"等方面的创新管理。

(一) 引导志愿者端正参与动机

1. 塑造以人为本的组织文化

每个组织都有自己的文化,文化渗透在组织的使命、战略、结构和规章制度之中,体现在每个成员的日常行为之中。网络公益组织不能没有文化,也逃脱不了文化的制约。理想的组织文化,应该让志愿者感到宽松和谐的、有一定的压力也有更多的动力,能够使组织成员身处于有成功感或成就感的愉悦工作环境;也应该是使服务对象等关联人群都能够感受到优质、细致和温馨服务的氛围,即是以人为本的组织文化。

德鲁克认为,要吸引那些将来可能成为志愿运动骨干的人,非营利组织必须像对待全职员工一样对待志愿者,给他们增长工作能力和知识的机会,肯定他们的成功。[①] 网络公益组织志愿者没有工资、没有物质福利,人本管理显得更为重要。

　　"什么是引导 MT 不断发展前进的动力和支柱? 两个硬件,一个软
　　件。两个硬件是指:1. 有凝聚力的高效管理团队;2. 简单可行的管理规范
　　(目前基本上可以说是缺乏的)。一个软件是指:MT 的价值观和 GSH 的
　　爱心文化(这方面 MT 相对比较成功,可以说目前 MT 主要依靠这个来运

---

① 　[美]彼得·德鲁克:《管理的实践》,机械工业出版社 2003 年版,第 86 页。

行和凝聚爱心人士,但整体认知力还相对缺乏)。"①

可见,网络公益组织作为一个专业的组织,组织文化是其发展的灵魂。

2. 弘扬互惠利他志愿精神

互联网是网络公益组织分享信息传播知识、表达组织意愿、寻求资源的最佳平台,也是宣扬公益理念和志愿精神的最有效方式。互惠利他志愿精神是志愿者参与志愿服务的最主要动机,也是恒久、稳定、具有长远意义的公益理念。舆论宣扬互惠利他精神是未来网络公益组织长效发展的最有力途径。

因此,应充分发挥社会舆论及网络平台的作用,通过教育、宣传等手段,在全社会提倡互助品质,大力弘扬互惠利他志愿精神,形成公众和政府都支持志愿服务的社会风气,这对充分发挥志愿者的创造力和主动性,宣扬互助友爱的人文精神具有积极意义,能够引导更多人参与到志愿服务中来。正如 MT 计划创始人莫凡所说,我们不提倡做好事不留名,而要广泛地告知公众,应该感谢那些孩子给了我们表达爱的机会。MT 计划曾被中央电视台等媒体报道400 多次,它能发展到今天的规模,离不开其独特的宣传手段和大众媒体的支持。

(二) 完善志愿者分类管理

1. 强化情感体验满足流动型志愿者奉献动机

通过问卷调查可知,志愿者在参加志愿服务时最大的情感寄托是服务对象和志同道合的志愿团队。可见,志愿者看重的是追求精神层面的满足。因此组织应将情感管理准确运用到志愿者管理当中,加强志愿服务的情感体验,增强志愿者的归属感。② MT 计划在情感管理运用上可谓非常成功,其先进经验值得借鉴。

首先,在服务开始前对志愿者进行情感培训。可以向其展现服务群体的现状、服务目标、服务意义等,使志愿者充分意识到本次志愿服务的意义所在。

---

① MT 计划论坛:《平衡—离开? 莫凡—陈生? ——探讨麦田的可持续性发展》,见 http://bbs2.rnowo.cn/viewthread.php? tid=23641&extra=&highligh=%2B%CZ%F3%F7%C9&page=4。

② [美]彼得·德鲁克:《非营利组织的管理》,机械工业出版社 2011 年版,第 129 页。

MT计划每次走访都会至少提前十天发帖召集志愿者,在活动前两日内对报名志愿者进行集体培训,培训内容包括走访的意义、流程、注意事项等,其中尤为重要的是如何与服务对象交流沟通。

其次,服务过程中对志愿者情感正确引导。MT计划的服务对象是山区的贫困儿童,每次组织者都会预留足够时间给志愿者与孩子们互动,走访中也会安排3—4个志愿者同行,一方面是安全起见,另一方面也为了加强志愿者之间的情感交流。所谓千言万语不如亲身经历,一位盐城志愿者在参加广西河池雅龙小学走访后说道:"这次大化之行让我切身体会到了山区孩子的困境……在MT,收获快乐,这正是我所追求的!做公益的同时也快乐自己,何乐而不为呢!MT,我不二的选择!"①

被访者07-XRK也有类似的经历和感触:"走进教室,听到孩子们朗朗的读书声,内心里有一种感动,他们是多么地渴望知识,而我们今天带来的字典将带给他们无限梦想与知识。发放字典的时候,听到孩子们一声声真挚的谢意,我有一种激动,有一种自豪,为我们的MT而激动,为我们的字典的捐赠者而激动,为我是一个MT人而自豪。"

最后,服务结束后及时进行情感分享。及时开展分享会,一方面能将活动经历感受分享给其他人,使更多志愿者提高对组织的认同和对服务对象的关爱;另一方面也能再次加强活动志愿者的情感体验。在上海YGJ、BL护航等网络公益组织主页上都有相应的志愿者感受分享区。一位ID为孤岛的志愿者参加完走访后写道:"……这样的行程,不只是单纯救助式的行程,也不只是单纯游玩的行程。这样的行程,有快乐,有悲伤,有不安,有兴奋,有愤怒,也有遗憾。但这样的行程,才是我们人生应该走的路。我,大爱这样的行程!"②

2.加强目标激励满足日常型志愿者回报动机

所谓目标激励就是通过目标的设置来激发人的动机、引导人的行为,使被管理者的个人目标与组织目标紧密地联系在一起,以激励被管理者的积极性、

---

① MT计划论坛:《广西大化走访感想》,见 http://bbs2.mowo.cn/viewthread.php? tid = 69196&extra=page%3D1。
② MT计划论坛:《大化走访随感——生命中走过最厚实的行程》,见 http://bbs2.mowo.cn/viewthread.php? tid=69126&extra=page%3D1。

主动性和创造性。正如彼得·德鲁克在《非营利组织的管理》中所言,最能有效激励员工改善工作绩效、带给他工作上的自豪感与成就感的,莫过于设置符合其能力的目标。① 弗鲁姆的期望理论也给了我们一个重要启示:要想人们产生不断向上的动力,必须为其设立更高目标。对目标的期望值越高,实现的可能性越大,工作积极性也相应越高。日常型志愿者经常走在服务第一线,接触的更多更深入,长此以往必然失去新鲜感和工作动力,渴望接触更高层面的工作,以提升服务技能,满足成长动机等。正如被访者05-PNC说道:

> 很多时候我并不知道我能为组织做些什么,没有目标。我也听到很多志愿者抱怨,走访参加过两三次,每次都去大化,已经没有什么吸引力,图片展参加过N次了,讲解词都能背下来了。每次看到活动召集,看到活动流程就觉得没有吸引力,他们其实想为孩子做点什么,但不知道自己每次都做同样的事情对自己有什么意义。说得官方一点,就是他们缺乏公益目标,这对我们MT影响很大,长此以往,以后活动想召集人就难了,所谓远水解不了近渴,不能一有活动就靠外省分社支持。

可见,组织在对这类志愿者进行管理时,必须通过加强目标激励,满足志愿者的回报动机。首先,适当地委以重任,比如挑选合适的日常型志愿者,对其给予充分培训,使其担当下次活动的负责人,这不仅能锻炼志愿者能力,同时也是对其过去工作的肯定及表扬。其次,适当授权。将部分管理工作授权给日常型志愿者,让其承担管理职责,不但能使其更深层次地了解公益服务了解组织,还能更好地激发工作动力,同时也能减轻管理型志愿者的工作压力,使得人尽其才。

3. 工作丰富化满足管理型志愿者学习动机

问卷调查结果表明,很多志愿者希望通过志愿服务学到新技能新知识充实自己,例如动机变量"每次志愿服务活动我都能学到很多知识开阔视野"认同度3.97,"志愿服务过程中遇到的种种困难能够挖掘我的潜力"认同度3.94。可见志愿者参与志愿者服务的学习和锻炼动机非常明显,因此对待管理型志愿者时应做到:

① [美]彼得·德鲁克:《非营利组织的管理》,机械工业出版社2011年版,第215页。

（1）建立储备人才库

如果组织希望建立一支合格的志愿者梯队，就必须明确组织现阶段及未来所需的志愿者种类，合理地从社会和组织内部予以引进、培养和储备人才，并定期对组织已有志愿者进行评估和管理，调整、安排好人才的职务，确保其在最适合自己的职位上发挥最大潜力。

（2）实行岗位轮换制度

长期定向的工作对于任何人都没有激发力，只有新鲜事物才能引起人们的兴趣，除非某些工作能令人达到痴迷的程度。因此，对于管理型志愿者给以定期的岗位轮换，让其尝试不同岗位的工作体验，①提升其挑战新领域的积极性。一方面能保持对志愿工作的新鲜感与追求感，在不断轮换中找到自身最感兴趣最擅长的职位，促进未来职业发展；另一方面也能开阔志愿者的视野、增长其技能和扩大其人际范围、充分地发掘人的潜力，使志愿者对组织产生更大的责任感，为志愿者提供更为广阔的发挥舞台。

（3）建立志愿者交流机制

管理者必须学会平衡和统筹兼顾，综合把握组织发展走向，思考组织使命、实现组织目标、展现组织的社会价值。给予管理型志愿者以良好的交流平台是提升其管理能力、激发管理潜能的有效方式。2013 年 1 月，GSH 副秘书长 LAL，在北京 GH 慈善基金会德鲁克管理学院学习《非营利组织的管理》课程。这是 GSH 团队能力建设的第二步，是从组织内部的管理层开始，提高管理者自身水平，提升综合能力和素质。② 单个非营利组织往往没有能力为每个志愿者提供具有专业优势的学习机会，但是如果建立一个交流机制，使不同组织间相互交流共同学习，集思广益，便更容易让志愿者全面发展，充分吸收其他组织优势特长，为本组织的发展注入新鲜血液。

志愿者参与志愿服务行为是由不同动机因素引导产生，树立正确的参与动机不仅影响志愿者个人价值的实现，更关系到志愿服务的长远发展。本章

① 张文静：《中国非营利组织志愿者管理研究》，西北大学博士学位论文，2008 年。
② GSH 西部助学网：《格桑花团队能力建设再升级》，见 http://www.gesanghua.org/Article-Detail/aitid_3089。

以利他主义动机理论作为分析基础,将志愿者的参与动机归纳为四种;按动机认同度的高低排序分别是互惠利他型、理想奉献型、回报倾向型、盲目跟风型动机;受访者对偏向内心需求的动机比偏向于外在诱因的动机认同程度更高,更一致。因此,本章倡导网络公益组织借助媒体工具宣传互惠利他志愿服务精神,引导志愿者树立正确的服务态度,在利己与利他需求平衡的基础上为组织长久持续的贡献力量。

志愿者对于所在团队和服务对象有深厚的感情积淀,激发志愿者参与动机,很大程度上依赖于从情感出发,加强志愿者与服务对象的沟通交流互动。因此在志愿者管理时应强化志愿者情感体验,以满足志愿者为社会为服务对象奉献的动机。根据赫茨伯格的双因素理论,对志愿者进行情感激励和分类管理并不足以全方位满足志愿者的参与动机,除了做好激励因素以外,组织更应不断完善自身志愿者管理规范。

第九章　网络公益组织志愿者的激励机制研究

一、网络公益组织志愿者激励机制的现状

（一）网络公益组织志愿者的激励手段

本部分的调研资料来源于：①2010 年至今笔者三次对网络公益组织实地参与式观察调研；②对 AXMY 国际志愿者团队创始人电话访谈所得的访谈资料；③与 DBYGJ 北京团队负责人（自由枪骑兵）QQ 聊天所得的文本；④对DBYGJ 志愿者（1KG-九曜曜）QQ 访谈所得的资料；⑤对 SH 公益创始人 YJ 的访谈；⑥与 SH 公益优秀志愿者（WC）QQ 访谈的资料；⑦对"JA 中国"公益组织专职干事的访谈文本资料；⑧MT 论坛、博客里的大量文本与音像资料；⑨JXSHFXKL 创始人 LR 所著硕士论文《电子善务的实践与探讨》志愿者激励部分的内容。这些组织的志愿者激励手段或方式，总结列表如下：

表 9-1　网络公益组织志愿者激励的现行方法表

激励的现行方法
1.每个学期的期中和期末对志愿者进行 2 次业务培训。
2. 志愿服务期满 1 年的志愿者，可以申请1000—2000 元的培训资金，用于学习外语、驾驶等，提升自己的综合能力。
3. 提供意外伤害保险。
4. 专职志愿者可以申请 3000—5000 元为期 1 个月的游学资金，并把游学历程以游记形式记录下来。
5. 专职志愿者包食宿。

激励的现行方法
6. 表现突出的志愿者可以优先赴外地参加志愿者活动。
7. 谨记志愿者的生日或重要日子,送出真挚的祝福。
8. 年终评出 2—3 个优秀志愿者,颁发证书。
9. 关心志愿者,抽时间与志愿者聊天,及时疏导志愿者心理的困境。
10. 定期组织志愿者联谊和集体旅行。
11. 年终对有突出贡献的志愿者颁发证书。
12. 提供给志愿者提升个人能力的工作机会。如:社会组织业内的培训、政府设置的评奖等。
13. 关心志愿者,经常与志愿者联系,尤其是无志愿活动时。
14. 志愿活动结束后,提供一个能与其他志愿者交流互动的平台。
15. 在聚餐或分享交流时表扬志愿者。
16. 安排志愿者参与联谊活动,由企业或服务对象送出小礼物。
17. 鼓励志愿者全身心投入到志愿工作中。如:在高校进行宣传时,对回收调查问卷最多的志愿者进行置顶激励。
18. 理念创新、模式创新、公益营销创新吸引志愿者。
19. 授权志愿者独立地处理一些工作的权限。
20. 信任激励。如:团队对组织的信任、团队与团队相互信任、团队内部的相互信任。
21. 志愿者的需要和组织的愿景吻合。
22. 灵活的运作方式和快乐的理念
23. 依托网络平台,内容多以建议的口吻表达。
24. 年终对 MT 志愿者个人及出色的 MT 计划分社进行表彰。
25. 运营维护好 MT 论坛,使其成为志愿者之间交流互动的平台。
26. 坚持财务透明制度,增强志愿者对组织的认同感。
27. 设置负强化。对于新加入 QQ 群的志愿者在两个月中未参加过任何活动或是不发言的将直接移除出群。
28. 及时更新论坛上的内容,吸引志愿者。
29. 根据志愿者的需要匹配志愿者活动。
30. 提供社区、论坛平台,促进志愿者之间互动交流。
31. 让每个志愿者都拥有漂亮的个人主页,志愿工作是志愿者展示表现力的舞台。
32. 提供透明、专业的志愿服务活动。
33. 利用网络平台,使需求者与志愿者充分地交流沟通。

从表 9-1 可以看出,不同网络公益组织对其志愿者有各自的激励方法,但主要是以精神的、伦理的手段为主。

(二)网络公益组织志愿者的激励因素

激励因素是指能够对被激励者的行为产生刺激作用,从而调动其积极性的因素,它代表被激励者最本质的需求,只有当设定的激励活动或目标能够满足某种激励因素时,才会使被激励者产生满意感,从而产生效用价值。

对于网络公益组织志愿者来说,占主导的还是精神激励因素。网络公益组织志愿者的精神需求有:①自我实现的需求,希望通过做志愿者,在服务他人同时自己也获得心理的满足感和愉悦感,达到自我实现的需要。②发展的需要,网络公益组织志愿者希望通过志愿活动,学到一些专业知识,丰富自己的社会实践经验,实现个人能力提高的需要;另外还有部分大学生志愿者认为志愿者的经历,对他们今后找工作能起到很好的作用。以至于在访谈中,某公益资深志愿者王先生自豪地谈道:

> 我现在是一名兼职的志愿者,2008 年时,我是某公益的一名专职志愿者,当时刚大学毕业,什么经验也没有。后来组织请来了专业资深顾问,这对于每一个参与活动的志愿者来说,都是非常有吸引力的。能得到一个专业资深人士的指导,不仅仅是专业上的指导,还有自己生活、工作的指导,那是一件多么"划算"(请允许我用这个词)的事情。

影响网络公益组织志愿者参与志愿活动的金钱和物质因素主要在于活动经费。活动的经费往往都是靠志愿者 AA 制组合起来的,就连志愿者的个人人身意外伤害保险,也是大家集体 AA 制出钱购买的。经费的紧张严重地制约了活动有质量地开展,使志愿者们在出力的同时,还要再耗心,筹集钱款。这种现象不仅使现有的活动不能很好地开展,也使得有些活动不得不中途流产,还使得志愿者的激情受到打击,甚至选择退出组织。事实上,某公益网资深志愿者火兴巴就意识到了这一点:

> 资金的不足使我们的很多活动受到限制,也有一部分志愿者因此离开了志愿者队伍,甚至曾经有志愿者提出,以网络的形式拉广告或者是赞助,可以按照标准进行提成。团队成员提成 20%,团队外的成员提成 15%,这样组织就有了资金用于奖励长期志愿者,也能使组织更好地开展一些活动。

与此同时,某公益资深志愿者王先生也指出:

> 非营利组织如果想发展,一定要有强有力的资金的支持,这样才能保证受救助的人群所得到的服务是持续的,而不是一时的即兴的帮助。资金是必须的。没有资金,不仅部分志愿者会流失,公益组织有时也难以生存下去。

笔者在调查中发现，网络公益组织的志愿者目前在从事志愿活动时，不仅活动经费大多都是 AA 制；而且，很多志愿者表露出如果组织能给予一定的活动津贴补助，将能使他们更好地参与活动。从表 9-1 中我们可以看到，部分志愿者团队，他们现行的激励方式中就有物质奖励。

志愿者对组织的认同感，也决定了志愿者能否持续地进行服务。对组织的强烈的归属感也是志愿者长期持续成为志愿者的重要因素。完善、规范的组织管理制度，一方面有效地保障了志愿者的权利，另一方面也给志愿者提供了很好的锻炼自身能力的平台，使他们在服务他人的过程中，增长了自身的能力。完善的组织管理制度也是吸引和激励志愿者的因素之一。

推崇志愿者的环境氛围，也是促进志愿者参与志愿组织活动的有利因素。北京奥运会志愿者和上海世博会的志愿者得到了全世界人民的好评，正是这种号召全民充当志愿者的精神深深地感染激励着每一个人。崇高的社会道德环境使志愿者们对志愿者组织产生了好奇，他们想了解志愿者、志愿活动，最终想参与到志愿服务中。完善社会对网络公益组织的政策法规，创造网络公益组织良好的外部环境，将使志愿者的激励机制良性地发展下去。

网络公益组织志愿者的精神性激励因素和物质性激励因素相辅相成，调研结果显示，精神性激励因素对志愿者的影响为主，物质性激励因素为辅，两者共同促进志愿者利用空闲时间参与志愿活动。在志愿者激励的各种因素中，应着重考虑志愿者内在精神性因素的影响作用。如某志愿者果果说：

> 我们来做志愿者，本身就是为了能帮助他人，能让他人得到快乐，我们就感到幸福。我们本身就有一份不错的薪资，帮助他人是我们应有的社会责任，所以在朋友的感召下，我就做了志愿者。

有些因素是积极激励志愿者的，而也有些因素是制约志愿者参与志愿活动的，我们把它们称为激励因素和消极因素。某志愿者黄女士曾这样说道：

> 偶尔参加短期的助学活动，感觉还很新鲜，很有热情。但是如果长期做支教，几个月甚至是几年留在贫困的山村做教育，我感到还是很难坚持的。山区艰苦的条件、无聊的生活，都使我感到很烦燥。

某公益志愿者李女士说：

> 我是一名在校的大学生，我很喜欢参加志愿者活动，为这些农民工子弟孩子讲课，看到他们收获知识的喜悦，我心里异常开心。但是由于我自身也来自农村，父母都是农民，家里还有兄弟要上学，在经济上我还是不太宽裕的。如果志愿者组织每次能把我来回参加活动的地铁费报销了，这样就能支持我更长期地为这些孩子讲课。

网络公益组织志愿者具有随意性和不稳定性的特点，那么志愿活动就要求具备趣味性和吸引力。一旦志愿活动本身失去了对志愿者的吸引，比如活动的烦琐，活动中人际关系的不和，可能随时都会导致他们中断志愿服务。如果网络公益组织的志愿者管理还没有具备完善的制度，给予志愿者有效的权利保障和精神激励，志愿者很难有强烈的归属感，也就容易致使志愿者流失。

以上仅列举了部分影响网络公益组织志愿者群体的消极因素。可见网络公益组织志愿者激励的基本逻辑无非是：激励因素的最大化；消极因素的最小化。

（三）网络公益组织志愿者的激励方式

我们把网络公益组织志愿者的激励机制作用方式分为四类：自我发展激励、荣誉激励、社会回馈激励和自我价值激励。

自我发展激励。志愿者在参加志愿活动时，不仅服务于受助方，而且自身也获取社会经验，增加社会阅历，自身的能力也得到了增长，实现了组织和志愿者的共赢。志愿者小香蕉说：

> 我在大学时的梦想一直是毕业后当一名培训师，可我所从事的专业和培训师根本不相关。在 YGJ 做志愿者时，项目负责人请来了专业的培训师为我们进行培训，传授培训技巧，完后还亲自让我们实战演练，这对我来说简直是太好了，使我受益匪浅，专业的培训师还表扬了我，我心里太骄傲了。像这样的活动，我以后还会不断地参加。

荣誉激励。对网络公益组织志愿者实行荣誉激励是最有效也是最常见的一种激励机制。志愿者是高尚灵魂的承载者，他们参加志愿活动最主要的目的是服务于他人,不求回报。所以适时地对志愿者进行精神激励,也是对志愿者的有效激励。社会、组织、学校、家庭对志愿精神大力宣扬,使志愿者感到自豪。某公益资深志愿者王先生谈道:

> 年终时,Y老师对组织作出突出贡献的志愿者颁发"优秀志愿者"小奖杯,我把这个小奖杯放在我家的书架上,有时有朋友来我家做客时,问起我,我感到无比的自豪。告诉他们,这是我做志愿者时,表现突出,不仅从事志愿服务工作的时间长,而且志愿工作完成得也相当出色,Y老师才给我发的小奖杯。

社会回馈激励。虽然绝大多数志愿者都没有想过要回报,但是社会还是要思考并探索给予志愿者回报的反馈激励。志愿者在对受助者进行服务时,应该尽可能地不从受助方获得回报,否则就违背了志愿精神。但社会仍要创造条件,让志愿者的付出得到肯定。目前,社会回馈激励机制在非营利组织中已经开始有所尝试,例如,"时间银行"把志愿者的服务时间记录下来,以便志愿者在需要帮助的时候也能得到相应的帮助;再比如,在一些大城市的落户积分中,有志愿者服务经历的可以折算成相应的积分,这种社会回馈的激励机制无疑大大激发了志愿者的积极性。

自我价值激励。志愿者在参加志愿活动中,不仅给受助者带去了帮助,志愿者自身的价值也得到了积极的肯定和发展。在活动中,他们或者受到资深专业人士的赞许,或者得到来到自受助者的称赞,这都更强化了志愿者自我价值实现的满足和快乐。有些志愿者因为在原有的工作岗位中处于比较低的职位,导致其缺乏自信心,通过志愿服务活动,他们从受助者处得到了正面的积极的肯定,增强了人生自我价值实现的愉悦感。XJY志愿者李先生谈道:

> 我们小时候,对社区中的"问题青少年""边缘青少年"的教育都是过去惯用的一些教育和服务方式,以前所采用的是"帮教服务",明显显示教育者高高在上,使受教育方往往很容易产生抵抗情绪。开展了XJY志愿者服务后,吸引了一些"边缘青少年"参与到志愿活动中,这样他们以主人翁的姿态,在为他人服务的同时,也教育了自己。从而使这些孩子达到了自我教育的目的,使他们的内驱力得到了驱动。

二、网络公益组织志愿者激励
机制存在的主要问题

（一）网络公益组织激励机制不够健全和完善

网络公益组织激励机制不健全和不完善,主要体现在组织引进志愿者人才机制不科学,培训激励机制不足。我们发现网络公益组织的激励机制往往是凭经验进行激励,重复性和普遍性的激励因素较多,影响深层的激励因素却比较缺乏。管理者很少去揣摩志愿者到底真正需要的是什么,他们来这个组织的内心愿望是什么。大多数组织采取的激励都是采取发奖状或发奖杯的传统方式。由于缺乏深层次的激励,社会激励要想达到一定的效果就很难,自我激励达到一定需求将难以得到满足。AXMY 国际志愿者团队志愿者小蓝猪这样介绍道:

> 刚刚参加组织的时候,看到别人在上一年度的颁奖大会上获得奖状,心里很是羡慕,便暗暗下定决心,我一定要努力去做,争取在下一年度的表彰大会上,我也能赢得奖状。由于我在志愿活动中表现积极,工作非常努力,志愿服务的时间在当年度是最长的,所以年终时,领导为我颁发了小奖杯。在后续的活动中,我仍然非常努力,可是下一年度的评比中,我却什么也没得到。领导后来私下找我谈话,你干得很好,我们把荣誉留给新来的志愿者。这使我心里产生了一定的落差,我想做志愿工作,本身是我自愿的,可是当长时间从事枯燥劳累的志愿工作时,心中就会有想退出的想法,如果组织后续再设置新的激励,可能会更加激发我持续地留在组织中,也能调动我服务的积极性。

（二）网络公益组织的激励机制缺乏灵活性和创新性

由于许多社会激励因素都是组织的领导者设立的,志愿者的意见没有被广泛地采纳,更没有让志愿者去参与设计。因此奖励的方式和内容是单一的、机械的,缺乏吸引力。由于志愿者内部自由交流、鼓励创新的氛围不足,志愿者的自我激励因素也受到了思维的制约,不够丰富多彩。

(三) 网络公益组织评估考核制度不科学

网络公益组织对志愿者缺乏一套完善的评估志愿者服务成绩的考核机制,考核体系不够科学、规范。一是考核指标没有针对性,可信度不高。二是缺乏适用性,考核脱节现象严重,考核没有和志愿者的实际服务成绩相挂钩,往往凭上级志愿者经验,这大大地打击了志愿者的积极性。这在志愿者依依那里也得到了验证:

> 我们的团队对志愿者几乎没有考核,我们都是随兴而起,每次活动结束后,大家一起聚会、一起交流,志愿者与志愿者之间进行互相鼓励,经验交流。即使对志愿者有奖励,也是社会企业的赞助品。奖给谁呢? 通常是凭经验,大家推选的办法,没有量化的考核评估机制。

(四) 缺乏健全完善的组织文化

目前我国网络公益组织文化建设意识还不太强,未把组织文化的建设作为激励机制的重要举措。这样便无法吸引更多优秀人才加入到网络公益组织的发展中来,或者说引进来了,也留不住优秀的人才。成员缺乏共同的价值观,缺乏对组织的归属感和认同感,主人翁意识不强,成为网络公益组织志愿者激励机制中的一个瓶颈。某公益资深志愿者林先生在访谈中这样说:

> 网络公益组织要加强志愿者的黏度管理。首先纠正下,是"黏度"不是"粘度"。志愿者的黏度管理是指志愿者与组织以及志愿者之间的亲近关系。任何一个公益组织都需要一批志愿者骨干,"铁打的营盘流水的兵",这句话对于公益组织来说同样适用,但是,公益组织的"兵"流动率越低,其战斗力也越强! 所以,需要通过这种"黏度"的强化,来加强公益组织的稳定性以及活动质量的平稳健康发展!

三、完善网络公益组织志愿者激励机制的对策

（一）严格遵循多元全面持续的伦理价值激励原则

网络公益组织志愿者激励机制的构建应该遵循以下基本原则,力图全面,使志愿者在整个志愿活动中,都能感受到激励。

机构激励原则。绝大多数志愿者都希望在服务中得到组织的肯定和认同,如果得到激励,他们会更加开心。比如机构颁发的荣誉称号、证书,赋予优秀志愿者的等级晋升和管理职务等,这些都代表了组织对志愿者的尊重支持和认同。

适时激励原则。激励要尽量及时一些,靠近志愿者发生行为的时间。这样更加能强化志愿者的受激励行为。在组织内部的宣传栏上设置服务告示板和定期的服务照片展示,也可以把每次的服务照片展示上传在网站上,这样志愿者可以随时看到自己的志愿服务对网络公益组织的贡献和成就。例如,在SH公益智慧之舟工作图书室中,经常有志愿者拍摄志愿活动的照片,孩子们读书活动的照片。

因人而异激励原则。激励的方式方法也要因人而异,同样的激励方法对这个志愿者有效,对另外一个志愿者可能没有丝毫效果。比如,对于渴望获得认同的志愿者我们可以在活动结束后的交流会上,及时地提出表扬,定期发放奖状或奖杯等荣誉进行激励;可以在平时与其他志愿者的谈话中,以这个志愿者为榜样进行赞扬。对于重视成就感获得的志愿者来说,管理者应该大胆地进行授权,让其参与项目的规划与方案实施,在公众场合让其发表看法和意见等都可以激发此类志愿者。对于重视表现自身的志愿者在激励他们时,应该为他们提供与社会各界人士接触的机会,或在主持大会时让其致词等方式对其进行激励。

公平公正激励原则。公平公正地嘉奖所有的志愿者,让所有的志愿者都感到被重视。这就要求组织的管理者要有效地利用评估手段,使志愿者清晰地认识到自己的贡献。一定要秉持公正之心,做到公正公平地奖励所有的

志愿者。

持续性激励原则。网络公益组织对志愿者的激励应是一个长期的行为，必须有持续性。组织的管理者要有一双明亮的眼睛，时时刻刻欣赏着志愿者的闪光点，并记下他们的闪光点，在开会总结时，及时进行表扬。在这一方面，MT 计划做得比较成功。MT 计划于 2013 年 6 月，发布了麦客成长系统，全面开启 MT 志愿者管理，给予志愿者更多的培训与关爱，也给广大志愿者提供了交流的空间。在论坛上，管理者对志愿者进行表彰，志愿者与志愿者之间也经常互相激励。这种持续及时性的激励对志愿者的成长起到了很大的作用。

（二）采用灵活的激励措施

建立合理科学的考评体系。人们无论做任何事，无论做得好与做得坏，如果对于管理者而言都没有任何区别的话，长此以往，会引起优秀志愿者工作的倦怠，更有甚者将会使志愿者选择中途退出。如果网络公益组织内部建立考评体系，根据志愿活动的内容与性质对志愿者表现进行量化考核，将更有利于激励优秀志愿者持续努力。例如：可以开展等级评估法，让其他志愿者与受助者，包括志愿者自身都参与到评估中。按"优、良、合格、不合格"对志愿者实际表现进行评估，志愿者在评估他人时，也清晰地看到了自己的缺点，有利于指引自身改进志愿服务表现。总之，建立合理科学的考评体系，不仅可以大大提高志愿者参与活动的积极性，而且还可以使网络公益组织规范化地发展。某国际志愿者团队志愿者茜茜这样说：

> 在这个大集体中，我成长得非常快，每学期中和期末的考评反馈，都使我了解到工作中的优点和不足，大家在评估会议中的正反馈和负反馈都给我的成长提供了空间。

定期进行交流和总结。每次志愿者活动结束时，管理者们都会召集志愿者在一起进行经验的分享交流，大家在一起畅所欲言，对活动加以总结，志愿者们纷纷说出自己真实的感受，对于一些比较难以处理的问题，大家集思广益，共同想出富有成效的办法。融洽地相处、交流和总结，使志愿者们对组织更加认同，归属感更强。这也是对出色的志愿者和团队进行成绩展示的渠道。通过交流可以使志愿者对所从事的志愿工作有更深刻的认识，对曾经遇到的问题和疑惑,在交流中得到答案,及时地总结经验和教训,从而为以后更好地开展志愿服务工作做好准备。同时,在交流中,大家可以取长补短,获得更成熟更周全的志愿服务。某志愿者小一郎这样谈道:

> 我们每次志愿者活动结束后,大家都会聚集在一起,买些瓜子、茶水,大家边吃边聊,有的伙伴在志愿活动结束后,情绪特别高涨,非常激动,不停地对我们说他听到看到遇到的事情,他快乐激动的情绪也深深地感染了我们。总之,也给我带来了快乐,我也感到抑制不住地喜悦;也有的伙伴表现得郁闷和气愤,他向我们倾诉了在志愿活动中,受助者对他的不理解,导致他出力却没落得好。大家都会告诉他,这样的经历我们曾经也遇到过的,就这样,你一言、我一语,大家都会告诉他如何正确地去处理这样冲突。

建立多元化的激励网络。在网络公益组织内部可以建立多元化的激励网络,精神激励与物质激励相结合,外在激励与内在激励相结合。因为每个志愿者的内心需求是不同的,只有正确深刻地了解把握每个志愿者的心理需求,对其有针对性地激励,才能真正满足志愿者,达到激励的最终目的。例如为志愿者的身份而自豪,为能帮助他人而感到快乐。只有建立多元化激励网络,满足不同志愿者的心理需求,才可以大大地调动志愿者参与志愿组织的积极性。在调研中我们发现大多数志愿者已经脱离了物质上的追求,因此对网络公益组织志愿者的激励应该主要以精神激励为主。此外,还可以学习国外的志愿者激励的经验,比如国外把志愿者的激励与升学、就业等挂钩。这无疑使志愿者获得更充分的尊重,也一定程度上有利于实现他们的自我价值,从而能够更好地推动志愿服务工作长期持续地开展。

第十章　社会组织联盟发展现状及展望

一、国内社会组织联盟现状

国外社会组织通过结成联盟来发展能力、形成合力、抵御风险的历史非常悠久。联盟的组织形式也多种多样,有的联盟对会员有严格的控制,有的联盟则只是一个松散的联系网络。相对于国外社会组织来说,国内社会组织结盟的时间较短、数量较少。

尽管国内社会组织发展时间还不长,但社会组织结盟的趋势在国内将日趋明显。主要的社会组织联盟有如下几个:

专业性社会组织联盟有反家庭暴力网络等,这种类型的联盟为解决我国某一方面的专业问题起到了很大作用;地方性的社会组织联盟有广西某公益网、山东某联盟、湖南某联盟、贵州某网、海西某联盟、四川民间某联盟等,这类型的联盟能够联系一定区域内的社会组织,互通消息促进合作;全国性正式的社会组织联盟还比较少,现阶段一些起到联系和团结我国广大社会组织的网站可以被看作社会组织联盟的萌芽阶段,这种类型的联盟有社会组织发展交流网和中国公益联盟等。

我国正处于社会组织结盟的初期阶段。虽然我国社会组织联盟的发展已取得一定的成绩,数量和规模都在逐年扩大,但是总体而言,我国社会组织结盟还处在初期阶段,这主要表现在以下几个方面:第一,社会组织联盟数量少,类型单一。就目前所掌握的数据和资料来看,我国社会组织联盟数量较少,类型也不够丰富。对比国外社会组织联盟,我国社会组织联盟的发展还有很大的空间。现阶段,很多社会组织还没有意识到结盟的优势,有些社会组织误以为加入联盟会牺牲组织自身的自主性,因此,对于加入联盟存在一定的疑虑,对于结盟的意愿不是很强。但是随着环境的变化和发展,我国社会组织联盟将越来越多,涉及的领域也会越来越全面。第二,社会组织联盟内部管理大多较为松散。我国现有的社会组织联盟在管理方面大都比较松散,在制度建设方面还有很长的路程要走。大多数情况下,我国的社会组织联盟仅仅起到一个交流平台的作用,几乎没有对联盟成员的强制性要求,宽进宽出的低门槛有时候会阻碍整个联盟的运作。联盟的优势在我国还远未发挥出来,联盟内成员之间的契约关系也还没有形成,因此,我国社会组织联盟必须吸收国外经验,加强内部的管理。第三,现有的社会组织联盟几乎都是由社会组织自发成立起来的,在结盟的过程中很少看到政府的参与和引导。我国部分社会组织已清醒地认识到结盟的优势和功能。第四,社会组织联盟的规模较小,社会影响力不大。由于结盟时间不长,我国很多社会组织联盟实力都比较弱小,规模也不够大,大多数情况下只能够影响联盟内的成员,而对联盟外的影响相对比较弱。

二、社会组织联盟的功能和作用

纵观国内外各类社会组织联盟,我们不难发现社会组织联盟绝大部分都具有以下的功能和作用:

(一) 促进社会组织交流合作

尽管不同类型的社会组织联盟的使命和宗旨不同,但都有一个基本特点:信息获取非常便利。随着互联网的进一步普及,联盟成员信息的传播更加方便和快速。现在很多联盟都有自己的专门网站,这些网站的出现极大地促进了联盟成员间的信息交流。当联盟成员遇到困难时可以及时向联盟寻求帮助,而不再只是孤军奋战;当联盟成员有好的想法时可以及时同伙伴分享,减少交流的中间环节,减少"噪音"的干扰。除了在网络上的信息分享和交流之外,绝大多数联盟都会定期举行各种会议。这些比较正式的会议给予会员了解联盟全貌的机会,给予成员参与联盟管理的机会,同时也增强了联盟的凝聚力。另外,这些会议也为联盟成员建立实质性联系搭建了一个很好的平台。联盟内虚拟和实质交互的信息交流可以消除不必要的误会,增加成员间的信赖程度。

经过长期交流而形成的信赖关系比较稳定长久,有了信赖基础合作才能成为可能。几乎所有的联盟都比较重视信息的交流和共享,然而真正意义上的大规模联合行动还不够多,还没有更多地参与社会治理、无法产生足够大的社会影响力。因此,我国社会组织联盟应当促进成员间实质性的合作。

(二) 促进社会组织能力建设

大多数联盟在联盟宗旨中就明确提到要加强联盟成员的能力建设。联盟中集中了比较多的优秀人才,拥有比较多的教育资源,能够针对成员的不同需求开发合适的能力建设课程,而这一些都是单个的社会组织难以实现的。

社会组织联盟进行能力建设的形式也是多种多样的,依托互联网而推出的在线课程是比较受欢迎的形式,联盟成员可以按自身的需求灵活安排学习时间,成本较低但效果却要视具体情况而定。SD 公益联盟有自己定期的 YY 语音活动,进行公益能力培训。联盟通过聘请的方式挑选有经验的培训讲师为成员进行能力建设,活动时成员可以发言,分享自己做公益的心得和经验等,交流各种困惑,获得必要的支持,这就是一种比较轻松简洁的能力建设活动。然而即便是这种比较简易的能力建设活动,在我国的社会组织联盟中还不够普及,很多联盟由于缺乏专业人员,培训的效果也难以保证。因此,我国的社会组织联盟应当多学习国外先进经验,探索开发适合本土的能力建设课程。

除了在线的各种能力建设活动之外,比较具有代表性的能力建设活动还有交流会、讨论会、工作坊等面对面的形式。比如 ANCPCJ 每年会定期召开主题讨论会,会议时间和会议主题会提早 2 个月上传至联盟网站,并下发给各个成员组织。在会议上做报告需提前申请,而真正能够在会议时发言的代表都已经过了层层的审核和筛选。这种形式的会议专业性强,并且能够很好地让成员了解某一方面的前沿动态和处理方法。这种形式的能力建设活动对组织成员要求较高,同时对联盟的管理能力要求也较高,比较适合专业性强、联系紧密的联盟。

(三) 促进社会组织提升影响力

单个的社会组织虽然具有较高的自主性和灵活性,然而在日益复杂的外部环境下,单个组织想要获得发展所需要的资源越发困难。有些社会组织自身管理水平不高,专业性不强,不能够独自面对高风险的外部挑战。在这种情况下,联盟的优势十分明显。结成联盟之后,联盟成员之间可以取长补短,共同抵御复杂多变的外部风险,共同进退。联盟可以代表会员进行活动,形成一个统一的声音,比较容易获得社会的信任,产生比较大的社会影响,让社会公众更加了解社会组织。

我国的社会组织联盟规模一般都比较小,社会影响力也比较有限,这是因为我国的社会组织还没有完全团结起来,形成资源的整合。在这一方面,我国社会组织联盟还有很大的发挥空间,值得所有社会组织共同努力。

(四) 促进社会组织自律

几乎所有的联盟都有一定的规章制度,这些规章制度对于所有会员都具有约束力,如果联盟成员违反这些规定就要受到相应的处罚。遵守联盟规则是成员获得联盟所带来的资源和便利的前提条件。除了正式的规章制度之外,联盟成员之间可以互相监督,所以单个社会组织所面对的监督者增加了。如果成员做出某些严重的违规行为,甚至可能会受到全联盟的谴责和抵制,更严重可能会危及组织的生存。因此,这可以在很大程度上促进社会组织加强自律,避免出现违规违法行为,久而久之也有利于社会组织公信力的建立。

就我国目前的情况而言,社会组织联盟对于促进成员自律的作用还比较有限,要想提高整个社会组织的自律必须从联盟制度建设着手,而制度建设过程中又应该特别注意进入退出制度和财务公开制度的完善。

三、社会组织联盟可能会遇到的问题

从上面的论述中,我们不难发现社会组织结成联盟的各种作用和优势,然而不可忽视的是,我们也应注意到社会组织结成同盟后可能会遇到的种种困境和问题,主要有以下两大方面的问题。

(一) 责任问题

1.成员组织之间的责任问题。社会组织联盟中的成员是以一定的契约方式结合起来的,由于人的有限理性和环境的不确定性,任何契约都是有限理性的,社会组织之间的联盟"契约"的有限理性和"柔性"更加突出。这就使得联盟成员间的合作面临机会主义风险和"搭便车"的可能。某些情况下,单个的联盟成员从未对联盟的发展作出实质性贡献,却可以同等地分享联盟的资源优势;这种情况如果长期发展下去很可能挫伤一些联盟成员的积极性,降低联盟的活跃度和凝聚力。更加重要的是当联盟需要成员为集体的发展付出时,很容易在成员中造成推诿。个别的成员组织因为不负有完全的付出责任,很可能会出现从自身出发考虑问题而不履行义务的情况。因此,很多联盟在后续发展过程中,渐渐失去开始时的活力。可以说建立一整套完善的联盟与成员间的责任机制是维持联盟持续发展的必备条件。

2.联盟核心管理人员责任问题。社会组织联盟作为一个整体,总是需要有一定数量的管理人员来维持整个联盟的正常运转。这些管理人员如何产生是摆在联盟面前的一个难题。除此之外,由于集合所有联盟成员表决形成每一项联盟决定几乎是不可能的,大多数时候,联盟的日常决策都将由少部分联盟核心管理人员作出。因此,这一部分核心管理人员实际上掌握着比较大的联盟权力,这部分人员的表现也将在很大程度上影响联盟的运作。如果这部分人员能够恪尽职守为联盟服务,无疑将极大地促进联盟发展;但是一旦这部分人员内部产生分歧,或者这部分人员滥用手中权力将极大地影响联盟的稳定和发展。如何规范这部分核心管理人员的行为,使其权责对等是联盟需要思考的问题。

（二）管理问题

1. 联盟内部如何决策。联盟由于集合了一批关注点和背景都不相同的社会组织,在决策时尽管能够获得比较丰富的信息,但是从各个角度所传达出的声音也会让决策变得困难。联盟在做出集体重大决策时有义务倾听成员的意见,联盟作为一个整体也理应代表成员的利益,但是这却是个复杂的协调过程。中和协调好各个社会组织的诉求,然后作为一个代表向社会表达出来是件非常不易的事情。另外,联盟日常事务决策的问题、联盟理事会规模问题、联盟理事会成员选择问题等都是值得我们注意的焦点。任何社会组织联盟想要发展壮大,必须建立良好的联盟内部协调和决策机制。

2. 联盟—成员关系问题。不同的社会组织联盟有不同的组织形式。有些联盟管理成熟,对成员组织要求和控制较多,整个联盟有严格规章制度,联盟和会员间关系密切,联盟里信息交流频繁,实质上的合作也很多,这种联盟基本都已经过长时间的发展,资源较充裕,联盟的整体影响力比较大。另外一些联盟只是松散的联系网络,对于联盟中的成员不做过多的要求,成员组织拥有较大的自主性,联盟主要的作用是促进信息的交流,这种联盟一般是社会组织结盟的初期模式。对于联盟内部控制类型的选择是任何一个联盟都需要面对的问题,这两种类型的联盟各有利弊,对于社会组织联盟而言,最需要做的是因时因地制宜来选择最适合的形式。初成立的联盟,需要一步一步积累资源,一点一点建立信任关系,不应当急于求大求成。

四、未来社会组织联盟的发展展望

社会组织结成联盟来共同促进公民社会的发展是大势所趋,在借鉴国外社会组织联盟的实践经验后,我们对我国未来社会组织联盟的发展有以下一些展望。

（一）促进成员间交流和学习，建立团结的学习联盟

社会组织联盟应当时刻关注成员的发展，注重对成员进行能力培训。联盟的发展壮大有赖于单个成员组织的成长成熟，成员组织是联盟的根基。提高成员组织能力的方式方法可以多种多样，采取网络学习和现实会议相结合的方式最为可取。定期举办讨论会则可以促进成员之间直接经验交流、建立联系、获得情感支持、增加联盟的凝聚力。

在联盟开展能力建设活动时首先应当注重培养倾听能力。联盟成员越多，倾听能力越重要，联盟管理层或核心成员组织的良好的倾听能力可以有效消弭联盟中可能的争执和冲突，促进联盟和谐发展。其次，联盟要适当增加成员应对变化方面的培训。当代社会的发展瞬息万变，社会组织面临着前所未有的复杂外部环境，加强成员应对复杂环境的能力关乎很多组织的存亡，适应变化的能力训练应当成为培训的重点。当然，联盟作为新型社会"巨组织"，更加需要增强应对外部变化的能力。社会组织联盟在建设过程中可以借鉴学习型组织的理念，让成员在共同愿景的激励下，通过自我超越、改善心智模式、进行团队学习加强系统思考，建立学习型社会组织联盟是值得努力的方向。

（二）持续关注社会真实需求，建立务实高效的联盟

社会组织联盟的成立是为了更好地实现某些社会治理目标，因此联盟应当谨记自身使命，持续关注和回应社会需求是联盟存在和发展的必要条件。应当谨防联盟结成之后的泡沫化，或者联盟实质功能不断弱化的倾向。联盟的活动应当围绕一定的目标，开展的活动也应当尽量专业化，不必要或者违背联盟宗旨和使命的活动都应当严格控制。联盟必须把有限的资源和精力投入到与自身使命与宗旨相关的社会需求中，只有联盟所做的工作获得社会认可，才可以获得更大的关注和支持，联盟的后续发展才有保证。相对的，成员之间漫无边际的讨论对于联盟的成长是无所助益的，行动比语言更加有力，社会组织联盟需要更加务实高效。

（三）完善联盟信息披露制度，打造公开透明的联盟

社会组织对于绩效和成果的关注通常都低于企业和政府组织，这正是社

会组织联盟需要特别注意和加以改进的地方。联盟作为一个集合体,如果能够加强对绩效、财务、成果方面的管理,对成员就能起到模范带头作用,对于我国社会组织的发展也将大有帮助。具体来说,联盟首先应当注重对财务的公开。公开财务是一种增强联盟社会公信力的有效办法。除此之外,联盟也应当对外公开自身已经和正在开展的项目和活动,这样一方面可以让社会各界直观地了解联盟,另外一方面也可以增加与其他部门和组织合作的机会。完善联盟信息披露制度,这对于联盟的发展不可或缺。

(四) 加强与其他联盟的联系,建立开放动态的联盟

社会组织联盟的一大组织优势在于打破了单个组织的边界,使得资源在联盟内自由流动成为可能,因此,社会组织联盟应当用更加开放的眼光看待组织的外部环境,合作共赢终将成为组织完成自身使命和宗旨的不二法门。今时今日几个组织之间形成的社会组织联盟经过发展,来日可能会成为社会组织联盟与社会组织联盟之间的结盟,可能会成为社会组织联盟与政府的结盟,可能会成为社会组织联盟与企业联盟的结盟,等等。跨部门之间交流和合作的范围会不断扩大、程度会不断加深。因此,联盟应当预见到这种趋势,以积极开放的姿态面对各类型组织,扩大自身影响力,加强与社会各界的联系和交流。

(五) 完成虚拟松散型联盟向虚实结合紧密型联盟的转化

虽然社会组织联盟的组织架构和控制程度各有不同,但纵观各国社会组织联盟的发展历程,我们不难看出,它们都有一个从松散到紧密、从单纯现实或网络的存在到网络和现实结合的存在的发展历程。我国目前社会组织联盟也越来越多,但能够有很大社会影响的联盟并不多,这一方面是由于我国社会组织产生和发展时间还不够长,另一方面也是由于现有的联盟大多结构松散,难以形成一股合力,引起社会的重视。因此,在联盟初建期应考虑现实情况,选择适合自身的初步结盟形式;但当经过一段时间发展,条件成熟之后,应该果断地进行转型,向虚实结合、紧密联系的联盟形式转变,以获得更大的成长空间。

（六）完善社会组织联盟的奖惩机制以及进入退出机制

社会组织联盟在进行制度建设时，必须着重考虑进入退出机制和奖惩机制的完善。进入退出机制的完善是保证联盟顺利运作的重要条件，而奖惩机制是进入退出机制的重要补充。奖惩机制可以作为联盟加强管理的重要手段，奖励和惩罚不仅针对联盟内的组织，也针对联盟内的个人，尤其是掌握联盟重要权力的核心管理人员。奖惩机制的完善可以在一定程度上使相关人员慎用手中权力，全心全意为联盟服务；而且可以在他们做出违反联盟利益的行为时，迅速做出反应。另外，社会组织联盟完善进入退出机制也可以促进成员遵守联盟规章制度，更加重要的是可以增强联盟活力。社会组织联盟如果缺乏进入退出机制，很容易使得整个联盟成为一个固态的封闭的圈子，使得整个联盟缺乏创造性和竞争性。而有了严格的进入退出制度，那些违反联盟制度，长期不参加联盟活动的"搭便车者"将被淘汰出联盟。

社会组织联盟是社会组织合作的一种高级形态，这种合作形态对我国社会组织而言，还尝试得不够多，是一个值得所有社会组织努力实践的新领域，而社会组织结盟的优势也将在以后的社会发展和社会组织的组织行为中越发凸显。

第十一章　社会组织间关系转变路径探析

——从竞争到合作

　　以往的研究都认为社会组织之间是一种平等合作的关系,对于它们之间"合作的原因、方式等都进行过一些探讨"①。然而,最近的研究证实,"社会组织之间存在资源、权力之间的不对等,并且在社会组织数量迅速增加,而公益资金相对减少的背景下,竞争将越发激烈"②。另外,网络公益组织之间的"不信赖、低依赖也会导致社会组织之间不愿合作"③。已有的文献中,对于社会组织之间竞争产生的原因、竞争的表现等甚少提及,因此亟待加深和拓展这方面的研究。

　　随着我国社会组织大量涌现,它们之间竞争逐渐加剧。不管在何种领域,一定程度的竞争能够激发斗志,增强组织适应性,然而当竞争超过一定的界限之后就有可能成为恶性竞争。社会组织也不例外,良性的竞争能够促进社会组织更好地服务社会,但是恶性竞争则可能导致社会资源的浪费,甚至公众对社会组织的怀疑。本章的主要目的是通过分析社会组织之间竞争的表现和形成原因,提出避免组织之间恶性竞争的可能对策,并在此基础上总结社会组织间合作的路径,以期改善社会组织间的关系。

---

　　①　刘春湘、谭双泉:《社会组织合作网络及其联结机制》,《求索》2008 年第 8 期。

　　②　[美]彼得·德鲁克:《社会组织的管理》,机械工业出版社 2007 年版,第 57—60 页。

　　③　何艳玲、周晓峰、张鹏举:《边缘草根组织的行动策略及其解释》,《公共管理学报》2009 年第 1 期。

一、我国社会组织之间竞争的主要表现

（一）志愿者

对于一般的社会组织而言,组织的专职人员较少,因此志愿者对于一个组织来说至关重要。志愿者是实现组织目标的最基础性资源,一个组织志愿者数量的多少,以及志愿者素质的高低,对于组织的发展和壮大有很大影响。组织运转的方方面面,都离不开志愿者的参与和支持,因此,争取更多高质量的志愿者,成为了各个社会组织的客观需求。尤其是能够给组织带来资金支持的志愿者,更是社会组织竞相争取的对象。

（二）公益物资

就我国目前的情况而言,一些社会组织还没有在民政部门注册,很难得到政府部门的财政支持,因此它们只能通过各种其他方式获取一些民间资源。然而根据国家相关法律的规定,此类没有进行登记注册的组织没有公开劝募的资格,所以公益物资获取非常困难。为了更好地实现自身目标,在本就稀缺不足的公益物资当中获得更大更多的份额,成为许多社会组织特别是未注册的社会组织,如网络公益组织的工作重心。而在"蛋糕"不够大的前提下,要分到更多的"蛋糕",竞争必然不可避免。

（三）承接或参与政府公益项目

对于资源比较缺乏的社会组织而言,承接或者参与政府的各项公益项目,不仅能够获得比较充裕的资源,以实现组织的价值,提高知名度、美誉度;还可以通过成功的合作获得政府认可,为组织后续发展打下坚实基础。因此承接和参与政府的公益项目成为许多社会组织的期望。但就目前情况而言,政府购买社会服务还处在一种起步试点阶段,并没有广泛推广开来,因此能够给予社会组织参与和合作的机会并不多。而一旦有与政府合作的机会,必然成为社会组织竞争的焦点。

二、我国社会公益组织存在竞争的原因

（一）社会公益组织定位模糊导致组织行为"跨界"

我国社会公益组织许多都是由热心公益的公民通过互联网等多种方式自发组建起来的。这类社会组织很少拥有专职管理人员，一般情况下，组织的领导者都是由普通的志愿者通过组织内部选举产生。组织的领导者很多都缺乏实际的管理经验，对于组织的管理缺乏科学理论的指导。对于组织使命、组织规划等重视不足；再加上组织自身急切期望通过更多的活动来获得社会认可，因此，越来越多的社会组织以牺牲自身组织定位为代价，对各种社会公益活动都积极涉及，不顾组织的主要使命和宗旨。

例如，环保型的社会组织，号召志愿者维护交通秩序；又或者助学的社会组织"跨界"来扶老助弱等情况，现实中并不乏见。也正因为如此，导致一些使命不同的组织也变得越来越相似。不少社会组织都期望往"大而全"的方向发展，同质化竞争越发明显。"相似"组织之间为了获得更多社会资源，竞争愈演愈烈。

（二）组织利益对组织行为的影响

公益组织产生的初衷是为了公共利益，但是这并不代表社会组织不存在组织自身利益。社会组织在为公共利益服务的同时，也需要寻求组织的发展和繁荣。因此，组织的领导者容易不自觉地从组织利益的角度出发考虑问题，关注组织自身发展的需求，追求短期快速发展的情况比较多见。

有些社会组织，选择积极招募志愿者的方式来扩大在当地的知名度，并且特别关注志愿者的组织忠诚度，甚至出现"涸泽而渔"的倾向。社会组织期望通过招募更多志愿者的方式来获取更多的公益资源，甚至对其他同类的组织产生排斥的现象。这种行为容易造成忽视公共利益，或者为了短期组织利益而牺牲长远公共利益的情况发生，舍本逐末的做法并不鲜见。

（三）社会组织彼此之间信任不足

"网络"被称为打破传统沟通交流障碍的划时代发明，许多社会组织出于节约成本和方便交流的目的，都纷纷选择利用网络作为首要的交流工具。因此从理论上说，社会组织在沟通交流上应该很少存在障碍。然而，实际情况并非如此，尤其是各社会组织之间，很少利用网络的便利进行实质性的沟通和交流。

从目前的情况来看，尽管有了互联网的便利，各社会组织之间沟通的程度还不够深，交流的内容还不够丰富。组织内部一些比较核心和关键的信息，也比较忌讳与其他组织进行分享，在互联网上沟通的信息多是一些私人寒暄。不少社会组织对于交流合作都保持比较审慎的态度，最重要的原因是彼此之间缺乏必要的信任，他们宁愿选择各自默默运作，独立克服组织困难，也不愿与自己不信任的组织进行合作来获得更大的发展。

（四）公益资源的有限性

根据资源依赖学派的观点，资源交换是组织间建立关系的核心纽带。获得并保住资源的能力，是组织生存和发展下去的基本能力。"为了更好的发展，组织必须与那些能够给予自身更多资源的外部行动者进行更多互动交流。"①

对于社会组织而言，为了获得更多的公益资源，组织自然愿意与捐赠者建立良好的关系。然而对于与它竞争有限的公益资源的其他社会组织，则较容易产生抵触的情绪。另外，在社会组织普遍缺乏公益资源的大背景之下，期望社会组织之间能够抛弃固有的组织理念，进行跨组织的资源交换还存在一定的困难。

三、避免社会组织陷入恶性竞争的对策

在我国目前的环境下，要避免社会组织恶性竞争的发生，需要双管齐下、

---

① 何艳玲、周晓峰、张鹏举：《边缘草根组织的行动策略及其解释》，《公共管理学报》2009年第1期。

标本兼治,在减小社会组织间摩擦的同时,加强彼此间合作。

(一) 社会组织应该明确定位

每个组织都是执行一项社会任务的社会器官。社会组织的发展不应该苛求"大而全",而应学习国外的经验,努力走专业化的发展道路。专业化发展有利于组织专注于某些项目和专业性领域,更好地提供服务。

现阶段社会组织应当首先做好内部省视。在充分分析自身优势和劣势的基础上,明确组织愿景。组织所有将要开展的活动或项目,都应当符合其愿景,都应当围绕组织愿景。只有这样才可以集中有限的力量,办力所能及的事情,而不至于为了短期的发展牺牲长远的进步,在各类活动中迷失组织的使命和特性。

(二) 政府部门需加强对社会组织领导者的引导和培训

社会组织领导者的能力和素质会在很大程度上影响组织的发展,加强对社会组织领导者的引导和培训可以大大提高这类组织的管理水平,为它们的发展注入活力。民政部门在积极引导社会组织注册登记的同时,适当举办一些培训课程,为新注册成立的社会组织提供一些技术支持。这样既可以帮助社会组织的管理者更好地了解法律法规,也可以提高组织领导者的管理水平。

当社会组织间出现恶性竞争时,政府部门应当果断采取措施,纠正一些不良行为,避免为了短期组织利益而牺牲长远公共利益现象的发生。在必要的情况下,可以采取处罚措施,对影响行业发展的社会组织进行严肃查处。

(三) 通过各种方式增进社会组织间沟通

通过沟通加深彼此的信任,是避免社会组织之间发生恶性竞争的主要方法之一。组织间的交流可以采取各种灵活的工具和手段,应特别注重实效和深度。网络沟通的便利性、快捷性,可以帮助社会组织快速分享资讯,通过QQ群、电子邮件等,可以极大地帮助组织之间互相了解。在深入了解的前提下发掘组织之间的共同点,找出自身组织的不足,彼此学习促进。

虽然互联网是当今世界最为方便快捷的沟通方式,但是我们也不能忽略现实生活中组织间面对面的直接交流。号召比较有影响力的社会组织牵头，定期举行一些交流会，帮助各个组织直接建立更加牢固的联系，进一步促进组织之间构建起相互信任关系。彼此信任是合作的基石，组织之间有了信任，便可能避免恶性竞争，形成合作关系。

四、社会组织间合作共赢路径

由于社会组织的最终目标都是为社会公共利益而服务，因此，从理论上来说，各社会组织不存在根本性的分歧和竞争，它们之间存在合作的基础和可能。而也唯有合作才是化解社会组织间恶性竞争的根本之道。

结合现有的理论和实地调研情况，社会组织之间的合作路径有以下几种：

表 11-1　社会组织之间可能的合作路径

目标相似度 资源情况	高	低
同缺乏	整合相嵌	抱团抗风险
同丰富	协同增效	信息共享
一丰富一缺乏	互补拾遗	伙伴式外包

（一）整合相嵌路径：节约成本

当组织定位契合度高，组织资源都缺乏时，可以采取整合相嵌的合作路径。整合相嵌路径是现实中最为普遍的一种合作路径，它最大的特色是能够帮助合作双方节约成本。就我国目前的情况而言，大部分的社会组织都处于一种缺乏资源的状态；然而不可否认，随着我国各类社会组织的大量涌现，某些社会组织之间存在一定程度的目标交叉。这些有较高相似度目标的组织与其受制于资源短板，不如大方跨越组织边界，整合彼此手中有限的资源，在组织之间互通有无、相互学习，在实现组织目标的同时达到双赢的结果。某些情况下，通过一段时间的磨合，两个组织可以整合成为一个新的更大的组织。

比如一个防治水污染的组织和一个保护水生动植物多样性的组织,就可以选择整合相嵌路径,两个组织一起开展活动,节约成本,走互利共赢的道路。如果运作得当,两个组织合二为一也未尝不可。这种路径的障碍较少,较容易产生合作行为。

(二) 协同增效路径:提高能力

当组织定位契合度高,组织资源都丰富时,可以采取协同增效的合作路径。协同增效路径比较适合具有一定公益资源基础的组织,这种路径最大的优势是能够帮助合作双方提高自身能力。一些社会组织经过一段时间的发展,组织愿景、目标等都已全面形成,因此,即便目标相似度高,组织之间也有各自的特色,彼此的组织定位是一种"和而不同"的状态。这类组织由于在资源方面比较充足,不需要特别关注资源交换,它们所期望的是通过合作来提升整个组织的运作水平、管理水平。协同增效路径恰恰能够满足这类组织的需要。两个志同道合,又都有一定资源基础的社会组织,通过项目合作,能够分享彼此的经验,切实提高组织能力。此外,两个有资源、有能力的社会组织的通力合作,也是最容易产生实际社会效益的合作路径。

(三) 互补拾遗路径:弥补漏洞

当组织定位契合度高,一个组织资源丰富而另一个组织资源缺乏时,可以采取互补拾遗的合作路径。这种路径最大的特色是能够及时回应社会需求,弥补社会需求不能满足的漏洞。在现实中,我们经常看到一些规模比较大的社会组织,在经过多年发展之后,已经形成了一些特色品牌项目,并且在这些特色项目上积累了大量的经验,获得了良好的社会反响。然而在运作这些特色品牌项目时,它们也会发现一些其他的社会需求,这些需求正是它们组织愿景当中需要回应的那一部分,而让人无奈的是它们缺乏回应这种需求的经验。在这种情况下,这些有资源、缺经验的社会组织,可以考虑寻找与自己组织目标相近,但是缺乏资源的其他社会组织,给提供对方一定的公益物资,让资源和经验更好的互补,弥补这一部分社会需求不能满足的漏洞。

比如一个资源丰富的助学类社会组织,它们的主要目标是让生活在偏远农村的孩子们可以更好地接受义务教育。它们通过走访发现,很多孩子可以接受正常的义务教育,却很难在体育或者美术方面得到专业发展。考虑到组织自身并没有太多为孩子提供这方面服务的经验,它们完全可以邀请其他社会组织一起合作,由一方提供必需的资源,而另外一方直接负责提供服务,双方携手合作,在提供基础知识文化教育的同时,满足孩子们对美术、体育等方面的需求,真正让孩子们全面发展。这种情境下的合作能够在较大程度上减少组织间的摩擦,维持组织间的平衡,也有利于促进公共利益的实现。

(四) 抱团抗风险路径:获得身份

抱团抗风险路径多见于刚刚形成的社会组织之间,这类组织由于刚刚成立,资源、定位都比较模糊,而且经常面临身份不规范的挑战,但是它们具有很大的灵活性和积极性。通过调研我们发现,一些地区的社会组织尽管彼此服务的对象并不相同,但是它们却都没有进行正式的注册登记,它们活动的被认可度并不高,经常受到各界的质疑。为了能继续将组织运作下去,它们不得不选择抱团行动。这些组织期待通过这种合作扩大自身的影响力,获得更大的社会认同,解决尴尬的身份问题。需要特别注意的是,这种路径的合作通常最大的目标并不是为了获得实质性的物资,而是为了在起步阶段获得身份上的认同。

(五) 信息共享路径:增强凝聚力

当组织定位契合度低,组织资源都丰富时,可以采取信息共享的合作路径,这种合作路径能够帮助整个行业增强凝聚力。由于长期以来社会组织都处在一种比较缺乏公益物资的情况之下,导致很多组织都比较在意有形的资源,对无形的资源关注不是特别多。在社会组织交流合作的过程中,信息的互换同样具有重要的战略意义。而当组织之间定位契合度不高时,一起合作具体项目的可能性并不大;加上彼此在有形资源方面都比较充足,不需要向对方组织寻求有形资源的帮助,因此,保持信息交换就成为增强彼此信任的重要途径。这种路径的合作看似不能产生立竿见影的效果,然而它能够在无形中凝聚整个社会团体的力量,而且由于这种合作方式成本极低,各社会组织都愿意参与其中。

（六）伙伴式外包路径:专业化运作

当组织定位契合度低,一个组织资源丰富而另一个组织资源缺乏时,可以采取伙伴式外包的合作路径。这种路径多见于基金会与其他各类社会团体之间,这种路径的合作能够促进社会组织进行专业化分工,提高行业整体实力。在这种路径下,基金会通过寻找合适的伙伴,来给予"一线"的社会组织直接的物资和资金支持,帮助解决资源困境,但是在此过程中基金会一般不负责具体的项目运作,项目由具有专业经验的其他社会组织负责实施。

伙伴式外包路径与互补拾遗路径最大的不同是,伙伴式外包的双方不会同时参与某个项目的具体运作,资源丰富的一方多数情况下只负责提供资源,由另外一方负责项目的具体运作,最后由项目运作方出具项目评估报告,由资源提供方审核。而互补拾遗路径的合作双方会共同地直接参与项目运作,双方对项目运作都负有同样的责任。

第十二章　社会组织结盟原因的个案探究

伴随着经济和社会的进一步发展,组织间的互动与合作程度达到了空前的高度。在社会领域,典型变化之一就是社会组织开始重视彼此间的结盟。在过去的 30 多年间,国外社会组织联盟数量不断增多,各种类型社会组织联盟纷纷涌现。

除了社会组织因素之外,个人因素也是促进社会组织结盟必不可少的要点。联盟最初的发起总是需要一群在筹资能力、专业技能等多个方面有远见卓识的人的大力号召①。也有学者认为机构负责人之间关系的亲密程度或者以往交流的经历,将在很大程度上影响它们最后是否能够顺利结盟②。

已有研究成果没有区分三个层面成因的主次或重要度,也没有对社会组织联盟成因进行综合的系统的分析。由于近十多年来我国社会组织也渐渐走向了结盟之路,成为社会治理的新主体、政治社会团体之外国家与社会联系的新中介。那么,我国社会组织结盟是否也有上述三个层面的成因? 是哪些因素直接、主要地推动了我国社会组织结盟? 本章以 GX 公益联盟为个案,结合自组织理论与实证分析回答上述问题。广西作为西部沿海沿边省份,是社会组织活跃的地区,2012 年 7 月正式成立的 GX 公益联盟是典型的民间自组织自运行的社会组织联合体,探寻其成因具有相当的代表性和典型性。

---

① Taschereau S and Bolger J.Networks and Capacity.*Maastricht*; *European Centre for Development Policy Management*,2006.pp.85-93.

② Keck M and Sikkink K.Transnational Advocacy Networks in International and Regional Politics.*International Social Science Journal*,1999.51(1):pp.89-101.

一、GX 公益联盟成因的自组织理论分析

根据自组织理论,外部控制参量输入系统,系统在内部形成决定未来发展方向的序参量,序参量在催化剂参量的作用下达到一定阈值之后,系统发生突变。通过全程参与联盟筹备与成立的观察结果,结合对联盟成员组织的重点访谈,发现 GX 公益联盟的形成过程具有上述自组织特征和成因构件。

(一) 外部控制参量:社会层面的成因

综观 GX 公益联盟的自组织形成,对其有重要影响作用的外部控制参量概括如下:

社会管理体制改革提供了联盟出现的政治空间。在中央和部分地方政府逐步深化社会管理改革,加强对社会组织引导和扶持之后,广西的社会组织也感受到了政府改革的春风。

> 以前我们搞活动都有很多顾虑,怕街道和社区不理解,到时候反倒阻止我们开展活动,所以我们很少与街道社区打交道,一般开展完活动之后马上就走了。但是感觉近几年好了很多,有时候我们和社区商量之后,他们会支持我们的活动。尤其是最近几年,我们的影响力渐渐大了,很多社区工作人员都知道我们组织。听说广东那边活动做得好,可以获得政府专项支持,我们也想努力一把,试试看能不能获得政府项目。(某义站 GY)

国家层面的社会管理体制改革已经渐渐影响到了各级地方政府,社会组织的现实生存空间得到了扩展,而这些对于社会组织进一步结合形成联盟,创造了重要的政治前提。尽管整体而言社会管理体制改革的步伐正步步推进,但从受访者的回复中我们可以发现,广西社会组织对此的感受存在较大差异,调查问卷中关于此变量的标准差高达 4.67,排在所有变量的首位。这主要是因为作为社会管理体制改革重要标志的政府购买社会组织服务,与生俱来地带有选择性和竞争性。只有具备一定知名度和服务水平的社会组织才可能获得政府青睐,从而获得与政府合作的机会。

法规管制松绑营造了联盟出现的法律氛围。2011年10月广东省出台了《关于加强社会组织管理的实施意见》，这一法规提出"重点培育和优化发展经济类、科技类、公益服务类、城乡社区服务类社会组织，实行直接登记制"。广东的改革首次打破了以往社会组织的"双头管理"。与广东毗邻的广西壮族自治区，也于2012年3月正式宣布对"公益慈善、社会福利、社会服务"三类组织的登记"松绑"，不再要求这三类组织寻找业务主管单位，可直接向民政部门注册登记。一些早有注册打算的组织迅速利用这一利好消息，使组织获得了合法身份。

> 我们组织成立已经3年了，这几年下来，各方面发展得都很不错，但是一直没有找到"婆家"，身份很尴尬。我们一直觉得发展得再好，底气还是不足，有时候对捐助企业也不是很好交代。但是作为一个公益慈善组织，我们知道可以直接登记之后，马上就去了解了情况，材料准备也比较容易，现在我们也将是有"身份"的组织了。（某阅读ZLS）

GX公益联盟作为一个区域性社会组织联合体，存在的合法性在很大程度上受到其成员合法身份的影响。更加简易的登记注册制度，为社会组织合法身份的获得大开方便之门，赋予了GX公益联盟生存的基本法律氛围。

互联网普及节约了联盟沟通的时间成本。随着互联网的普及，即便相距遥远的社会组织也可以通过QQ或者论坛进行交流，相互学习分享经验，互联网在虚拟世界中把广西分散的社会组织初步联合了起来。然而，互联网对社会组织最重要的影响是，依托互联网的低门槛和便捷性，催生了一大批网络公益组织，这些网络公益组织很多都根植于县一级地区，在很大程度上将志愿精神和全民公益精神带到了广西的最基层。互联网的普及为广西各地各级社会组织的出现和发展创造了条件。

立体交通网缩短了联盟成员间空间距离。广西壮族自治区境内山体连绵、岭谷相间、丘陵错综，平地面积只占总面积的三分之一不到，这种典型的喀斯特地形条件对于交通发展十分不利。交通的不便直接限制了广西经济的发展，也从实际上削弱了区内各社会组织的联系。自2008年起，自治区政府做出了掀起交通建设新高潮的决定，而交通的迅猛发展为社会组织在实际中的联系提供了巨大的便利，也极大地促进了GX公益联盟的形成。

以前我们到北海来开会要走整整一天,现在有高速公路,搭大巴也就3个多小时,中午散会,傍晚就可以到家,所以时间还是可以接受的啦。而且来开会可以见到好多以前只在网上聊过的公益伙伴,收获很大呢。听说以后联盟还有培训,我有时间就要来,我学会了回去再教其他志愿者。(某义工协会 LBS)

虽然交通的发展促进了联盟的形成,但是这一变量的影响毕竟不是直接的。一些社会组织,尤其是在交通比较便利地区的社会组织常常感受不到此变量的重要性,因此,这一变量在实证分析中的标准差也比较高,排在所有变量的第二位。

(二) 内部序参量:组织层面的成因

经过一段时间的发展和磨合,社会组织深刻地体会到了过分竞争只会彼此削弱,而只有联合起来才能真正实现双赢,要求"合作结盟"的呼声渐渐成为了整个广西社会组织系统的主流声音,因此,"合作结盟"便成为影响整个系统的内部序参量。联盟能够帮助社会组织提升能力。对于广西地区的社会组织而言,它们的出现大多是自发组织形成的,成长初期缺乏长远规划和系统培训。这些社会组织或许可以依靠志愿者的热情来维持组织运作,然而组织要长久运行下去,仅靠热情是远远不够的。第一届广西公益论坛(联盟活动的主要平台之一)的主题是"非政府组织筹资及本土公益组织生存与发展",筹资能力建设正是当下广大社会组织最迫切需要提升的能力。论坛上来自北京、广东、广西等地的多位专家全方位地向参会社会组织提出了筹资方面的宝贵建议,为广大参会社会组织提供了面对面的培训机会。除此之外,论坛上还讨论通过了由联盟牵头、联盟中培训能力比较强的社会组织(BH 志愿者协会)具体负责实施、在未来为联盟成员组织提供专业化培训的决定。正因如此,参会的社会组织大多都明确感受到了加入联盟的优势,纷纷选择加入联盟。

联盟能够优化社会组织间的关系。竞争与合作总是相伴相随的,一定程度的竞争甚至可以促进整个系统更加高活力的发展,然而竞争一旦过度则可能演变成为恶性竞争,这种恶性竞争将损耗系统的活力,影响系统的良性发展。广西社会组织之间合作一直是主流,但这并不代表竞争不存在。尤其在筹资方面,竞争一旦失控,很有可能会造成社会组织之间关系的疏远,也将大大折损整个广西社会组织行业的内部凝聚力。而如若团结起来形成联盟,则可以以联盟的名义向社会募集资金,作为广西最大的社会组织联合体,联盟的社会影响力和公信力必将大大超过单个社会组织,其社会筹资能力也将远远高于单个成员。以联盟的形象向社会招募资源,从实际上来说将达到"开源"的效果,也将在很大程度上化解成员之间可能发生的恶性竞争。

分析数据也证实,社会组织之所以选择加入联盟,很大程度上是出于优化彼此关系的考量。但耐人寻味的是,在此因素下的两个变量,减少摩擦的均值高于建立信赖关系的均值。这表明,社会组织选择结盟主要是为了缓解如今在筹资、获得政府项目等方面可能越发激烈的摩擦。因此,社会组织联盟在生发及运行过程中都必须关注成员组织之间关系的优化和改善。

联盟能够帮助社会组织获得资源。研究数据显示,在所有变量中,认可度排最高的是寻求外部资源,这表明绝大部分社会组织都承认促使它们选择结盟的最直接原因是依托联盟的力量向社会寻求更多的资源、促进自身发展和完善。而从实际效果来说,扩展寻求外部资源的渠道,也能减小社会组织之间发生摩擦的可能性。因此,社会组织联盟不论是在筹备阶段还是在成立之后,都应当注重拓宽外部公益资源获取渠道,以此来激励社会组织加入联盟和维持联盟稳定。

现在总体来说,做公益的环境有了很大改善,但是对于我们这种公益组织而言,资源困境还是我们无法回避的问题,我们甚至需要花上一多半的精力来筹集善款和物资。我们希望联盟能够给予我们一些帮助,帮助我们与社会爱心人士或者爱心企业建立联系,解决我们的资源困境。(某志愿服务队 PC)

除了向联盟外部寻求资源之外,实现资源内部跨组织横向流动,也是激励社会组织结盟的一个重要原因,它与扩展社会关系网络一起并列排在所有变量认可度的第三位。而社会组织联盟间的资源跨组织横向流动,从实际效果上来说,帮助实现了组织之间资源的优化重组。

我们群建立的时间比较早,也开展了不少的活动,有一些固定的爱心企业家会给我们捐款捐物,而且我们拓展了一系列的资金募集方法,如:爱心义卖、开淘宝义卖网店等,目前来说我们组织已经基本可以募集到日常开展活动所需要的资金,不需要为物资和资金的募集而特别伤神。但是我们在志愿者培训方面比较缺乏经验,我们群流动性比较大,很多志愿者来参加了一两次活动就走了。有些志愿者觉得一直做公益会累,会迷茫,我们很想请人来帮我们解答这些问题,但是我们有时候也不知道应该向谁求助。(某协会 ZK)

我们组织成立已经有 6 年多,在本市也算有一定的知名度,但是在资金募集时还是会遇到很多困难。一些企业不太相信我们,还有一些企业有意向捐款捐物,但是由于我们组织没有正式注册,企业捐赠之后也无法获得相应的税收优惠,因此难以与企业形成长期的合作伙伴关系。但是我们的志愿者很多都有比较高的学历,学会计的、学管理的都有,我们自信有能力管理好自己,能够高水平地完成项目,但就是缺启动项目的资金。(GX 公益联盟 HJ)

这样两种比较极端的状态在广西社会组织中并不鲜见,而要解决这种困境,最好的办法就是这两家组织互通有无,实现公益资源在社会组织之间的内部横向流动。但是两家交集不多的社会组织很难发现对方身上的亮点,也难以完全信任对方。然而如果加入联盟,则有更多的机会深入了解各成员的优劣势。另外,随着联盟成员间交流的深化,彼此信赖关系的建立则更有可能帮助社会组织之间实现资源的跨组织流动。除了实体资源的获取之外,软资源的获取也越来越受到社会组织的重视。实证数据显示:在激励社会组织结盟的原因中,扩展社会关系网络成为与获取外部资源同等重要的变量。

联盟能够提高社会组织的社会影响力。截至 2013 年 8 月,GX 公益联盟的社会组织成员共有 59 家,其中已经注册的正式会员只有 19 家,联盟中有大量的还未获得民政注册的社会组织。它们面临的最直接的问题便是:如何实现身份的转变,获得更为充足的合法性。而在现实中,一些弱小的社会组织由于各种原因,在注册过程中举步维艰。但是加入 GX 公益联盟,有更多机会与已经获得较高社会认可度的组织共同运作项目,从而提升自身的知名度和社会影响力;并在注册中直接得到联盟成员组织的帮助和鼓励。

> 我们加入联盟这一年最大的收获是我们终于完成了注册(准备)。开始我们也觉得注册很难,但是联盟里面不少非政府组织都在准备注册,我们可以讨论怎么规范地填写表格;而且联盟里有些组织已经注册了,它们把经验和办法告诉我们,我们少走了很多弯路,几个月时间我们就准备好了所有材料,拿到批文只是时间问题了。(某志愿服务队 LZY)

（三）催化剂参量:个人层面的成因

GX 公益联盟的形成除了社会和组织层面的原因之外,个人的号召和推动也是具有重要意义的变量,相当于系统突变的催化剂。

知名公益人物的号召促进结盟行为。建立一个可以团结 GX 公益社会组织的平台,一直是 BH 志愿者协会会长 XHO 的理想,多年的公益服务经验让她深刻体会到了合作的力量,然而受制于种种客观条件的限制,这一理想被搁置多年。LY 博士曾经担任国际野生动植物保护中国部国家项目主任,作为一个有多年社会组织从业经验的高级管理人才,LY 博士十分赞同 XHO 的意见和看法,并联合了其他 3 家也有此意的机构共同发起成立 GX 公益联盟。由于二人都扎根广西,在社会组织中奉献多年,在整个社会组织行业内有口皆碑,他们的提议得到了许多社会组织的回应。

> 我之所以来开会是因为我相信 XHO 大姐,XHO 大姐这么多年对我们组织帮助很多。我想来看看公益论坛到底是想讨论些什么?公益联盟对我们到底有没有帮助?如果真的能够对我们有帮助,我们一定乐意加入。(某服务中心 MK)

最初抱着响应知名公益人物号召的心态来参加公益论坛的社会组织并不少,然而随着论坛的开展,它们的各种疑虑也得到了消除,渐渐发现和认识到公益联盟的确对自身发展有很大帮助。因此,在信任的前提下,选择加入了 GX 公益联盟。

专家学者的研究给予联盟形成以理论支持。广西大学公共管理学院多位教授长期担任多家公益机构的咨询顾问,通过中外社会组织联盟的对比研究,厘清了社会组织联盟的作用和优势。他们还在第一届 GX 公益论坛上作了专题报告,使参会社会组织第一次比较清楚地认识到了联盟的本质和作用,也为联盟的后续发展指明了方向。专家学者对国外社会组织联盟的研究,给予了 GX 公益联盟形成直接的理论指导。

二、GX 公益联盟成因的实证分析

《GX 公益联盟成因分析调查问卷》的第一部分为引入性问题,主要包括加入联盟时间、组织所处地域等受访社会组织的基本情况;第二部分则是主体问卷部分,结合现有文献和前期调研情况,主要从社会、组织、个人、无目的跟从四个维度来探讨社会组织联盟的成因,每个维度之下再细分若干可操作变量,调查对象在认为最符合实际情况的分值下打钩。

问卷发放主要通过电子邮箱邮发,调查样本主要是在第一届 GX 公益论坛上就加入联盟的 59 家公益组织。这些组织作为联盟的第一批成员,它们的想法能够集中反映联盟形成的条件和原因。本次调查共发放调查问卷 50 份,占样本框(第一批联盟成员)的 84.7%;回收 31 份,有效份数 31 份,占样本框的 52.5%。在问卷回收之后,为了检验数据的有效性,特意随机抽取了 5 家位于南宁的公益联盟成员进行了重测。效度检验结果显示,重测数据与样本数据在均值方面差异度极低,说明此次调查问卷的数据具有相当的一致性和稳定性(见表 12-1)。

表 12-1 样本组和参照组对比情况表

问题	参照组			样本组		
	N	均值	标准差	N	均值	标准差
公众积极参与公益的热情	5	6.56	2.10	31	6.57	2.08
政府购买社会组织服务的改革	5	5.47	4.66	31	5.46	4.67
民政部门登记制度的简化	5	6.40	3.59	31	6.38	3.60
电脑及互联网的普及	5	6.85	1.87	31	6.85	1.85

续表

问题	参照组			样本组		
	N	均值	标准差	N	均值	标准差
交通的便利	5	4.51	3.30	31	4.50	3.90
能够帮助我们组织提升各种能力	5	7.60	1.80	31	7.58	1.82
能够促进非政府组织间建立信赖关系	5	6.41	2.45	31	6.42	2.43
能够缓解非政府组织间的摩擦	5	6.86	2.78	31	6.90	2.83
能够帮助非政府组织间实现资源共享	5	7.40	0.96	31	7.38	0.90
能够帮助我们组织获取更多外部公益物资	5	8.12	1.01	31	8.12	0.97
能够帮助我们组织扩展社会关系网络	5	7.37	2.43	31	7.38	2.48
能够帮助我们组织获取合法性	5	6.00	3.10	31	6.00	3.12
我们信赖的公益人物是 GX 公益联盟的支持者	5	7.05	3.45	31	7.04	3.45
政府的重视	5	1.36	0.46	31	1.35	0.56
专家学者的介绍	5	5.51	0.95	31	5.50	1.15
大家都加入了联盟，我们也加入了	5	1.08	0.03	31	1.12	0.09
有效的 N	5			31		

为了厘清社会组织联盟形成的主要原因，将 16 个 GX 公益联盟成因变量的均值进行了降序排列；而为了掌握社会组织之间对联盟成因认可的差异性，又将 16 个 GX 公益联盟成因变量的标准差进行了升序排列。变量均值越趋向于 10，则表明这个成因变量在受访社会组织中的认可度越高；而成因变量标准差越大，则表明受访社会组织对其的认可差异度越大。GX 公益联盟成因分析中的 16 个变量，均值分布在 1.12 至 8.12 之间，而社会组织联盟成因变量的均值和标准差大体上成反比。从表 12-3 中可知，社会层面原因和组织层面原因下设的问题，非常同意和比较同意的百分比平均分别达到 38.6%、67.43%，说明大部分受访者都认可社会层面的原因和组织层面的原

因是社会组织联盟形成的主要影响因素,其中组织层面的原因则更为重要。而盲目跟风型原因的认同率则极低,说明大部分社会组织都是根据需要来选择是否加入联盟。个人层面原因数据的标准差值比较大,说明受访者对于个人层面原因的看法差异度较大。

表 12-2　GX 公益联盟成因均值和标准差排序

问题	均值 降序排列	问题	标准差 升序排列
能够帮助我们组织获取更多外部公益物资	8.12	大家都加入了联盟,我们也加入了	0.09
能够帮助我们组织提升各种能力	7.58	政府的重视,激励了我们加入GX 公益联盟	0.56
能够帮助非政府组织间实现资源共享	7.38	能够帮助非政府组织间实现资源共享	0.90
能够帮助我们组织扩展社会关系网络	7.38	能够帮助我们组织获取更多外部公益物资	0.97
我们信赖的公益人物是 GX 公益联盟的支持者,因此我们愿意追随	7.04	专家学者的介绍,让我们觉得加入 GX 公益联盟可以得到更好发展,因此加入联盟	1.15
能够缓解非政府组织间的摩擦	6.90	能够帮助我们组织提升各种能力	1.82
电脑及互联网的普及,激励了我们加入 GX 公益联盟	6.85	电脑及互联网的普及,激励了我们加入 GX 公益联盟	1.85
公众积极参与公益的热情,激励了我们加入 GX 公益联盟	6.57	公众积极参与公益的热情,激励了我们加入 GX 公益联盟	2.08
能够促进非政府组织间建立信赖关系,是我们加入 GX 公益联盟的原因	6.42	能够促进非政府组织间建立信赖关系,是我们加入 GX 公益联盟的原因	2.43
民政部门登记制度的简化,激励了我们加入 GX 公益联盟	6.38	能够帮助我们组织扩展社会关系网络	2.48
能够帮助我们组织获取合法性	6.00	能够缓解非政府组织间的摩擦	2.83
专家学者的介绍,让我们觉得加入 GX 公益联盟可以得到更好发展	5.50	能够帮助我们组织获取合法性	3.12
政府购买社会组织服务的改革,激励了我们加入 GX 公益联盟	5.46	我们信赖的公益人物是 GX 公益联盟的支持者,因此我们愿意追随	3.45

问题	均值降序排列	问题	标准差升序排列
交通的便利,激励了我们加入GX公益联盟	4.50	民政部门登记制度的简化	3.60
政府的重视,激励了我们加入GX公益联盟	1.35	交通的便利,激励了我们加入GX公益联盟	3.90
大家都加入了联盟,我们也加入了	1.12	政府购买社会组织服务的改革,激励了我们加入GX公益联盟	4.67

最后,问卷调查结果的统计与描述如下:

表 12-3 GX 公益联盟成因变量分析统计分布表

问题	所属维度	非常不同意	比较不同意	不确定	比较同意	非常同意
公众积极参与公益的热情	社会层面的原因	0	0	0.50	0.42	0.08
政府购买社会组织服务的改革		0.04	0.19	0.46	0.31	0
民政部门登记制度的简化		0	0.08	0.46	0.38	0.08
电脑及互联网的普及		0	0	0.42	0.46	0.12
交通的便利		0.04	0.46	0.42	0.08	0
能够帮助我们组织提升各种能力	组织层面的原因	0	0	0.19	0.58	0.23
能够促进非政府组织间建立信赖关系		0	0.07	0.50	0.31	0.12
能够缓解非政府组织间的摩擦		0	0	0.34	0.58	0.08
能够帮助非政府组织间实现资源共享		0	0.04	0.23	0.50	0.23
能够帮助我们组织获取更多外部公益物资		0	0	0.03	0.62	0.35
能够帮助我们组织扩展社会关系网络		0	0	0.23	0.62	0.15
能够帮助我们组织获取合法性		0	0.11	0.54	0.31	0.04

续表

问题	所属维度	非常不同意	比较不同意	不确定	比较同意	非常同意
我们信赖的公益人物是 GX 公益联盟的支持者,因此我们愿意追随	个人层面的原因	0	0	0.35	0.54	0.11
政府的重视,激励了我们加入 GX 公益联盟		0.85	0.15	0	0	0
专家学者的介绍,让我们觉得加入某公益联盟可以得到更好发展,因此加入联盟		0.04	0.19	0.38	0.27	0.12
大家都加入了联盟,我们也加入了	盲从	1.000	0	0	0	0

组织层面原因的认可度最高。组织层面原因非常同意和比较同意的百分比高达 67.43%,而其各可操作变量按均值降序排列依次为:获取外部资源(8.12)、提升组织能力(7.58)、资源跨组织流动(7.38)、拓展组织关系网络(7.38)、缓解组织间摩擦(6.90)、促进社会组织建立信赖关系(6.42)、帮助获得合法身份(6.00)。调查数据表明,组织层面原因的均值达 7.11,均值居第一位。这充分表明,广西地区的社会组织选择结盟最主要和直接的原因是组织的需要,而且从组织层面原因 7 个变量的标准差可知,这一组变量的标准差都较小,稳定性较强,是维持联盟稳定和发展壮大的最主要刺激因素。因此,要顺利地建立社会组织联盟,必须给予社会组织实实在在的帮助,才可以不断吸引社会组织加入联盟。GX 公益联盟成因实证分析结果与自组织理论相关命题相吻合:内部参量(组织自身的变量)对系统进化的影响是最基础和最重要的。

社会层面原因的认可度次高。社会层面原因各变量按均值降序排列依次为:电脑及互联网的普及(6.85)、"双重管理"破冰(6.38)、政府购买社会服务(5.46)、交通的发展(4.50)。社会层面的原因认可度为 5.95,位于社会组织联盟成因四个维度的第二位。数据显示:受访者对于社会层面原因的认可度低于组织层面的原因,绝大部分受访者对于社会层面原因的影响都不太确定,也许是由于社会层面原因对社会组织联盟形成的影响并非是直接的。

个人层面原因的认可度差异很大。个人层面原因各变量按均值降序排列依次为：公益人物的倡导（7.04）、专家学者的建议（5.50）、政府的重视（1.12）。个人层面原因认可度为4.55，位于联盟成因四个维度的第三。这个维度当中的三个变量均值差异度非常大，大部分社会组织都承认加入联盟受到了其他有影响力公益人物倡导的影响。

无目的跟从的认可度极低。"无目的跟从"选项在受访成员组织中的认可度极低，在一定程度说明 GX 公益联盟成员组织是根据自身需求来选择最优策略，而不是无目的的盲目跟从。

国内外已有研究成果虽指出了社会、组织、个人等因素在促进联盟形成过程中的重要性，但缺乏宏观及综合性的审视，也缺乏对本土个案的深入探索。就我国目前的情况而言，社会、组织和个人三个层面的因素，在促进社会组织联盟的形成过程中缺一不可；组织层面原因是促进社会组织联盟形成最为直接和主要的原因。本土社会组织在发展壮大中为了获得更多资源、提升能力和实现资源共享，会产生直接的结盟需求；而政策环境的改变、互联网的普及等社会层面的因素，对联盟形成的影响大多是间接的；从均值排序来看，虽然个人层面原因总体排名较为靠后，我国榜样性公益组织领军人物在联盟成因中作用依然较大。

自组织理论比较贴切地解释了社会组织联盟的成因。以自组织理论来审视，GX 公益联盟的形成是一个典型的自组织演变过程。在联盟形成过程中广西各社会组织受到内外部各因素的影响，而这些影响因素就是自组织体系当中的参量。社会层面原因作为外部参量，引入不均导致社会组织之间出现了最初的发展不平衡（系统非平衡态），这种不平衡实质上造就了一批有带头示范作用的机构和个人的出现；在互动中社会组织从组织需求出发，发现了合作的优势，产生合作的愿望和需求，"合作结盟"渐渐成为了系统的内部序参量，这种序参量在系统内部逐渐扩张，最终在个人层面的催化剂参量作用下共同推动了广西民间公益组织的结盟。

结　　语

　　课题组发掘和总结了网络公益组织运行机制方面的"组织身份的规范化""组织形式的科层制""组织运行的道德契约约束论""运行过程的信息化""志愿者管理的伦理化""资源动员的社会网络化"以及"组织间关系的中心化"等趋势和机理。

　　"组织身份的规范化":网络公益组织 MT 计划的规范化实践是一个先行道德资源动员,再策略性地利用政策来谋求规范化扩展过程;伦理合理性是其规范化的基础;道德资源动员与政治机会结构利用是其手段;上述"实践过程""价值基础""手段方式"三个变量所呈现的特质构成了"MT 计划"的合法化模式。

　　"组织形式的科层制":考察了组织结构、规范秩序与活动模式三个维度的科层制张力,认为网络公益组织形式的科层制变迁是一个组织成长的理性化进程,受效率机制、权力机制和合法性机制的支配。为韦伯关于组织"科层制"不可逆转的预言与科层制具有工具合理性的主张提供了新的证据,有利于重新认识"科层组织"与"有机组织"之间的关系。

　　"组织运行的道德契约约束论":针对本土社会公益组织的志愿失灵问题,提出了"民间公益组织的领导者的道德感召力、组织公益使命、社会问责、赠与合约、志愿者成就感与归属感等五个因子融合构成一种道德契约,约束与激励着组织不断地追求卓越"的论断。道德契约在组织成长与运行中,近似于企业的利润硬约束;道德契约约束为克服民间公益组织的志愿失灵提供了另一种可能的对当前我国民间公益组织发展运行的解释,解答了民间公益组织何以可能克服志愿失灵的问题。

"资源动员的社会网络化模式"：网络公益组织依托互联网，通过对资源动员动力的挖掘、转化和监控反馈，并综合采用信息化、伦理化、合法化、市场化与社会关系网络化策略，与网民、政府、（新）媒体、企业及其他社会组织形成良性互动，充分利用组织的社会资本整合组织内外部环境、网络世界与现实世界的资源，筑起网状资源支持系统，最终达成组织目标。该模式可为其他社会组织的资源动员提供经验借鉴。

"组织间关系的中心化"：组织层面的原因，尤其是寻求外部资源补给和提高自身能力的考量，是民间公益组织结盟最根本的动因。GX 公益联盟的形成是一个典型的自组织发展过程和阶段。社会经济政治和科技变迁层面的相关变量作为外部参量引入，造就了区域内一定数量的民间社会组织群体，并出现一批有影响力的机构和个人，他们成为内核，牵引着周围组织；区域内民间社会组织在互动中，产生了"结盟能够帮助自身提升能力""优化组织间关系""帮助获得资源""提高组织影响力"等内部序参量；内部序参量在个人感召力等催化剂参量共同作用下推动结盟顺利完成。结盟是一个行业成熟标志之一，表明该行业领域内组织间关系的中心化或核心化，体现了社会领域自组织治理功能的相对健全。这一发现及对其进一步的考察最终形成笔者的国家社科基金重点项目"社会组织联盟社会治理功能的有效性与合法性研究"的申报与获批。

上述研究结果围绕着一个主题，即社会转型过程中的新型社会组织（网络公益组织）的生长运行的机理、逻辑与规律，它们揭示了网络公益组织运行机制的核心特征，即制度与资源约束条件下的自组织生长与治理；它们见证了社会的自组织性成长智慧和自治理能力。

当今中国社会的自组织性成长的画卷早已展开，课题组成员就像进入了一个中国社会组织发生与呈现的绚烂花园，并有幸近距离观察与"剖析"了其中几株幼苗，身临其境某个区域的幼苗的成长与连片过程。换言之，课题组将对社会组织的研究聚焦于审视网络公益组织运行机制，从组织身份、组织形式、运行过程、志愿者管理、资源动员与组织间关系变化六个方面，考察和审视了网络公益组织是如何达成集体行动并使集体行动持续下去以达成组织目标的；归纳了它的运行机制的核心特征、模式与机理。在组织形式方面，考察并发现了新型社会组织的科层制过程与机理,认为公益有机组织的科层制是组织理性选择的结果;在组织行为上,审视了公益社会组织的规范化实践,并针对志愿失灵的理论和现实提出了"道德契约约束论",以解释民间公益组织追求卓越的行为机制;在组织关系发展趋势方面,考察了一个区域性民间公益组织联盟的自组织生成原因和联结机理,为社会的自组织性成长提供了一个典型案例。我们希望这些网络公益组织成功的成长路径、运行机理、行为逻辑可为其他网络公益组织的良性运行提供经验借鉴。我们也期望,关于社会具有自组织性的命题及其现实印证,能够为当前繁重的社会治理体系的系统工程建设提供另一个可以参考的理论视野或路径选择,为地方政府切实落实党的十八大以来的创新社会治理体制体系的召唤,特别是放开与促进公益类、行业服务类、科技类社会组织发展的要求,提供本土经验依据。

当然,上述研究结果是集体劳动的结晶;部分成果已刊于《中国非营利评论》《中国行政管理》《学术论坛》《学习论坛》等刊物上;文责由我全部承担。本书作者主要是 2005 年以来我指导的行政管理专业的研究生:杨宇(广西民族大学教师,浙江大学博士在读,第一、二章);罗丹(湖南大学博士在读,第十至十二章);吕刚(广西大学博士在读,第三章);罗继承(第四章);李燕(第五、六章);葛晶爽(第七章);王娟(第八章);张田霞(2010 级全日制 MPA,第九章)。杨宇、罗丹是勤奋又有悟性的学生。课题创意、课题申报书初稿都是杨宇完成的;罗丹在随我调研的过程中敏锐地捕捉到组织间关系的不协调,并将目光聚焦到民间公益组织联盟上来。

书稿得以出版,衷心感谢人民出版社的武丛伟编辑。十年前有缘在南宁和桂林结识,再未谋面,却成莫逆。她的关心与鼓励让我不敢、不能、也不甘放弃这个任务的完成,哪怕是粗糙地完成,落个贻笑大方,他(它)们也是"原生态"的研究主客体的样子和见证。

我内心深处始终感恩着一个人,他就是广西大学公共管理一级学科的博士生导师谢舜教授。在我攻读硕士学位期间,他布置一个学习与梳理当时热门的知识管理理论与文献的任务,让我有幸在 20 世纪 90 年代末接触到德鲁克的管理理论,特别是其非营利组织管理的思想,种下了我进入社会组织领域的种子。他所提出的中国社会组织生发机制的"嵌入性"和"场域性"等范畴,对我有启迪之功。诚然,我更倾向于"自组织性"。

2019 年 3 月的一场大病,让我更加感受到自己的使命,完成这本书,算是我对多年来的研究的一个交代吧。

王玉生

2020 年 1 月 1 日于南宁建苑小区

2020 年 4 月 24 日于北海第一城修订

2020 年 7 月 6 日最后一次统稿

参 考 文 献

中文期刊

高丙中:《社会团体的合法性问题》,《中国社会科学》2000 年第 2 期。

边燕杰:《城市居民社会资本的来源及作用:网络观点与调查发现》,《中国社会》2004 年第 3 期。

包利民:《内约与外约:对于社会契约模式的一个再思考》,《江海学刊》2005 年第 1 期。

陈佳:《关于中国青年志愿者组织发展现状的思考》,《理论界》2006 年版。

陈丝丝、范犠:《微博环境下的社会动员与集体行动研究——以"杨达才事件"为例》,《西南农业大学学报》2013 年第 7 期。

成云雷:《榜样力量与人格优化》,《山东社会科学》2006 年第 7 期。

邓万春:《社会动员——能力与方向》,《中国农业大学学报社会科学版》2007 年第 1 期。

邓国胜:《中国非政府组织发展的新环境》,《学会月刊》2004 年第 10 期。

段华洽:《中国非政府组织的合法性问题》,《合肥工业大学学报(社会科学版)》2006 年第 6 期。

丁惠民、韦沐、杨丽:《网络动员及其对高校政治稳定的冲击与挑战》,《北京青年政治学院学报》2006 年第 2 期。

邓伟志、钱海梅:《中国社团发展的八大趋势》,《学术界》2004 年第 5 期。

费爱华:《新形势下的社会动员模式研究》,《南京社会科学》2009 年第 8 期。

冯仕政:《西方社会运动研究:现状与范式》,《国外社会科学》2003 年第 5 期。

郭维平、左军:《中国共产党的社会动员模式研究》,《扬州大学学报》2011 年第 2 期。

甘泉、骆郁唐:《社会动员的本质探析》,《学术探索》2011 年第 2 期。

郭国庆、李先国:《国外非营利机构筹资模式及启示》,《经济理论与经济管理》2001 年第 12 期。

侯俊东:《社会组织竞争:条件、层次及基础》,《学会》2011 年第 6 期。

华黎明、李洪丽:《非营利组织的人力资源构成与管理》,《法制与社会》2008 年第 5 期。

何国平:《网络群体事件的动员模式与阿络舆论引导》,《思想政治工作研究》2009 年第 12 期。

郝刚:《社会化动员的发动与实施——从"北京车友应急志愿者总队"的工作谈起》,《北京城市学院学报》2012 年第 5 期。

侯保龙:《我国民间志愿性慈善组织的困境与政府管理创新一种善治的话语分析》,《湖北社会科学》2012 年第 2 期。

候江红、王红晓:《论我国非政府组织的筹资举措》,《求实》2004 年第 6 期。

郝臣:《信任、契约与网络组织治理机制》,《天津社会科学》2005 年第 5 期。

贺运政、马昊:《信息化时代政府与社会关系的重构》,《理论导刊》2011 年第 2 期。

胡德平:《志愿失灵:组织理论视角的分析与治理》,《理论与现代化》2007 年第 2 期。

江汛清:《中外志愿活动比较》,《青年研究》2003 年。

蒋亚隆:《在线群体中的社会动员模式探析》,《复旦论坛》2009 年第 12 期。

康晓光:《转型时期的中国社团》,《中国青年科技》1999 年第 3 期。

康晓光:《分类控制:当前中国大陆国家与社会关系研究》,《开放时代》

2008 年第 2 期。

刘春湘、谭双泉：《社会组织合作网络及其联结机制》，《求索》2008 年。

李磊、王名、沈恒超：《网上社团及其管理：NGO 新领域探讨》，《南京社会科学》2002 年。

李良进：《青年志愿者行动的社会功能研究》，《青年探索》2002 年。

龙太江：《从"对社会动员"到"由社会动员"危机管理中的动员问题》，《政治与法律》2005 年第 2 期。

李景鹏：《中国公民社会成长中的若干问题》，《社会科学》2012 年第 1 期。

刘秀秀：《网络动员中的国家与社会免费午餐为例》，《江海学刊》2013 年第 2 期。

刘美萍：《论公共服务市场化与我国非政府组织的发展》，《徐州师范大学学报（哲学社会科学版）》2007 年第 1 期。

李超玲、钟洪：《非政府组织社会资本：概念、特征及其相关问题研究》，《江汉论坛》2007 年第 4 期。

李珍刚、王三秀：《论非营利组织的筹资策略》，《社会科学》2002 年第 6 期。

梁栋：《信息化与组织网络化关系研究》，《北京电子科技学院学报》2005 年第 9 期。

李磊、王名、沈恒超：《网上社团及其管理：组织新领域探讨》，《南京社会科学》2002 年第 1 期。

李超平、时勘：《变革型领导与领导有效性之间关系的研究》，《心理科学》2003 年第 1 期。

娄策群、朱虹、吴扬：《论政府机关的信息化管理体制》，《情报科学》2006 年第 4 期。

林淞、周恩毅：《我国 NPO 志愿失灵的有效治理——兼论与"第四域"的融合》，《华中科技大学学报（社会科学版）》2009 年第 3 期。

马青山：《2010 广州亚运会志愿者激励机制探析》，《理论探析》2009 年。

倪芳：《都市白领青年的公益责任认同研究——上海市 B 俱乐部的社会

学考察》,《中国青年研究》2009 年第 9 期。

彭文静:《道德——一种内在的契约》,《黑龙江教育学院学报》2005 年第 6 期。

邱泽奇:《技术与组织的互构——以信息技术在制造企业的应用为例》,《社会学研究》2005 年第 2 期。

孙晋众:《网络组织的形成与演化机制》,《山西高等学校社会科学学报》2004 年第 11 期。

孙国强:《网络组织的内涵特征与构成要素》,《南开管理评论》2001 年第 4 期。

孙婷:《志愿失灵及其校正中的政府责任》,《中国行政管理》2010 年第 7 期。

孙宏:《领导魅力——从幼稚走向成熟》,《行政论坛》2006 年第 2 期。

田凯:《国外非营利组织理论述评》,《学会月刊》2004 年。

谭建光、凌冲、朱莉玲:《现代志愿者心态分析》,《中国青年研究》2005 年第 1 期。

吴鲁平:《志愿者的参与动机、类型、结构》,《青年研究》2007 年。

汪智汉、吴猛等:《津贴志愿者概念及其论证》,《中国青年政治学院学报》2006 年。

汪锦军:《公共服务中的政府与社会组织合作:三种模式分析》,《中国行政管理》2009 年。

王丹丹:《组织合法性的概念界定及研究脉络分析》,《求索》2010 年第 2 期。

王国伟:《资源动员:城市社区公共服务资源获得机制研究》,《学术探索》2010 年第 4 期。

王占军:《高校公益性学生社团的组织资源动员——关于北京师范大学“农民之子”的案例研究》,《复旦教育论坛》2008 年第 1 期。

王仕图:《社区型非营利组织的资源动员:“社区发展协会”之个案研究》,《Journal of US-China Public Administration》2005 年第 2 期。

王名:《改革民间组织双重管理体制的分析和建议》,《中国行政管理》

2007 年第 4 期。

王名:《改革中国民间组织监管体制的建议》,《中国改革》2005 年第 11 期。

王诗宗:《行业组织的存在基础和权力来源——温州商会的社会合法性考察》,《中共浙江省委党校党报》2004 年第 2 期。

熊光清:《中国网络社团兴起的影响:国家与社会关系的视角》,《南京社会科学》2009 年版。

徐家良:《危机动员与中国社会团体的发展》,《中国行政管理》2004 年第 1 版。

谢金林:《情感与网络抗争动员——基于湖北"石首事件"的个案分析》,《公共管理学报》2012 年第 1 期。

夏少琼:《建国以来社会动员制度的变迁》,《唯实》2006 年第 11 期。

谢海定:《中国民间组织的合法性困境》,《法学研究》2004 年第 2 期。

辛甜:《社会网络与慈善筹资:上海市慈善基金会个案研究》,《华东理工大学学报(社会科学版)》2002 年第 4 期。

玉苗、慈勤英:《"倚靠体制、面向社会"体制外公益组织"准社会化动员"的个案研究》,《甘肃社会科学》2013 年第 2 期。

郁建兴:《中国服务型政府建设的基本经验与未来》,《中国行政管理》2012 年第 8 期。

郑逸芳:《苏时鹏.闽台妇女合作平台建设问题研究》,《台湾农业探索》2007 年第 3 期。

张志祥:《网络公益组织的生发机制研究》,《南京社会科学》2008 年第 11 期。

张雷:《我国网络草根 NGO 发展现状与管理论析》,《政治学研究》2009 年第 4 期。

郑永廷:《论现代社会的社会动员》,《中山大学学报(社会科学版)》2000 年第 2 期。

吴忠民:《社会动员与发展》,《浙江学刊》1992 年第 2 期。

吴开松:《论社会动员在构建和谐社会中的功能》,《中南民族大学学报》

2007 年第 6 期。

张芝龙:《微博动员的泛组织化问题探析》,《东南传播》2013 年第 12 期。

臧得顺:《格兰诺维特的"嵌入理论"与新经济社会学的最新进展》,《中国社会科学院研究生院学报》2010 年第 1 期。

周玲:《中国草根非政府组织的合法性危机与治理困境及应对策略探析》,《重庆大学学报(社会科学版)》2009 年第 2 期。

张春贵:《群体性事件中的新媒体作用透视》,《中共中央党校学报》2013 年第 1 期。

张莉:《精神伦理符号与社会动员》,《求索》2013 年第 11 期。

张洪、雷新华:《对公益性捐赠视同销售政策的思考》,《财会研究》2008 年第 3 期。

朱力、龙永红:《我国现代慈善资源的动员机制》,《南京社会科学》2012 年第 1 期。

周批改、周亚平:《国外非营利组织的资金来源与启示》,《东南学术》2004 年第 1 期。

赵晴:《试论网络公益参与》,《青年探索》2009 年第 1 期。

张迎辉:《微博的虚拟社会动员与传统社会动员的区别》,《传播实务》2012 年第 8 期。

朱健刚:《草根组织与中国公民社会的成长》,《开放时代》2004 年第 6 期。

曾言:《麦田基金会诞生记》,《南风窗》2010 年第 23 期。

著作

安国启:《志愿行动在中国——中国青年志愿者行动研究》,中央文献出版社 2002 年版。

[美]艾尔东·莫里斯:《社会运动理论的前沿领域》,北京大学出版社 2002 年版。

[美]奥尔森:《集体行动的逻辑》,格致出版社 2011 年版。

[美]保罗·杰·伊尔斯利:《志愿者教育导论》,河北教育出版社 1993

年版。

　　[美]布迪厄:《文化资本与社会炼金术》,上海人民出版社 1997 年版。

　　[美]彼得·德鲁克:《非营利组织的管理》,机械工业出版社 2011 年版。

　　[美]彼得·德鲁克:《管理的实践》,机械工业出版社 2003 年版。

　　[美]彼得·德鲁克:《管理前沿》,机械工业出版社 2006 年版。

　　[美]彼得·德鲁克:《下一个社会的管理》,机械工业出版社 2009 年版。

　　丁元竹、江汛清等主编:《中国志愿服务研究》,北京大学出版社 2007 年版。

　　丁元竹、江汛清:《志愿活动研究:类型、评价与管理》,天津人民出版社 2001 年版。

　　邓国胜:《非营利组织评估》,社会科学文献出版社 2001 年版。

　　[英]D.S.皮尤:《组织理论精粹》,中国人民大学出版社 1990 年版。

　　杜兰英、侯俊东等:《中国非营利组织个人捐赠吸引力研究》,社会科学出版社 2012 年版。

　　郭良:《网络创世纪——从阿帕网到互联网》,中国人民大学出版社 1998 年版。

　　郭玉锦:《网络社会学》,中国人民大学出版社 2010 年版。

　　冯英、张惠秋:《外国的志愿者》,中国社会科学出版社 2008 年版。

　　[美]菲利普·科特勒、[美]艾伦·安德利亚森:《非营利组织战略营销》,中国人民大学出版社 2003 年版。

　　冯秋婷:《西方领导理论研究》,人民出版社 2008 年版。

　　风笑天:《社会学研究方法(第三版)》,中国人民大学出版社 2009 年版。

　　[法]费埃德伯格、[法]克罗齐耶:《行动者与系统——集体行动的政治学》,上海人民出版社 2007 年版。

　　[加]亨利·明茨伯格:《卓有成效的组织》,中国人民大学出版社 2007 年版。

　　[美]詹姆斯·科尔曼:《社会理论的基础》,社会科学文献出版社 1990 年版。

　　江明修:《第三部门经营策略与社会参与》,台北智胜文化出版社 2000

年版。

金观涛:《管理就是决策》,中国商业出版社 2004 年版。

贾西津:《第三次改革——中国非营利部门战略研究》,清华大学出版社 2005 年版。

金东日:《组织理论与管理案例分析》,南开大学出版社 2006 年版。

[美]卡斯特、罗森茨韦克:《组织与管理》,李柱流等译,中国社会科学出版社 1985 年版。

刘正周:《管理激励》,上海财经大学出版社 1998 年版。

[美]莱斯特·萨拉蒙:《全球公民社会——非营利部门视界》,社会科学文献出版社 2007 年版。

[美]理查德·斯科特:《组织理论》,华夏出版社 2002 年版。

黎民:《西方社会学理论》,华中科技大学出版社 2005 年版。

林南:《社会资本关于社会结构与行动的理论》,上海人民出版社 2005 年版。

李维安:《网络组织——组织发展新趋势》,经济科学出版社 2003 年版。

[美]赖·特米尔斯等:《社会学与社会组织》,浙江人民出版社 1986 年版。

卢宪英:《非营利组织前沿问题研究》,郑州大学出版社 2010 年版。

[美]理查德·L.达夫特:《组织理论与设计(第六版)》,东北财经大学出版社 2002 年版。

刘向辉:《互联网草根革命——时代的成功方略》,清华大学出版社 2007 年版。

[美]莱斯特·M.萨拉蒙:《公共服务中的伙伴——现代国家与非营利部门视野》,商务印书馆 2008 年版。

刘文江:《非权力领导艺术》,中国时代经济出版社 2002 年版。

[美]丽莎·乔丹、[荷兰]彼得·范·图埃尔:《非政府组织问责:政治、原则与创新》,中国人民大学出版社 2008 年版。

[美]米歇尔·诺顿:《全球筹款手册及社区组织资源动员指南》,中国人民大学出版社 2005 年版。

[美]曼瑟尔·奥尔森:《集体行动的逻辑》,格致出版社 2001 年版。

[美]曼纽尔·卡斯特:《网络社会的崛起》,社会科学文献出版社 2003 年版。

[美]塞缪尔·亨廷顿:《变化社会中的政治秩序》,上海人民出版社 2008 年版。

孙立平、晋军:《动员与参与——第三部门募捐机制个案研究的》,浙江人民出版社 1999 年版。

钱平凡:《组织转型》,浙江人民出版社 1999 年版。

唐明勇、孙晓时:《危难与应对——新中国视野下的危机事件与社会动员个案研究》,中共党史出版社 2010 年版。

赵鼎新:《社会与政治运动讲义》,社会科学文献出版社 2012 年版。

周雪光:《组织社会学十讲》,科学文献出版社 2003 年版。

朱健刚:《行动的力量——民间志愿组织实践逻辑研究》,商务印书馆 2008 年版。

赵长宁:《献身与参与的背后——美国成人义工服务动机的探讨》,台湾香光民众佛学院图书馆 1996 年版。

周宏仁:《信息化论》,人民出版社 2008 年版。

王名等:《中国社团改革——从政府选择到社会选择》,社会科学文献出版社 2001 年版。

王名、刘培峰:《民间组织通论》,时事出版社 2004 年版。

王名:《中国民间组织 30 年:走向公民社会》,社会科学文献出版社 2008 年版。

王名:《非营利组织管理概论》,中国人民大学出版社 2002 年版。

王彦斌:《管理中的组织认同》,人民出版社 2004 年版。

[美]沃尔特·W.鲍威尔、[美]保罗·J.迪马吉奥:《组织分析的新制度主义》,上海人民出版社 1997 年版。

王绍光:《多元与统一:第三部门国际比较》,浙江人民出版社 1999 年版。

[美]W.理查德·斯科特:《组织理论》,华夏出版社 2002 年版。

徐莉:《非政府组织与社会支持体系的构建》,中国社会科学出版社 2012

年版。

阎海峰、王端旭:《现代组织理论与组织创新》,人民邮电出版社 2003年版。

学位论文

陈共德:《互联网精神交往形态分析》,中国社会科学院研究生院博士学位论文,2002 年。

陈华:《互联网社会动员的初步研究》,中共中央党校博士学位论文,2011 年。

玉苗:《中国草根公益组织发展机制的探析》,华中师范大学博士学位论文,2013 年。

张瑞玲:《新制度主义视角下的民间社团组织运作——以 H 市 SAMQ 为个案》,上海大学博士学位论文,2010 年。

张志祥:《网络公益组织资源动员研究》,上海大学博士学位论文,2009 年。

报纸

叶娟娟:《青年自组织:网络串起公益群体圈》,《河北日报》2008 年 6 月 4 日。

顾一琼:《新型网络社团期盼"核心引力场"》,《文汇报》2005 年 7 月 24 日。

谢卫群:《网络社团,虚拟照进现实》,《人民日报》2007 年 3 月 27 日。

张志峰:《网络社团遭遇现实纠纷》,《人民日报》2007 年 3 月 28 日。

谢昱航:《让每个人都能查阅慈善账目》,《中国青年报》2011 年 9 月 27 日。

《"免费午餐"期待政府接棒》,《人民日报》2011 年 5 月 11 日。

外文文献

Egan C.*Creating Organizational Advantage*[M].Oxford:Butter worth–Heinemann,1995:147-155.

Lindenberg M. Reaching Beyond the Family: New Nongovernmental

Organization Alliances for Global Poverty Alleviation and Emergency Response[J]. *Nonprofit and Voluntary Sector Quarterly*,2001,30(3):603-615.

Fowler A.Striking a Balance:A Guide to Making Non-governmental Organizations Effective[M].London:Earthscan,1997:115.

Edwards Mand Gaventa M.*Global citizen action*[M].Boulder,Colorado:Lynne Rienner,2001:97-99.

Etemadi F.The Politics of Engagement:Gainsand Challenges of the NGO Coalition in Cebu City[J].*Environment and Urbanization*,2004,16(1):79-93.

Berry J M.*Lobbying for the People*[M]:Princeton:Princeton University Press,1977:254,260-261.

Keck Mand Sikkink K.Transnational Advocacy Networks in International and Regional Politics[J].*International Social Science Journal*,1999,51(1):89-101.

Rootes C. *Environmental Movements:Local,National,Global* [M]. London:Frank Cass,1999:17-23.

Rohrschneider Rand Dalton R.A global network? Transnational cooperation among Environmental Groups[J].*The Journal of Politics*,2002,64(2):510-533.

Staudinger Pand MarieL. The Domestic Opportunity Structure and Supranational Activity:An Explanation of Environmental Group Activity at the European Union Level[J].*European Union Politics*,2008,9(4):531-558.

Takahashi K.Assessing NGO Empowerment in Housing Development Frameworks:Discourse and Practice in the Philippines[J].*International Journal of Japanese Sociology*,2009,18(1):112-127.

Pfeffer J.and Salancik GR.*The External Control of Organization:A Resource Dependency Perspective*[M],New York:Harperand Row,1978:134-136,177-179.

Yanacopulos H.The Strategies that Bind:NGO Coalitions and Their Influence [J].*Global Networks*,2005,5(1):93-110.

Elliott-teague GL.Coalition Lobbying in Tanzania:the Experiences of Local NGOs[J].*Journal of Public Affairs*,2008,8(1):99-114.

Richards JP.And HeardJ.European Environmental NGOs:Issues, Resources and Strategies in Marine Campaigns [J]. *Environmental Politics*, 2005, 14(1): 23-41.

Gulbrandsen Land Andresen S. NGO Influencein the Implementation of the Kyoto Protocol: Compliance, Flexibility Mechanisms, and Sinks[J]. *Global Environmental Politics*, 2004, 4(4): 54-75.

Henry L Mohan Gand Yanacopulos H. Networks as Transnational Agents of Development[J]. *Third World Quarterly*, 2004, 25(5): 839-855.

Shumate M. The Evolution of the HIV/AIDS NGO Hyperlink Network [J]. *Journal of Computer-Mediated Communication*, 2012, 17(2): 120-134.

Botetzagias I 、Robinson Pand VenizelosL. Accounting for Difficulties Faced in Materializinga Transnational ENGO Conservation Network: A Case-Study from the Mediterranean[J]. *Global Environmental Politics*, 2010, 10(1): 115-151.

Bouget Dand ProuteauL. National and Supernational Government-NGO Relations: Anti-discrimination Policy Formation in the European Union[J]. *Public Administration and Development*, 2002, 22(1): 31-37.

Richardson Eand BirnA E. Sexual and reproductive health and rights in Latin America: an analysis of trends, commitments and achievements [J]. *Reproductive Health Matters*, 2011, 19(38): 183-196.

Duwe M. The Climate Action Network: A Glance behind the Curtains of a Transnational NGO Network[J]. *Review of European Community and International Environmental Law*, 2001, 10(2): 177-189.

Ashman D. Strengthening North - South Partnerships for Sustainable Development[J]. *Nonprofitand Voluntary Sector Quarterly*, 2001, 30(1): 74-98.

Medina L K. When Government Targets"The State": Transnational NGO Government and the State in Belize[J]. *Political and Legal Anthropology Review*, 2010, 33(2): 245-263.

Cullen P P. Irish Pro-Migrant Nongovernmental Organizations and the Politics of Immigration[J]. *Voluntas: International Journal of Voluntary and Nonprofit Organizations*, 2009, 20(2): 99-128.

Chambers R.*Whose Reality Counts? Putting the Last First*[M].London：Intermediate Development,1997：55-58.

Fagan A.EU Conditionality and Governance in Bosnia&Hercegovina：Environmental Regulation of the Trans-European Road Network[J].*Europe-Asia Studies*, 2011,63(10)：1889-1909.

Meyer,John&Brian Rowan."Institutionalized Organizations：Formal Structure and Myth and Ceremony."[J].*American Journal of Sociology 1977*,83(2).345.

Erich Sommerfeldt.Activist online resource mobilization：Relationship building features that fulfill resource dependencies[J].*Public Relations Review 37(2011)*, P429-431.

Peter Frumkin,Mark T.Kim.Strategic Positioning and the Financing of Nonprofit Organizations：Is Efficiency Rewarded in the Contributions Marketplace[J]. Public Administration Review.May/June 2001,Vol61 No.3.

Ilsey P.J *Enhancing the Volunteer Experience*[J].San Francisco：Jossey-Bass Publisher,1990.

Janet Fulk and Gerardine DeSanctis, "Electronic Communication and Changing Organizational Forms."[J].*Organization Science 6*, No.4(July-August 1995)：337-349.

Peter F. Drucker. *Lessons of successful Nonprofit governance*[M]. Nonprofit Management &Leadership,1990.

Peter F Drucker.*Management Challenges for the 21st Century*[M].Harper Paperbacks.2001.

Powell&DiMaggio.*The New Institutionalism in Organizational Analysis*[M]. Chicago：University of Chicago Press.1991.

Bell Daniel. *The Coming of Post-industrial Society*[M]. New York：Basic Books.1973.

Meryer,Marshal,W Stevenson and S Webster.*Limits to Bureaucratic Growth*[M].Berlin：Walter de Grunter 1985.

Weber,Max.*The Protestant Ethic and the spirit of Capitalism*[M].New York：

Scribner.1952.

MorrisAD,McClurg-Mueller C.*Frontiers in Social Movement Theory*[M].Yale University Press,1992.

Taschereau Sand Bolger J.*Networks and Capacity*[M].Maastricht:European Centre for Development Policy Management,2006:9-10,85-93.

Keck Mand Sikkink K.*Activists Beyond Borders:Advocacy Networks in International Politics*[M].Ithaca:Cornell University Press,1998:12-13,121-163.

责任编辑:武丛伟

封面设计:王欢欢

图书在版编目(CIP)数据

见证社会的组织性成长:网络社会组织运行机制研究/王玉生等 著. —北京:
　人民出版社,2021.9
ISBN 978－7－01－023183－9

Ⅰ.①见…　Ⅱ.①王…　Ⅲ.①社会组织-研究　Ⅳ.①C912.2

中国版本图书馆 CIP 数据核字(2021)第 033148 号

见证社会的组织性成长

JIANZHENG SHEHUI DE ZUZHIXING CHENGZHANG

——网络社会组织运行机制研究

王玉生 杨 宇 罗 丹 吕 刚 著

人民出版社 出版发行

(100706 北京市东城区隆福寺街 99 号)

北京汇林印务有限公司印刷 新华书店经销

2021 年 9 月第 1 版 2021 年 9 月北京第 1 次印刷
开本:710 毫米×1000 毫米 1/16 印张:15
字数:237 千字

ISBN 978－7－01－023183－9 定价:60.00 元

邮购地址 100706 北京市东城区隆福寺街 99 号
人民东方图书销售中心 电话 (010)65250042 65289539